汽车类教学改革规划教材

# 汽车空调

## 第 2 版

主　编　张　蕾
副主编　王　杰
参　编　温晓娟　张亚飞
　　　　马　涛
主　审　董恩国

机 械 工 业 出 版 社

本书以学习情景的方式全面、系统地介绍了汽车空调的工作原理、结构、使用和检修技术，汽车空调的基础知识、制冷系统、暖风系统、空调电路、控制系统、空调新技术及多种类型的汽车空调系统的使用与检修技术。

本书图文并茂，内容丰富，条理清晰；叙述深入浅出，易于接受和掌握；基本原理与操作紧密结合，有较强的实用性和可读性。

本书可作为汽车专业、制冷专业、暖风空调专业和交通运输、机电类及相关专业的教材，同时适用于汽车空调的工程技术人员、汽车空调检修人员及广大汽车驾驶人阅读参考。

本书配有电子课件及试卷、视频等，凡使用本书作为教材的教师可登录机械工业出版社教育服务网 www.cmpedu.com 注册后下载。咨询邮箱：cmpgaozhi@sina.com。咨询电话：010-88379375。

**图书在版编目（CIP）数据**

汽车空调/张蕾主编. —2版. —北京：机械工业出版社，2015.7（2017.9重印）

汽车类教学改革规划教材

ISBN 978-7-111-50305-7

Ⅰ.①汽… Ⅱ.①张… Ⅲ.①汽车空调—高等职业教育—教材 Ⅳ.①U463.85

中国版本图书馆CIP数据核字（2015）第106245号

机械工业出版社（北京市百万庄大街22号 邮政编码100037）
策划编辑：葛晓慧 责任编辑：葛晓慧 张 茜
版式设计：赵颖喆 责任校对：樊钟英
封面设计：马精明 责任印制：孙 炜
北京中兴印刷有限公司印刷
2017年9月第2版第3次印刷
184mm×260mm · 12.5印张 · 303千字
4 401—6 300册
标准书号：ISBN 978-7-111-50305-7
定价：29.80元

凡购本书，如有缺页、倒页、脱页，由本社发行部调换

电话服务
服务咨询热线：010-88379833
读者购书热线：010-88379649

网络服务
机 工 官 网：www.cmpbook.com
机 工 官 博：weibo.com/cmp1952
教育服务网：www.cmpedu.com
金 书 网：www.golden-book.com

# 第2版 前言

随着我国汽车工业的高速发展，汽车空调技术作为汽车技术现代化标志之一在我国蓬勃发展。汽车空调大大改善了乘员的乘坐环境，提高了舒适性。各类完善的多功能型空调装置，近年来受到用户的普遍欢迎。汽车专业及相关专业的在校学生迫切需要有一本全面、系统并准确介绍汽车空调技术的教材，以便从中获得有用的知识，指导自己学习和实践。同时，广大读者也希望了解和掌握汽车空调的结构、原理及检修步骤等一些实用技术。因此，根据多年从事汽车空调技术教学工作和科研实践及维修经验，并结合近年国内外有关文献资料，在1版的基础上，修订编写了此书。

本书以学习情景的方式展开对汽车空调系统的学习，即通过设置一定的汽车空调故障现象，根据教学的目的和要求创作一个学习情境，以此激发读者的学习兴趣，使其真正地参与到学习过程中，实现知识与情景的巧妙结合，以此获得良好的学习效果。

本书的编写具有如下特征：

（1）全面性：本书内容广泛，涉及汽车空调技术的各个方面。

（2）形象化：本书采用了多种图形对汽车空调系统的组成、部件结构和工作原理等进行解释，从一定程度上方便读者的理解和记忆。

（3）实用性：本书注重知识的实际应用能力，每个学习情景都包括本系统故障诊断的基本方法、故障诊断步骤等，培养学生的故障诊断能力，也就是对知识的应用能力。

本书共包括7个学习情境：学习情境1为空调制冷系统不制冷故障检修，学习情境2为空调制冷系统冷气不足故障检修，学习情境3为不供暖或供给暖气不足的故障诊断，学习情境4为汽车空调控制电路的故障诊断和排除，学习情境5为汽车空调控制系统的故障诊断和排除，学习情境6为汽车空调配风系统的故障诊断和排除，学习情境7为空调系统基本检修操作。

本书由天津职业技术师范大学张蕾任主编，山东省日照技师学院王杰任副主编。其中，学习情景2、3、6由张蕾编写，学习情景7由王杰编写，学习情景1由杭州汽车高级技工学校温晓娟编写，学习情景4由广东省顺德区胡宝星职业技术学校张亚飞编写，学习情景5由广东省顺德区中等专业学校马涛编写，全书由天津职业技术师范大学董恩国主审。

在编写教材时，作者参阅和引用了一些文献资料，借此前言，向这些文献资料的作者表示诚挚的谢意。由于编者水平有限，书中难免有不完善的地方，恳请读者和专家批评指正。

编　者

目
录

# 学习情境 1

# 空调制冷系统不制冷故障检修

## 任务 1.1　空调制冷系统认识

### 任务载体

**故障现象**：某车行驶 17000km，驾驶人说空调不凉。鼓风机开至 1 档时，出风口处温度为 20℃；随着鼓风机由 1 档增至 4 档，出风量越来越大，出风口温度也略有升高。

故障排除：首先从该车空调系统全冷量输出时的气流通道入手。外界新鲜空气通过灰尘过滤器进入进风口，由鼓风机电动机送到蒸发器处，在蒸发器处暖空气通过热交换使车厢内温度下降。全冷工况下暖风小水箱的风门是关闭的，小水箱的风口是由冷暖调节开关通过拉索调整的。如果风口拉索松弛或脱落，该处风门关闭不严，则会发生出风口温度升高的现象。拆下冷暖调节开关面板检查，发现风门拉索位置正确，风门关闭良好，排除了暖风水箱造成故障的可能性。

检查空气过滤器是否脏堵。打开空调开关，进入内循环，鼓风机由 1 档增至 4 档时出风量有明显的变化，表明该处没问题。因此造成出风口温度高的原因可以确定在空调制冷系统中。

该车空调系统的孔管代替了定排量压缩机空调系统中的膨胀阀，它与压缩机将制冷剂回路分为高压和低压两部分。在孔管之前的高压制冷剂温度高，在孔管之后的低压制冷剂温度低。用手摸装有孔管的空调管处，两端有明显的温度差别，节流阀进口端烫手，出口端冰凉，以上情况正常。

测量该车的压缩机压力：怠速，鼓风机在 1 档时，低压端 1700kPa，高压端 1.35MPa；发动机转速为 2000r/min，鼓风机在 1 档时，低压端 1700kPa，高压端 1.4MPa；发动机转速为2000r/min，鼓风机在4档时，低压端1800kPa，高压端1.75～1.8MPa。以上数据表明，系统高低压正常，不存在液击现象。

采用替换法（即更换压缩机总成）进行试验。变排量压缩机的结构特点决定了系统的高、低压力受排量、室外环境温度、负荷等诸多因素的影响，为检查系统管路是否堵塞，更换压缩机前将系统用压缩空气进行吹冲，然后用汽油进行清洗，同时将孔管拆下进行检查，将孔管滤网上粘附的少许金属粉末清理干净。然而，更换压缩机总成后故障并没有排除。

在排除了压缩机、孔管及管路的故障可能性后，可能的故障部位还有蒸发器。通常蒸发器结霜也是导致制冷能力不足的一个重要原因。空气通过蒸发器时被冷却并在翅片表面凝水、结霜，空气通道被堵塞，蒸发器换热阻力增加，导致制冷能力下降。拆下暖风和空调调节装置面板及右侧杂物箱，把手伸进去触摸蒸发器的表面，只有右侧大约1/4的部分冰凉。从右到左逐渐由凉变温，而从孔管到蒸发器之间的管路上出现结霜。蒸发器是利用低温液态制冷剂蒸发来吸收空气中所含热量的热交换装置，因此对于蒸发器来说，需让制冷剂和空气之间的热交换尽可能充分。为了进一步判断是否是蒸发器内部出现堵塞，进行如下试验：取一只热水袋灌满开水，将其敷在孔管到蒸发器之间的管路上，用温度计检测出风口的温度。如果出风口的温度能够下降，则根据能量守恒原理，说明蒸发器是畅通的，其热交换能力是正常的，如果出风口的温度没有变化，则说明蒸发器内部阻塞。对该车进行测量时，室外温度是29℃，怠速工况鼓风机在1档时，出风口温度是12℃；鼓风机在4档时，出风口温度是16℃，且采用热水袋前后出风口温度没有变化，因而判断故障就出在蒸发器。更换蒸发器后，鼓风机在1档时出风口温度达到3℃，空调系统恢复正常。

小结：对于定排量压缩机空调系统，如果蒸发器管路堵塞，则会使系统高压侧压力过高，低压侧压力过低，这是此类故障比较明显的一个特征；而变排量压缩机空调系统中，压缩机中的压力控制阀根据感受吸气压力来改变压缩机的压力，使压缩机根据负荷来改变排量。压缩机的压力随着排量的改变而改变，就不会出现系统高压侧压力过高、低压侧压力过低的现象，从而使因蒸发器堵塞造成的故障不能很明显地判断出来，这是由变排量压缩机空调系统的结构所决定的。

## 学习目标

1. 能通过与客户交流、查阅相关维修技术资料等方式获取车辆信息。
2. 能根据故障现象制订正确的维修计划。
3. 能正确选择诊断设备对空调系统故障进行诊断。
4. 能正确记录、分析各种检测结果并做出故障判断。

## 理论知识

### 1.1.1 汽车空调系统的组成及分类

1. 汽车空调系统的组成

汽车安装空调系统的目的是调节车内空气的温度、湿度，改善车内空气的流动，并且提高空气的清洁度。因此，汽车空调系统主要由以下几部分组成：

（1）制冷系统　对车内空气或由外部进入车内的新鲜空气进行冷却或除湿，使车内空气变得凉爽舒适。

（2）暖风系统 主要用于取暖，对车内空气或由外部进入车内的新鲜空气进行加热，达到取暖、除湿的目的。

（3）通风系统 将外部新鲜空气吸进车内，起通风和换气作用。同时，通风对防止风窗玻璃起雾也起着良好作用。

（4）空气净化系统 除去车内空气的尘埃、臭味、烟气及有毒气体，使车内空气变得清洁。

（5）电路及其控制系统 对空调系统的各组成部分进行控制，从而使空调能够实现制冷、取暖、通风等功能。

将上述各部分全部或部分有机地组合在一起安装在汽车上，便组成了汽车空调系统。在一般的轿车和客车、货车上，通常只有制冷系统、暖风系统和通风系统，在高级轿车和高级大客车上，还有空气净化系统。

2. 汽车空调系统的分类

汽车空调按驱动方式可分为非独立式汽车空调系统和独立式汽车空调系统。

（1）非独立式汽车空调系统 如图1-1所示，空调制冷压缩机由汽车本身的发动机驱动，汽车空调系统的制冷性能受汽车发动机工况的影响较大，工作稳定性较差。尤其是低速时制冷量不足，而在高速时制冷量过剩并且消耗功率较大，影响发动机动力性。这种类型的汽车空调系统一般多用于制冷量相对较小的中、小型汽车。

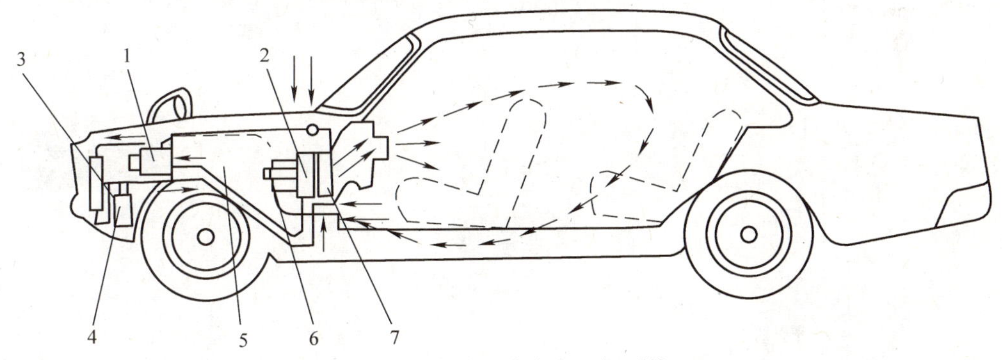


图1-1 非独立式汽车空调系统

1—压缩机 2—蒸发器 3—冷凝器 4—储液器 5—主发动机 6—风机 7—加热器

（2）独立式汽车空调系统 如图1-2所示，空调制冷压缩机由专用的空调发动机（也称副发动机）驱动，因此汽车空调系统的制冷性能不受汽车主发动机工况的影响，工作稳

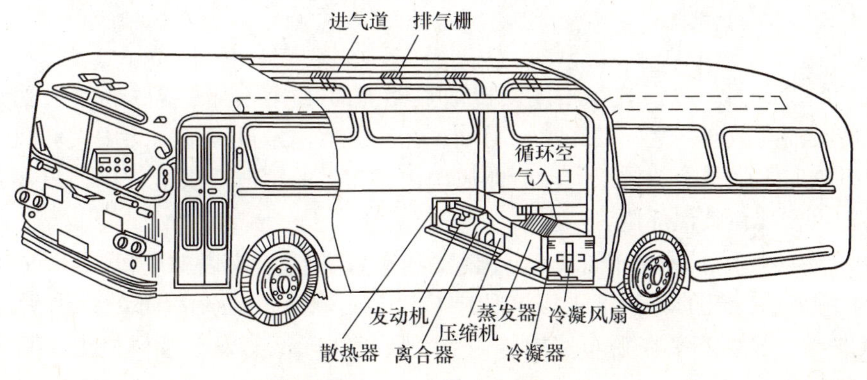


图1-2 独立式汽车空调系统

定，制冷量大。但由于其加装了一台发动机，不仅成本增加，而且体积和质量也增加。这种类型的汽车空调系统多用于大、中型客车上。

总之，两种形式的驱动各有优缺点，至于采用哪种形式好，这要从各种影响因素分析考虑，如整车布置、整车负荷、空间位置、发动机功率等。

汽车空调按蒸发器的布置方式可分为仪表台式和顶置式空调。

1）仪表台式空调。仪表台式经常称为前置式空调，蒸发器安装在仪表台之下，如微型轿车及微型单、双排座车均采用这种方式。这种布置方式的优点是前排冷气效果好，第二排次之，但对于微型面包车的第二排冷气效果则较差。

2）顶置式空调。蒸发器吊置于车内顶上，俗称顶置式空调；一般常安装于中部，又称为中央空调。这种布置方式的优点是车内降温平衡，整体降温平衡，克服了仪表台式空调的缺点。

3. 汽车空调的布置

轿车空调制冷系统常常由主发动机直接驱动压缩机，图1-3为轿车空调制冷系统布置图。压缩机一般通过发动机曲轴带轮驱动，压缩机上的电磁离合器可以接通或切断驱动动力。冷凝器安置在发动机冷却水散热器的前面，用冷凝器风扇和行驶时的风对制冷剂进行热交换。储液干燥器安装在靠近冷凝器处，一般安装在受发动机排热影响小的地方；蒸发器和膨胀阀装在一个箱体内，安装在汽车室内或靠近车室的发动机室内。

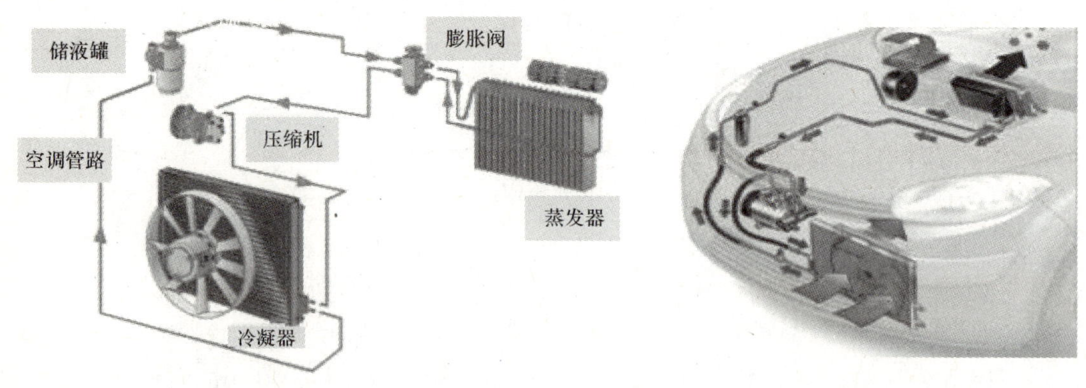


图1-3 轿车空调制冷系统布置

1—冷凝器 2—电磁离合器 3—蒸发器 4—压缩机 5—储液干燥器

轿车空调的冷凝器一般安装在主发动机散热器前面，因此散热器散热效果受到影响。为此，应考虑冷凝器与散热器之间的距离。目前，在冷凝器前增设风扇，除增大其风量外，还用于轿车低速行驶时加强其冷却效果。冷凝器风扇由轿车上的蓄电池供电驱动，只要安装位置允许，冷凝器也可安装在其他部位。

轿车空调蒸发器有不同的布置形式，蒸发器布置在轿车仪表的中间或下方（称为仪表台式），许多后加装冷气的轿车都采用这种结构；也有布置在轿车后部的，由后部向前面送风。由于蒸发器一般都安装在轿车室内，因此，要设法降低蒸发器及风机出口阻力，以减少风量损失和降低噪声。

### 1.1.2　空调制冷系统的组成及工作原理

汽车空调制冷系统由压缩机、冷凝器、储液干燥器（气液分离器）、膨胀阀（孔管）、蒸发器和鼓风机等组成，如图1-4所示，各部件之间采用铜管（或铝管）和高压橡胶管连接成一个密闭系统。此空调制冷系统是典型的非独立式汽车空调系统，它采用的是单级蒸汽压缩式制冷循环。通常，把制冷系统分为高压系统和低压系统。高压系统由压缩机输出侧、高压管路、冷凝器、储液干燥器、液体管路构成；低压系统由蒸发器、回气管路、压缩机输入侧等构成。压缩机是空调高、低压侧的分界点，膨胀阀是空调高、低压侧的另一个分界点。

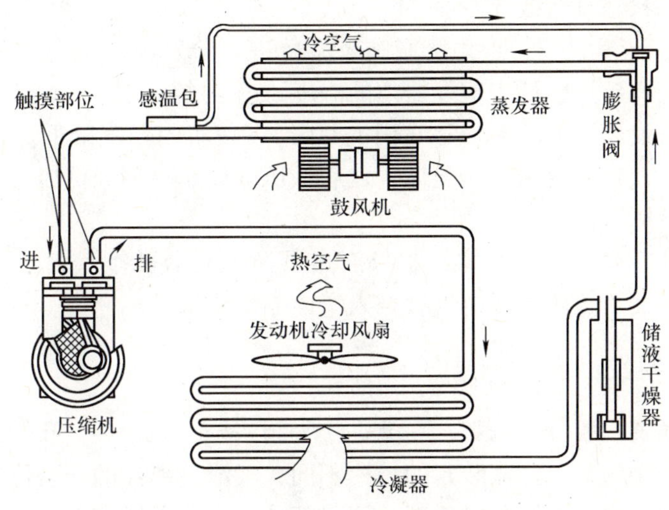


图1-4　汽车空调制冷系统的组成

制冷系统工作时，制冷剂以不同的状态在密闭系统内循环流动，如图1-5所示。每一个循环有四个基本过程：

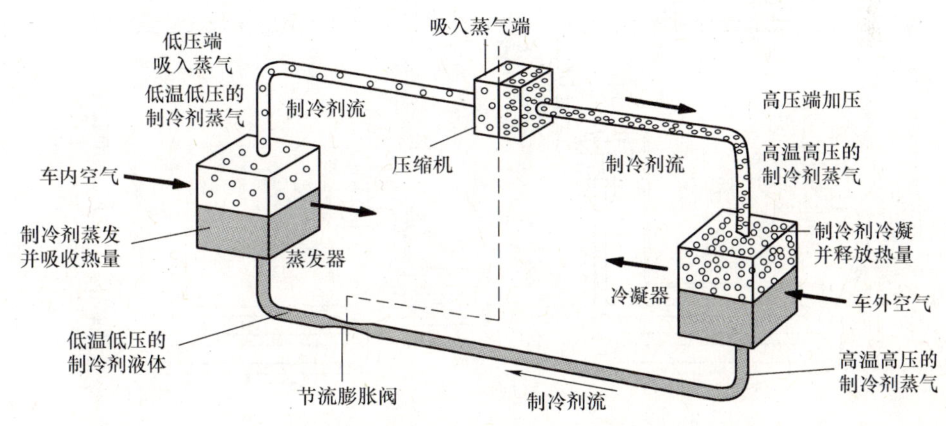


图1-5　汽车空调制冷系统工作原理

（1）压缩过程　压缩机工作时，蒸发器出口的低温低压气态制冷剂，经压缩机压缩后成为高温高压的气体，然后经高压管路进入冷凝器。在此过程中，压缩机吸气口的温度和压力分别为10℃和150kPa左右，出气口的温度和压力分别为80℃和1500kPa左右，制冷剂为高温高压气态。

（2）放热过程（冷凝过程） 进入冷凝器的高温高压气体制冷剂在冷却风扇的冷却下，经降温由气体变为液体，然后流向储液干燥器脱水干燥。在此过程中，高温高压制冷剂通过冷凝器放出大量的热量，制冷剂由高压气体转变为高压液体。

（3）节流过程（膨胀过程） 经过脱水干燥后的高压液体制冷剂进入膨胀阀，由于膨胀阀的进口空间小（截面积小），出口空间大（截面积大），即具有节流作用，因此制冷剂从膨胀阀流出后体积变大、压力降低、温度降低。在此过程中，制冷剂的压力和温度均降低，但制冷剂的液态状态没有改变。

（4）吸热过程（蒸发过程） 由膨胀阀节流后进入蒸发器的液态雾状制冷剂，由于其压力和温度均已降低，沸点已低于蒸发器内的温度（车内的温度），所以制冷剂汽化由液态蒸发为气态，吸收蒸发器周围的热量（车内的热量），使车内温度降低。在此过程中，液态制冷剂经蒸发器吸热汽化后变为低压气体，之后低压气体制冷剂经低压管路流回压缩机，再进行下一个工作制冷循环。

与此同时，车外冷风流过冷凝器，制冷剂热量经冷凝器被排入大气；在鼓风机的作用下，热空气流过蒸发器放热后，冷空气被导入车内制冷降温。

### 1.1.3 空调制冷系统的分类

汽车空调制冷系统主要分为两类，一类是膨胀阀系统，另一类是孔管系统，如图1-6所示。它们的差别是所用的节流膨胀装置的结构不同，气液分离器的安装位置不同。另外还有一种蒸发压力调节阀式汽车空调制冷系统，用于部分雷克萨斯轿车上。

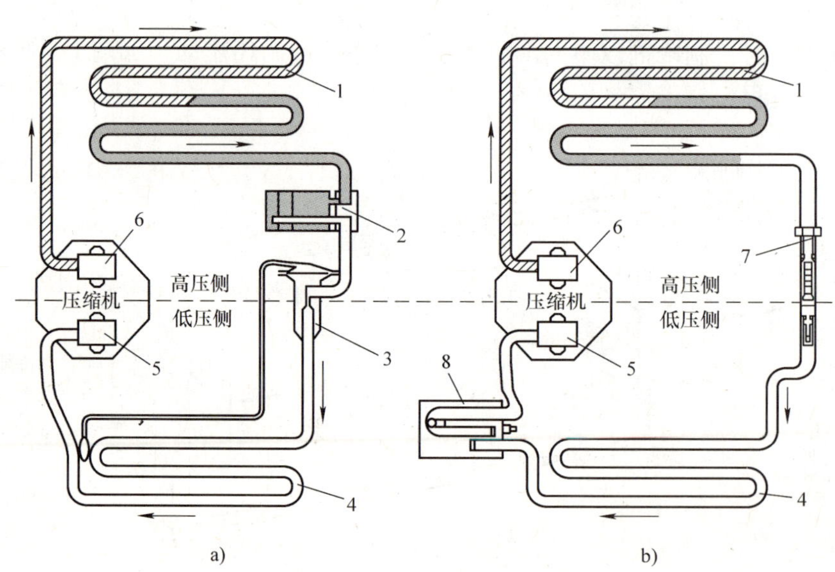


图1-6 汽车空调系统分类

a）膨胀阀系统 b）孔管系统

1—冷凝器 2—储液干燥器 3—膨胀阀 4—蒸发器 5—低压维修阀接头 6—高压维修阀接头 7—孔管 8—气液分离器

1. 膨胀阀系统

膨胀阀系统也称传统空调系统。压缩机运转时，将蒸发器内产生的低温低压制冷剂蒸汽吸入并压缩后，在高温高压状况下排出。这些气态制冷剂流入冷凝器，并在此受到散热器和冷却风扇的作用强制冷却。这时，制冷剂由气态变成液态。被液化了的制冷剂，进入储液干燥器，除去水分和杂质后流入膨胀阀。高压的液态制冷剂从膨胀阀的小孔流出，变为低压雾状后流入蒸发器。雾状制冷剂在蒸发器内吸热气化变成气态制冷剂，从而使蒸发器表面温度下降。从鼓风机进来的空气，不断流过蒸发器表面，被冷却后送进车厢内，使车厢内降温。气态制冷剂通过蒸发器后又重新被压缩机吸入，这样反复循环达到制冷的目的。

这种膨胀阀系统由热力膨胀阀控制蒸发器的供液量，保证蒸发压力在一定范围内变化。当车速增加时，压缩机转速也随之增加，蒸发器压力随之降低，蒸发器表面结霜。这时，由压力开关或温度控制器脱开压缩机离合器，使压缩机停止运行，待霜层融化后，压力开关又自动接通压缩机。我国汽车空调大多使用这种制冷系统。

2. 孔管系统

孔管系统于1974年由美国通用汽车公司发明，也称作循环离合器系统。孔管结构简单，不易损坏，但它不能控制蒸发器的供液量，不能控制蒸发压力稳定，只起节流降压作用。当汽车加速行驶时，压缩机转速随之增加，蒸发压力降低，蒸发器芯结霜。这时由压力开关或温度控制器切断离合器电源，使压缩机停止运行。待霜层融化后，压力开关又自动接通，压缩机又开始运行。为使孔管系统克服其不适应车室热负荷加大而产生的过高热度，采取了如下措施：

1）降低节流元件的设计阻尼，使蒸发器在高热负荷时仍能得到充分的液态制冷剂，减少或消除出口过热度。

2）为防止低热负荷时的液击，在蒸发器出口与压缩机吸入口之间设有气液分离器，使未蒸发完的液态制冷剂分离出来，暂存于气液分离器的下部。

3）取消冷凝器后的储液干燥器，将干燥剂转移到气液分离器内。大多数冷凝器均置于散热器的前面，靠发动机曲轴驱动的风扇及行车时的迎面风进行冷却。

3. 蒸发压力调节阀式制冷系统

为了维持汽车空调系统的正常工作，必须对蒸发器的压力或温度进行控制。由于制冷剂的压力和温度存在对应关系，控制了蒸发压力也就是控制了蒸发温度，这实际上就是另一种控制蒸发温度的方法。

根据制冷剂的特性，只要制冷剂的压力高于某一数值，其温度就不会低于0℃（对于R134a，此压力大约为0.18MPa），因此，只要将蒸发器出口的压力控制在一定的数值，就可以防止蒸发器表面结霜或结冰。蒸发压力调节器可以根据制冷负荷的大小调节蒸发器出口处的压力，确保蒸发器出口的压力使制冷剂不低于0℃。图1-7所示为蒸发压力调节阀式制冷系统，蒸发压力调节器安装在蒸发器出口至压缩机入口处，在管路中形成了一个可调节制冷剂流量的阀门。

图1-7中的蒸发压力调节阀是一种直动式蒸发压力调节阀，其动作原理是：当蒸发器出口压力升高时，克服弹簧的压力，推动阀座上移，阀口开大，使蒸发器流出的制冷剂量增多，蒸发器出口的压力降低，保持在给定压力范围内。相反，若蒸发器出口压力下降，则阀口关小，流出的制冷剂量减小，使蒸发器出口压力回升至给定压力范围内。

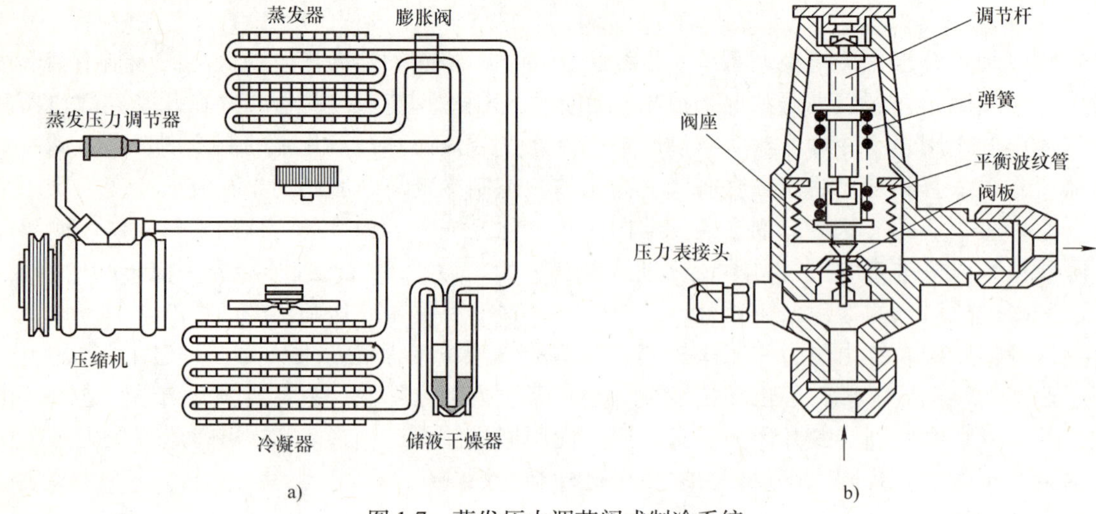


图 1-7 蒸发压力调节阀式制冷系统

a）调节阀安装位置 b）调节阀结构

**拓展阅读**

## 1.1.4 汽车空调基础知识

1. 汽车空调常用性能指标参数

（1）温度 温度是指物体的冷热程度。温度的高低可用摄氏温度、华氏温度、绝对温度三种表示方法。

1）摄氏温度(℃)。将一个标准大气压下的水的冰点定为0℃，沸点定为100℃，把两者之间分为100等份，每一份定为1℃的温度表示体系，称为摄氏温度。

2）华氏温度(℉)。将一个标准大气压下水的冰点定为32 ℉，沸点定为212 ℉，二者之间分为180等份，每一份定为1 ℉的温度表示体系，称为华氏温度。

3）绝对温度(K)。将一个标准大气压下水的冰点定为273. 16K，沸点定为373. 16K，且理论上物体内部完全停止分子热运动之点定为绝对0K的温度表示体系，称为绝对温度。

三种温度体系之间的换算关系如下：

$$\frac{F}{^{\circ}\mathrm{F}}=\frac{9}{5}\frac{t}{^{\circ}\mathrm{C}}+32$$

$$\frac{T}{\mathrm{K}}=\frac{t}{^{\circ}\mathrm{C}}+273.16$$

式中 $t$——摄氏温度

$F$——华氏温度

$T$——绝对温度

在测量空气温度时，常有两种温度值：干球温度和湿球温度。干、湿球温度是通过干湿球温度计测量的。干湿球温度计有两支完全相同的玻璃管酒精温度计，其中一支感温包直接暴露在空气中，这种温度计称为干球温度计；另一支感温包用纱布包裹着，纱布浸在盛有纯水的容器中，由于毛细管的恒吸作用，纱布将水吸上来使感温包周围处于湿润状态，这种温度计称为湿球温度计。

干球温度计所测出来的温度为干球温度，湿球温度计所测出来的温度为湿球温度；而且，在空气中水蒸气未饱和的情况下，湿球温度比干球温度低。干球温度与湿球温度之间的温差越大，表明空气越干燥。干球温度和湿球温度这两个温度值可以确定空气的湿度大小；只有当空气中的水蒸气为饱和水蒸气时，干球温度才等于湿球温度，这时空气的相对湿度为100%。

（2）压力与真空度 单位面积上所受的垂直作用力称为压力（物理上称为压强）。压力的大小对物质状态的变换直接相关。加压可以促使气体液化放热，降压可以促使液体汽化吸热。

地球表面包围着一层很厚的空气层，即大气层，大气的重量对地球表面物体单位面积上所产生的压力称为大气压力（简称大气压）。把纬度45°海平面上的常年平均气压称为1个标准大气压(atm)。

压强的法定计量单位是帕斯卡，简称帕(Pa)。$1Pa = 1N/m^2$，帕(Pa)单位太小，实际中常用千帕(kPa)和兆帕(MPa)计量。在实际使用中常用的压力非法定计量单位包括：大气压力(atm)、毫米汞柱(mmHg)、磅力每平方英寸($lb/in^2$，psi)、巴(bar)、千克力每平方厘米($kgf/cm^2$)等。各种压力单位之间的换算关系见表1-1。

**表1-1 各种压力单位之间的换算关系**

| kPa | $kgf/cm^2$ | mmHg | psi | atm |
|---|---|---|---|---|
| 1 | 1.02 | 7.50 | 0.145 | $9.87\times10^{-3}$ |
| 9.81 | 1 | $7.36\times10^{2}$ | 14.2 | 0.98 |
| 0.133 | $1.36\times10^{-3}$ | 1 | $1.93\times10^{-2}$ | $1.32\times10^{-3}$ |
| 6.89 | $7.03\times10^{-2}$ | 51.72 | 1 | $6.8\times10^{-2}$ |
| 101.32 | 1.03 | 760 | 15.97 | 1 |

注：$1bar \approx 1kgf/cm^2 = 100kPa = 0.1MPa$。

在实际工作中，常用绝对压力、表压力（相对压力）和真空度表示压力的大小。

1）绝对压力。实际的压力值，是将完全真空状态作为零值的压力值。

2）表压力。将一个标准大气压力作为零值的相对压力值，即压力表上所显示的数值。

3）真空度。低于一个大气压力的数值称为真空度，是相对压力。真空度就是真空压力表上显示的数值。

上述三种压力在制冷技术领域中经常应用。“绝对压力”在设计及查阅制冷剂特性表时使用，“表压力”在观察系统运行状况时使用，“真空度”在维修、系统抽真空时使用。各种压力之间的对应关系如图1-8所示。

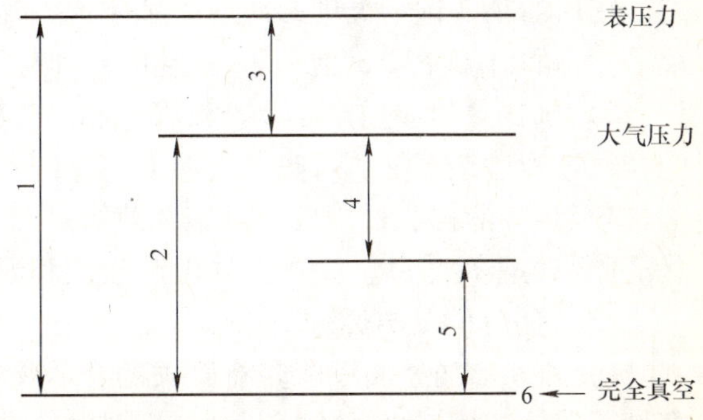


图1-8 大气压、表压力、真空度之间的对应关系
1—绝对压力(大于大气压力) 2—大气压力 3—表压力 4—真空度 5—绝对压力(小于大气压力) 6—绝对0压力

（3）空气湿度 空气湿度是指空气中所含水蒸气量的多少。空气湿度有三种表示方法。

1）绝对湿度。单位容积空气中所含水蒸气的质量，称为空气的绝对湿度（$kg/m^3$）。

2）含湿量。在湿空气中，与单位质量干空气同时并存的水蒸气质量，称为空气的含湿量（湿空气由干空气和水蒸气组成）。它表示空气中水蒸气的含量多少。含湿量=湿空气中水蒸气的质量/湿空气中干空气的质量。

3）相对湿度。在某一温度下，空气中所含水蒸气量（以重量计）与空气中该温度下所能含水蒸气量（重量）之比。通常随着温度的升高，空气中所能含的水蒸气量会增加。如果空气的实际含水蒸气量不变，温度升高，则空气的相对湿度下降。

2. 基本制冷原理

（1）热量 物质的状态必然是固态、液态、气态三种形式的一种。当它们从一种状态转变为另一种状态时，会吸收或放出大量的热量。例如，一块冰是以固态的形式存在的，当它融化时，将吸收大量的热量。实际上，所有的固体从固态变为液态时都将吸收大量的热量而本身的温度并不升高。

当液体变成气体时，也会发生同样的情况，大量的热将被吸收。例如，冷却液被加热的情况。随着不断给冷却液加热，冷却液温度开始升高，直到100℃。此时，即使再加入额外的热量，冷却液温度也将保持在100℃，冷却液不断地变成蒸汽并且吸收大量的热。尽管这些热量不会在温度计上显示出来，但它确实存在。同样，空调系统中的液态制冷剂变成气态制冷剂时，必然也要吸收大量的热量。

当气体变成液体时，必将放出大量的热量。例如，室内大量的水蒸汽液化后，粘附在墙上或流到地面上，从而放出热量，使室内感觉温暖。同样，空调系统中的气态制冷剂变成液态制冷剂时，必然也要放出大量的热量。

汽车空调实际上就是热量转移的装置，即利用蒸发器内制冷剂吸收车内的热量（制冷剂由液态变气态），并将车内的热量通过冷凝器转移到车外（携带热量的气态制冷剂放出热量而液化）的装置。

（2）饱和、过冷和过热状态

1）饱和状态。当液体放置于一个能够承受相当压力的容器并且液面上部空间被抽成真空时，不对其加热或吸热，随时有液体表面附近的动能较大的分子克服表面张力飞散到上面空间；同时，也有空间的蒸气分子碰撞回到液面，凝成液体。开始时，飞散出去的液体分子数目大于返回液面的蒸气分子数目，到一定状态时，这两种运动方向相反的分子数目达到动态平衡。这种液体和蒸气处于动态平衡的状态称为饱和状态。液面上的蒸气称为饱和蒸气，液体称为饱和液体。此时气、液状态的温度相同，称为饱和温度；两者的压力也相同，称为饱和压力。饱和温度一定时，饱和压力也一定；反之，饱和压力一定，饱和温度也一定。若温度升高，液体和蒸气又将重新建立动态平衡，此时蒸汽压力为对应于新的温度下的饱和压力。物质的某一饱和温度必对应于某一饱和压力，并且饱和温度上升，饱和压力随着上升，反之，饱和温度下降，饱和压力也随之下降。

2）过热蒸气和过热度。若仅将饱和蒸气继续定压加热，其温度升高，比容增大，这时的蒸气称为过热蒸气。过热蒸气温度超过饱和温度之值，称为过热度。

3）过冷液体和过冷度。对饱和液体进行冷却，当液体的温度低于饱和液体的温度时，此液体称为过冷液体。过冷液体温度比饱和温度低的值称为过冷度。

（3）制冷的基本原理

1）制冷装置。将一个带有开关的容器装在一个绝热良好的盒子内，容器中装有常温下容易挥发的液体。将开关打开时，容器内的易挥发液体便开始蒸发，同时吸收绝热盒子内的热量，吸收了热量的液体转化为气体，从开关排出。盒子内的温度会低于盒外的温度。如果容器内的易挥发液体能得到不断的补充，冷却的效果便会持续下去，循环制冷。

从制冷装置的工作情况看，制冷过程中热量的转移是靠液体状态的变化实现的，这种液体称为制冷剂。

2）制冷循环。为了使制冷装置的制冷过程持续下去，就必须不断地向容器中补充制冷剂，从开关放出的制冷剂也应回收加以反复利用。

根据物质的沸点与压力的关系，降低压力可以使物质的沸点降低，使其更加容易蒸发从而吸收热量；提高压力可以使物质的沸点升高，使其更加容易转化为液体而放出热量。为此，将装置中放出的气体制冷剂回收回来，使其进入一台压缩机，提高压力，再通过一个冷凝器装置，经强制冷却放出热量变为液体，并将这种液体制冷剂暂时存放在储液罐中，以备再次使用。

高压的液体通过一个小孔，可以使其迅速膨胀从而降低压力。在这种情况下，液体由于压力低，非常容易汽化吸热。因此，将储液罐中的制冷剂通过一个小孔（膨胀阀）放出，进入一个蒸发器的容器中。由于制冷剂的压力下降，所以很快便会蒸发，吸收蒸发器周围的热量，使蒸发器周围得到冷却。

将上述两个过程组合起来，就可以形成一个制冷循环。储液器中高压的液态制冷剂从膨胀阀喷出，压力下降，液态制冷剂迅速膨胀转化为气体，吸收周围的热量，使周围的温度下降；气态的制冷剂再经压缩机加压形成高压气态的制冷剂，高压气态制冷剂进入冷凝器冷却，从气态转变为液态，同时放出热量；液态制冷剂再进入储液器，以备再次使用，这就是一个完整的制冷循环。通过制冷剂的状态变化，可以将蒸发器周围的热量带到冷凝器周围。

### 1.1.5　制冷剂与冷冻润滑油

1. 制冷剂

汽车空调是由制冷剂循环流动实现制冷的。液体制冷剂在蒸发器中，低温下吸取被冷却对象的热量而汽化，使被冷却对象降温；然后，又在高温下把热量传给周围介质而冷凝成液体。如此不断循环，汽车空调借助于制冷剂的状态变化，达到制冷目的。

（1）制冷剂的命名方法　汽车空调使用的制冷剂都是氟利昂的一种，国际上用英文字母R（Refrigerant）表示。氟利昂是饱和碳氢化合物的卤族元素的衍生物，即用卤族元素的氟、氯，有时加入溴原子取代饱和碳氢化物（如甲烷、乙烷、丙烷、丁烷）的氢原子所得的化合物。氟利昂品种繁多，其性质与所含氟、氯、溴、氢、碳元素原子的多少有密切关系。

氟利昂的分子通式为$C_mH_nF_pCl_sB_r$，一般用R后面带数字的形式来表示氟利昂。分子通式中的各原子数，R后面是两位数的，是甲烷衍生的氟利昂。甲烷的分子式为$CH_4$，则氟利昂分子式中碳原子数$m=1$。R后面的首位数字表示氢原子数，氢原子的个数n等于首位数字减去1；第二位数字表示氟原子数p，氯原子数$s=4-p-n$。

例如，R12表示甲烷衍生的氟利昂制冷剂，其分子通式中的碳原子数$m=1$，氢原子数$n=1-1=0$，氟原子数$p=2$，氯原子数为$s=4-n-p=2$。R 12的分子式为$CF_2Cl_2$，化学名称为二氟二氯甲烷。

如果用溴原子来代替氟利昂中的某些氯原子，则分子式多了溴原子B，其原子数用r来表示。例如，R12B2的分子式为$CF_2Br_2$。

R后面是三位数的，则表示为乙烷、丙烷、丁烷等的氟利昂衍生物。其中，乙烷衍生的氟利昂，R后面首位数用1表示；丙烷衍生的用2表示；丁烷衍生的用3表示，以此类推。显然，氟利昂衍生物的碳原子数m等于R后面的首位数加1，氢原子数n等于第二位数字减去1，氟原子数p等于第三位数。氯原子数则因衍生物的不同而变化，乙烷衍生物的氯原子数s=6-n-p，丙烷衍生物的氯原子数s=8-n-p。例如R142表示乙烷衍生的氟利昂，乙烷分子式为$C_2H_6$，则m=2，n=4-1=3，p=2，s=6-3-2=1，即R142的分子式为$C_2H_3F_2Cl$，化学名称为二氟一氯乙烷。

乙烷氟利昂衍生物的命名对乙烷系的同素异构体都有相同的编号，但最对称的一种，其编号后面不带任何字母。当同素异构体变得越发不对称时，需在命名后附加a、b、c等字母。例如：$CHF_2$—$CHF_2$表示为R134，$CH_2F$—$CF_3$表示为R134a。

（2）制冷剂R134a　制冷剂R134a主要作为R12的环保替代品，广泛用于汽车空调、冰箱等制冷空调系统。此外，R134a也是一些共沸混合制冷剂（如R404A等）的配制原料。

R134a作为R12的替代制冷剂，它的许多特性与R12很相像。R134a的毒性非常低，在空气中不可燃，是很安全的制冷剂。R134a的化学稳定性很好，然而由于它的溶水性比R12高，所以对制冷系统不利，即使有少量水分存在，在润滑油等的作用下，将会产生酸、$CO_2$或CO，将对金属产生腐蚀作用，或产生“镀铜”作用，所以R134a对系统的干燥和清洁要求更高。R134a对钢、铁、铜、铝等金属未发现有相互化学反应的现象，仅对锌有轻微的作用。R134a的物理性质见表1-2。

**表1-2　R134a的物理性质**

| 项　目 | 单　位 | 值 |
|---|---|---|
| 分子式 | | $CH_2FCF_3$ |
| 沸点(101.3kPa) | ℃ | -26.1 |
| 临界温度 | ℃ | 101.1 |
| 临界压力 | kPa | 4066.6 |
| 液体密度 | $kg/m^3$ | 1188.1 |
| 饱和蒸气压(25℃) | kPa | 661.9 |
| 汽化热/蒸发潜热(沸点下，1atm) | kJ/kg | 216 |
| 消耗臭氧潜能值 | （ODP） | 0 |
| 全球变暖潜能值 | （GWP，100yr） | 1300 |
| ASHRAE安全级别 | | A1（无毒不可燃） |
| 饱和液体密度25℃ | $g/m^3$ | 1.207 |
| 液体比热25℃ | [kJ/（kg·℃）] | 1.51 |
| 溶解度（水中，25℃） | | 0.15 |
| 全球变暖系数值 | （GWP） | 0.29 |
| 临界密度 | $g/m^3$ | $0.512\times10^{-6}$ |
| 沸点下蒸发潜能 | kJ/kg | 215.0 |

（3）新型制冷剂　目前，世界各国对制冷剂的替代要求是不一样的。例如：在日本，R410a为主流。从20世纪90年代末开始房间空调器的制冷剂逐步向新制冷剂过渡，这其中出现了R410a和R407c两种制冷剂，使用R22的房间空调器在市场上的比例开始减少。近两年来，日本的主要家电厂家也开始生产使用异丁烷做制冷剂的冰箱。在美国，R22仍占主导。目前，美国的单元空调设备中，只有约10%使用了R410a做冷媒。在欧洲，欧盟对R134a制冷剂的应用做出以下限定：从2008年开始，汽车的空调系统中使用制冷剂的“环境制暖系数”（GWP）最高不得超过150，否则汽车不得销售使用。规定中还制定了R134a的淘汰期限。然

而目前，汽车行业中普遍采用的制冷剂正是 R134a，而它的 GWP 高达 1300，所以，汽车空调中环保型制冷剂的研究正在紧张进行。德国的 Bock Kaltemaschinen 公司多年来一直在研发 $CO_2$ 压缩机，Mercedez-Benz 公司已经在其公共车上成功地起动了两台 Bock 压缩机。

（4）R134a 制冷剂的注意事项

1）用 R134a 的设备和量具等不能与用 R12 的互换，若在 R134a 中混有 R12 会使压缩面损坏，同时也可能使仪器和设备损坏。

2）R134a 与 R12 制冷剂的冷冻润滑油不能混用，因为 R134a 与 R12 制冷系统的冷冻润滑油不相容。R12 制冷系统一般用国产的 18 号、25 号冷冻润滑油或日本产的 SUNISO3GS、SUNISO4GS、SUNISO5GS 冷冻润滑油，而 R134a 系统一般采用合成聚烷甘醇，即 PAG（Polyalokylene Glycol）油或聚酯（Poly Ester）油。

3）检修制冷系统时应戴好安全防护眼镜和手套，切忌让液态制冷剂接触皮肤，特别是手和眼睛，以免被冻伤。

4）PAG 油与 R134a 在高温区和低温区会产生两层分离（两者分离）现象，因此，在加注 R134 时需要将它放在盛热水的容器里进行加热，但温度不要超过 40℃，绝对禁止用喷灯一类的加热装置加热。要尽量防止出现两层分离现象，以免给压缩机的排气压力和制冷带来不良影响。

5）R134a 系统必须使用专用密封圈与密封垫，其使用的冷却润滑油会使 R12 系统的密封圈和密封垫起泡失效，从而导致制冷剂泄漏。

6）在加注 R134a 时，应使盛 R134a 的容器保持直立状态，确保 R134a 以气态方式进入系统；否则，R134a 可能会以液态方式进入压缩面，从而损坏压缩机。另外，加注作业必须在空气流通的地方进行，以防止操作人员因缺氧而窒息。

7）储液干燥器（或气液分离器）必须密封保存，其安装必须迅速；否则，空气进入储液干燥器（或气液分离器）后会使干燥剂吸湿能力减弱，甚至失效。

2. 冷冻润滑油

汽车空调系统使用的润滑油称为冷冻润滑油或冷冻油，是一种在高温、低温工况下均能正常工作的特殊润滑油。汽车空调压缩机是高速运转的装置，冷冻润滑油的品种、规格、数量是否合适，对于空调系统的制冷效果及压缩机的使用寿命具有重要的影响。

按照石油化学工业部的标准，目前我国生产的冷冻润滑油有 13 号、18 号、25 号、30 号和企业标准 40 号五种牌号的冷冻润滑油。其中，普遍采用的制冷压缩机润滑油有 13 号、18 号和 25 号三种。R12 压缩机一般选用 18 号，R22 压缩机一般选用 25 号。对空调替代制冷剂为 R134a、R410a/R407c 选用的冷冻润滑油分别是 PAG、POE。POE（Polyol Ester）油又称聚酯油，是一类合成的多元醇酯类油。PAG（Polyalkylene Glycol）油是一种合成的聚（乙）二醇类润滑油。其中，POE 油不仅能良好地用于 HFC 类制冷剂系统中，也能用于烃类制冷系统中。PAG 油则可用于 HFC 类、烃类和氨作为制冷剂的制冷系统中。

（1）冷冻润滑油的性能

1）黏度。冷冻润滑油黏度油料特性中的一个重要参数，使用不同制冷剂要相应选择不同的冷冻润滑油。若冷冻润滑油黏度过大，会使机械摩擦功率、摩擦热量和起动力矩增大。反之，若黏度过小，则会使运动件之间不能形成所需的油膜，从而无法达到应有的润滑和冷却效果。

2）浊点。冷冻润滑油的浊点是指温度降低到某一数值时，冷冻润滑油中开始析出石蜡，使润滑油变得混浊时的温度。制冷设备所用冷冻润滑油的浊点应低于制冷剂的蒸发温度，否则会引起节流阀堵塞或影响传热性能。

3）凝固点。冷冻润滑油在实验条件下冷却到停止流动的温度称为凝固点。制冷设备所用冷冻润滑油的凝固点应越低越好（如R22的压缩机，冷冻润滑油应在-55℃以下），否则会影响制冷剂的流动，增加流动阻力，从而导致传热效果差。

4）闪点。冷冻润滑油的闪点是指润滑油加热到它的蒸气与火焰接触时发生打火的最低温度。制冷设备所用冷冻润滑油的闪点必须比排气温度高15~30℃，以免引起润滑油的燃烧和结焦。

5）其他。如化学稳定性和抗氧性、水分和机械杂质以及绝缘性能。

（2）冷冻润滑油的作用

1）润滑作用。压缩机是高速运动的机器，轴承、活塞、活塞环、连杆曲轴等零件表面需要润滑，减少阻力和磨损，延长使用寿命，降低功耗，提高制冷系数。

2）密封作用。汽车使用的压缩机，都是半封闭式，压缩机输入轴需油封来密封，防止制冷剂泄漏。有润滑油，油封才起密封作用。同时，活塞环上的润滑油，不仅起到减少摩擦作用，而且有密封压缩蒸气的作用。

3）冷却作用。运动表面的摩擦，产生高温，需要用冷冻润滑油来冷却。冷冻润滑油冷却不足，会引起压缩机温度过热，排气压力过高，制冷系数降低，甚至烧坏压缩机。

4）降低压缩机噪声。冷冻润滑油可以降低运动表面的摩擦，减少运动表面的振动，所以可以降低压缩机的噪声。

（3）冷冻润滑油的选用

制冷剂与冷冻润滑油互溶，因此与其一起循环。不同的空调系统有不同的排气温度和压力，其对冷冻润滑油的性能要求也不尽相同。正确选用冷冻润滑油是非常重要的。

1）必须严格使用该车空调压缩机所规定的冷冻润滑油牌号或更换同等性能的冷冻润滑油，不得使用其他油来代替，否则会损坏压缩机。

2）冷冻润滑油吸收潮气能力极强，所以在加注或更换冷冻润滑油时，操作必须迅速，在加注完后应立即将油罐的盖子封紧储存，不得有渗透现象。

3）在加注制冷剂时，应当先加冷冻润滑油，然后再加注制冷剂。不允许向空调系统添加过量的冷冻润滑油，否则会影响空调系统的制冷效果。

4）在管路接头的结合面涂抹冷冻润滑油，可以提高其密封性。当更换管路接头的O形密封圈时，要在O形密封圈上涂些冷冻润滑油，这样便于管路的紧固，同时可以防止制冷剂泄漏。

5）不能使用变质的冷冻润滑油。冷冻润滑油变质的原因是多方面的，归纳起来有如下几方面：

冷冻润滑油中混入水分，在氧气的作用下，会生成一种絮状的油酸物质，腐蚀金属零部件。

冷冻润滑油在高温下氧化，当压缩温度过高时，冷冻润滑油被氧化分解进而炭化变黑。

6）冷冻润滑油是不制冷的，还会妨碍热交换器的换热效果，所以冷冻润滑油只允许加到规定的用量，绝不允许过量使用，以免降低制冷效果。

**实践技能**

### 1.1.6 汽车空调系统简单检查

汽车空调基本检查是通过看（察看系统的表面）、听（听机器运转声音）、摸（用于触模各部位的温度）等手段进行的。

1）看。用眼睛来观察整个空调系统。首先察看储液干燥器视液窗中制冷剂流动状况，若流动的制冷剂中央有气泡，则说明系统内制冷制不足，应适量补充；若流动的制冷剂呈雾状，且水分指示器呈淡红色，则说明制冷剂中含水量偏高，应缓慢放完系统中原有制冷剂，并拆下干燥过滤器，将其置于110℃，对干燥剂做干燥处理，排除水分后再用。

其次察看系统中各部件与管路连接是否可靠密闭，是否有微量的泄漏存在。若有泄漏，在制冷剂泄漏的过程中常夹有冷冻油一起泄出，故在泄漏处有潮湿痕迹，并依稀可见泄漏处粘附上了一些灰土。此时应将该处连接螺母拧紧或重做管路喇叭口并加装密封橡胶圈，以防止慢性泄漏。

最后察看冷凝器是否被杂物封住，散热翅片是否倾倒变形。若有此现象，将影响流过冷凝器冷却空气的流量，导致冷凝器冷凝效果变差，使流经膨胀阀的制冷剂温度偏高，从而影响系统的制冷效果。这时应将冷凝器清理干净，将变形的散热翅片修正。

2）听。用耳朵听运转中的空调系统有无异常声音。首先听压缩机电磁离合器有无发出刺耳噪声。若有噪声，则多为电磁离合器磁力线圈老化，通电后所产生的电磁力不足或离合器片磨损引起其间隙过大，造成离合器打滑而发出尖叫声。这时应重绕离合器磁力线圈或抽掉1~2片离合器调整垫片，减小离合器间隙，防止其打滑，以消除噪声。其次听压缩机在运转中是否有液击声，若有此声，则多为系统内制冷剂过多或膨胀阀开度过大，导致制冷剂在未被完全汽化的情况下吸入压缩机。此现象对压缩机的危害很大，有可能损坏压缩机内部零件，应缓慢释放制冷剂至适量或调整膨胀阀开度，及时排除液流现象。

3）摸。观察制冷压缩机的两条出入软管，这两条软管分别与压缩机的排气阀（高压阀）和吸气阀（低压阀）连接，其中与排气阀连接的为高压管，与吸气阀相连接的为低压管。空调正常运行时，低压管在接近阀体的位置应凝结有水珠，但不应出现结霜现象（即使出现，也应很快融化为水珠）。正常情况下，用手去触摸高、低压管会感觉到明显的温差，低压管较凉，高压管较烫，否则说明压缩机工作不良。

比较冷凝器进入管与排出管的温差。正常时，用手触摸会感觉到进入管比排出管热。若两管温差不大（甚至基本相同），则说明冷凝器冷却不良或制冷剂不足。

用手触摸储液干燥器的进入、排出管道，其温度应一致。如果出、入软管温差较大，一般是储液干燥器堵塞。

## 1.1.7　汽车空调制冷系统的装配

在拆卸空调系统前，一定要先将系统排空，同时拆卸每个部件，并及时塞住其相连接的管道口，以防潮气进入系统。拆卸时应按下述步骤进行：

1）拆下蓄电池的搭铁线，或关闭车辆电源的总开关。

2）用专用的仪器排出制冷剂。

3）拆卸各管路接头，一定要在两管头上各用一个扳手同时进行操作。

4）管子拆下后，应立即在各管口上堵上堵塞，以保证管路的清洁。

5）清洁管道时，不能用水或压缩空气清洗内部，而要用氮气或制冷剂进行清洗。

制冷系统的安装与拆卸顺序正好相反。在每个管接头处要清洗干净，有O形密封圈的，要换上新的O形密封圈；安装时应在每个密封表面涂上一点所规定的冷冻润滑油，以提高其密封性能。安装储液干燥器时，其进口“IN”应与冷凝器出口管道相接；装离合器定子时，一定要使它与压缩机壳上的销钉对齐；当电磁离合器装配好后，应测量转子和中央片间的间隙值，正常情况下应为0.4~0.7mm，否则可调整垫片厚度。

装配时还应注意以下几点：

1）按要求安装各管路的接头和各固定螺钉，并按规定的力矩值拧紧。

2）检查所有零部件，保证无损坏，且各相邻的零部件之间互不干涉。

3）压缩机的吸气管与排气管接头要连接可靠，并进行泄漏检查。

4）进行泄漏检验，确保各连接部位没有泄漏现象。

5）对压缩机驱动带的松紧要按规定进行调整。

## 任务工单

见任务工单1。

## 学习小结

1. 在测量空气温度时，常有两种温度值：干球温度和湿球温度。

2. 干球温度和湿球温度这两个温度值可确定空气的湿度大小；只有当空气中的水蒸气为饱和水蒸气时，干球温度等于湿球温度，这时空气的相对湿度为100%。

3. 绝对压力是将完全真空状态作为零值的压力值。表压力是将一个标准大气压力作为零值的相对压力值，即压力表上所显示的数值。真空度是指低于一个大气压力的数值，是相对压力。真空度就是真空压力表上显示的数值。

4. 相对湿度：在某一温度下，空气中所含水蒸气量与空气中该温度下所能含水蒸气量之比。

5. 汽车空调实际上就是热量转移的装置，即利用蒸发器内制冷剂吸收车内的热量（制冷剂由液态变气态），并将车内的热量通过冷凝器转移到车外（携带热量的气态制冷剂放出热量而液化）的装置。

6. 液体和蒸气处于动态平衡的状态称为饱和状态。液面上的蒸气称为饱和蒸气，液体称为饱和液体。此时气、液状态的温度相同，称为饱和温度；两者的压力也相同，称为饱和压力。

7. 物质的某一饱和温度必对应于某一饱和压力，并且饱和温度上升；饱和压力随着上升。反之，饱和温度下降，饱和压力也随之下降。

8. 汽车空调使用的制冷剂是氟利昂的一种，国际上用英文字母R（Refrigerant）来表示。氟利昂是饱和碳氢化合物的卤族元素的衍生物，R后面的数字表示氟利昂的分子通式$C_mH_nF_pCl_sB_r$。

9. 制冷剂R134a是汽车空调R12的首选替代制冷剂，这主要是由于R134a不含氯原子，对臭氧层无破坏作用，温室效应影响小，其热力性质稳定并与R12相近。

10. 冷冻润滑油的作用包括：润滑作用、密封作用、冷却作用及降低压缩机噪声的作用。

11. 汽车空调系统主要由以下几部分组成：制冷装置、暖风装置、通风装置、加湿装置及控制装置。

12. 汽车空调按驱动方式可以分为非独立式汽车空调系统和独立式汽车空调系统。汽车空调按蒸发器的布置方式可分为仪表台式空调和顶置式空调。

13. 汽车空调制冷系统由压缩机、冷凝器、储液干燥器、膨胀阀、蒸发器和鼓风机等组成，各部件之间采用钢管（或铝管）和高压橡胶管连接成一个密闭系统。

14. 制冷系统工作时，制冷剂以不同的状态在这个密闭系统内循环流动，每一循环有四个基本过程：压缩过程、放热过程、节流过程、吸热过程。

15. 汽车空调制冷系统主要分为两类，一类是膨胀阀系统，另一类是孔管系统。

16. 压缩机一般通过发动机曲轴带轮驱动，压缩机上的电磁离合器可以接通或切断驱动动力。冷凝器安置在发动机散热器的前面，用冷凝器风扇和行驶时的风对制冷剂进行热交换。储液干燥器安装在靠近冷凝器处，一般安装在受发动机排热影响小的地方；蒸发器和膨胀阀装在一个箱体内，安装在车室内或靠近车室的发动机舱内。

### 自我测评

#### 思　考　题

1. 若是在 R134a 汽车空调系统中加入 R12 制冷剂，会产生什么后果？
2. 如何能够实现制冷循环过程？
3. 汽车空调系统若是不设置膨胀阀能够完成制冷过程吗？为什么？
4. 若是压缩机传动带打滑，会影响制冷效果吗？为什么？

#### 复　习　题

1. 制冷剂命名规则是什么？
2. R12 与 R134a 空调系统的区别是什么？
3. 冷冻润滑油的性能有哪些？
4. 添加冷冻润滑油的注意事项有哪些？
5. 汽车空调系统的分类有哪些？
6. 请叙述空调制冷系统的工作原理。

## 任务 1.2　压缩机故障检修

## 任务载体

**故障现象**：一辆丰田莱特爱斯小客车，空调制冷效果逐渐变差，直至几乎不制冷。

**故障检查**：检查空调系统各管道及接头，未发现制冷剂泄漏痕迹。在发动机转速为1000r/min时，测量压缩机高压侧压力为0.8MPa（正常值为1.2MPa），低压侧压力为0.5MPa（正常值为0.2MPa），均不符合标准。拆下压缩机解体检查，发现其活塞与主缸壁均严重损伤，于是更换压缩机总成和储液干燥器，但仅使用了一星期，空调制冷效果便明显不佳，测量压缩机高、低压侧的压力又不正常。拆检新压缩机，发现缸壁又划了一些深浅不一的槽。据此判定故障是空调制冷系统过脏所致。

**故障排除**：将空调蒸发器、散热器及全部管道彻底洗净、吹干后，换上新压缩机、干燥器，加注适量制冷剂后进行试验，空调系统工作恢复正常，制冷效果良好。

**总结**：汽车空调压缩机长期使用后，从活塞、缸壁磨损脱落的金属碎屑会随制冷剂循环而附着在蒸发器、散热器及所有管道壁上。若更换压缩机时未对蒸发器、散热器及管道进行清洗，这些金属碎末就会随制冷剂循环至压缩机中，从而使压缩机的活塞、缸壁被划坏。

## 学习目标

1. 能通过与客户交流、查阅相关维修技术资料等方式获取车辆信息。
2. 能根据故障现象制订正确的维修计划。
3. 能正确选择诊断设备对压缩机故障进行诊断。
4. 能正确记录、分析各种检测结果并做出故障判断。
5. 能按照正确操作规范进行压缩机的拆装与更换。
6. 能根据环保要求，正确处理对环境和人体有害的废料和损坏的零部件。

## 理论知识

### 1.2.1 压缩机的分类

根据工作原理的不同，空调压缩机可以分为定排量压缩机和变排量压缩机。

定排量压缩机的排量随着发动机转速的提高而提高，它不能根据制冷的需求自动改变功率的输出，而且对发动机油耗的影响较大。它的控制一般通过采集蒸发器出风口的温度信号来实现。当温度达到设定的温度时，压缩机电磁离合器松开，压缩机停止工作；当温度升高后，电磁离合器接合，压缩机开始工作。定排量压缩机也受空调系统压力的控制，当管路内压力过高时，压缩机停止工作。

变排量压缩机可以根据设定的温度自动调节功率输出，其所在的空调控制系统不采集蒸发器出风口的温度信号，而是根据空调管路内压力的变化信号控制压缩机的压缩比来自动调节出风口温度。在制冷的全过程中，压缩机始终是工作的，制冷强度的调节完全靠装在压缩机内部的压力调节阀控制。当空调管路内高压端的压力过高时，压力调节阀缩短压缩机内活塞行程以减小压缩比，这样就会降低制冷强度；当高压端压力下降到一定程度，低压端压力上升到一定程度时，压力调节阀则增大活塞行程以提高制冷强度。

根据运动形式和主要零部件形状的不同，压缩机包括如下类型（图1-9）。

1）曲轴连杆式压缩机是使用时间最长的第一代产品。中型曲轴连杆式压缩机仍在公共汽车和旅游客车上大量应用。

2）翘板式和斜板式活塞压缩机是第二代产品。它的优点是没有连杆，主轴上惯性较小，结构紧凑。从1953年至今，汽车空调仍以使用它为主。

3）径向活塞压缩机虽然在20世纪70年代便已问世，但它在应用过程中，遇到了回转式压缩机的竞争，所以这种压缩机至今没有得到重视。

以上这几种压缩机均属于往复活塞式压缩机，它们共同的特点是活塞做往复运动，所以活塞的运动惯性力大，转速的提高受到了限制。这样，在相同体积下与其他制冷机比较，往复活塞式压缩机制冷量小，振动大，容积效率较低。

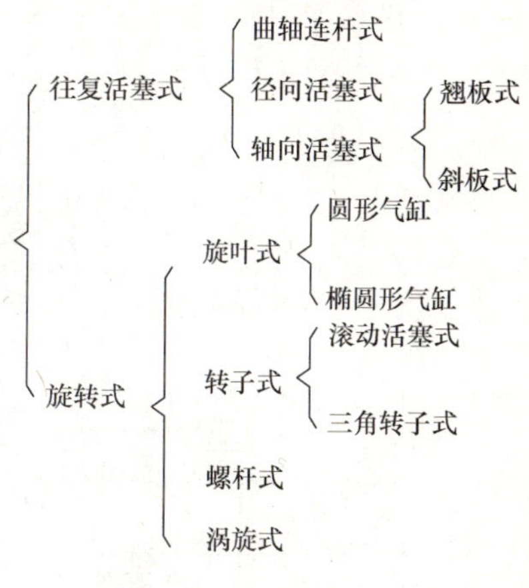


图1-9　压缩机分类

4）旋叶式、滚动活塞式、三角转子式和螺杆式压缩机可以称为第三代产品。它们的共同特点是容积系数较高，都需要密封，并且需要大量黏度较高的冷冻油润滑，所以润滑系统较复杂。

5）涡旋式压缩机为第四代产品。它的特点是基本具备了汽车对空调压缩机提出的要求和特性，是一种最有前途的压缩机。目前应用在轿车上的一些型号的压缩机已全面地显示了它的优越性，但其在大型客车上的应用还有一段距离。

## 1.2.2　常用定容量压缩机

### 1. 翘板式压缩机结构与原理

翘板式压缩机是一种轴向活塞式压缩机，图1-10所示是SD-5翘板式压缩机的结构。各气缸以压缩机主轴为中心布置，活塞运动方向平行于压缩机的主轴，活塞和翘板用连杆相

a)

图1-10　SD-5翘板式压缩机的结构图

a）实物图

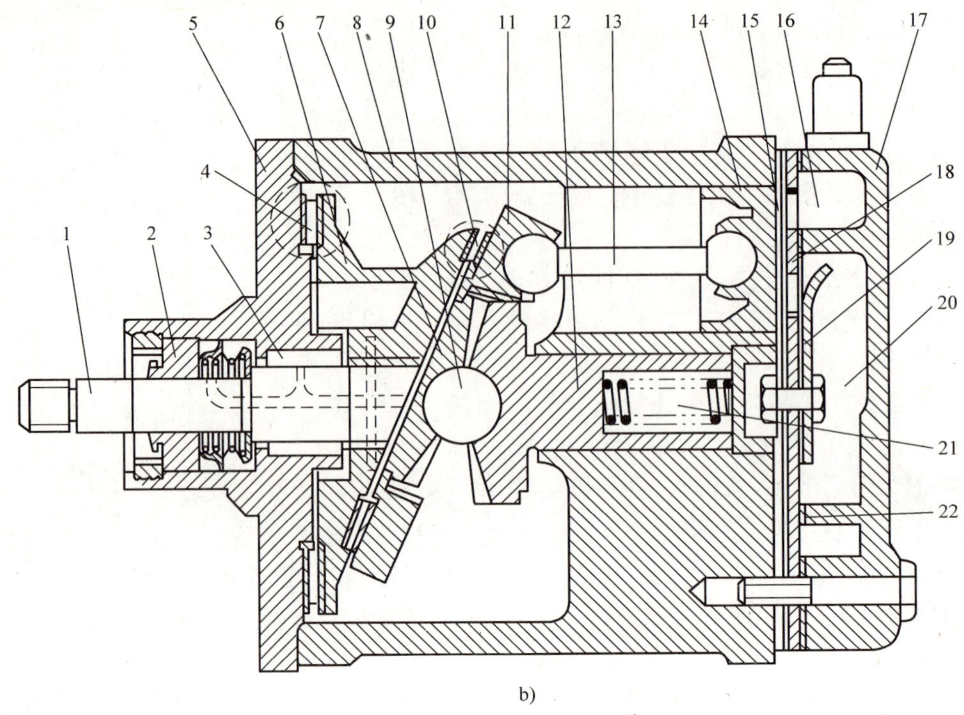


图 1-10 SD-5 翘板式压缩机的结构图（续）

b）结构图

1—主轴 2—轴封总成 3—滑动轴承 4—端面滚柱轴承 5—前缸盖 6—传动板 7、12—锥齿轮 8—缸体 9—钢球 10—翘板滚柱轴承 11—翘板 13—连杆 14—活塞 15—阀板垫 16—吸气腔 17—后盖 18—阀板 19—排气阀片 20—排气腔 21—压紧弹簧 22—后盖缸垫

连，连杆的两端和活塞及翘板之间用球形万向节连接，使翘板的摆动和活塞的移动相协调而不发生干涉。翘板中心用钢球作支承中心，并用一对固定锥齿轮来限制翘板的运动，使翘板只能沿压缩机轴线方向前后移动，而不能绕轴线转动。

压缩机的主轴与传动板固定在一起，主轴转动时带动传动板一起旋转，由于传动板是楔形的，迫使翘板翘动，翘板的任何一边向后推动，相对的另一边就向前移动，就像翘翘板。通过钢球与翘板连接的连杆，活塞就可以进行往复运行。

由于翘板式压缩机与曲柄连杆式压缩机一样，设有进、排气阀片，所以其工作循环也有压缩、排气、膨胀、吸气四个过程。当活塞向前运动时，该气缸处于膨胀、吸气两个过程；而当翘板另一端的活塞做相反方向的向后运动时，该气缸处于压缩、排气两个过程。主轴转动一周，一个气缸就要完成压缩、排气、膨胀、吸气一个循环。如果一个翘板上有五个活塞，对应的五个气缸在主轴转动一周就有五次排气过程。

2. 斜板式压缩机结构与原理

斜板式压缩机是一种轴向活塞式压缩机，结构如图 1-11 所示，其工作原理如图 1-12 所示，斜板压缩机的主要零件是主轴和斜板。各气缸以压缩机主轴为中心布置，活塞运动方向与压缩机的主轴平行，以便活塞在气缸体中运动。活塞制成双头活塞，如果是轴向 6 缸，3 个气缸在压缩机前部，另外 3 个气缸在压缩机后部；如果是轴向 10 缸，5 个气缸在压缩机前部，另外 5 个气缸在压缩机后部。

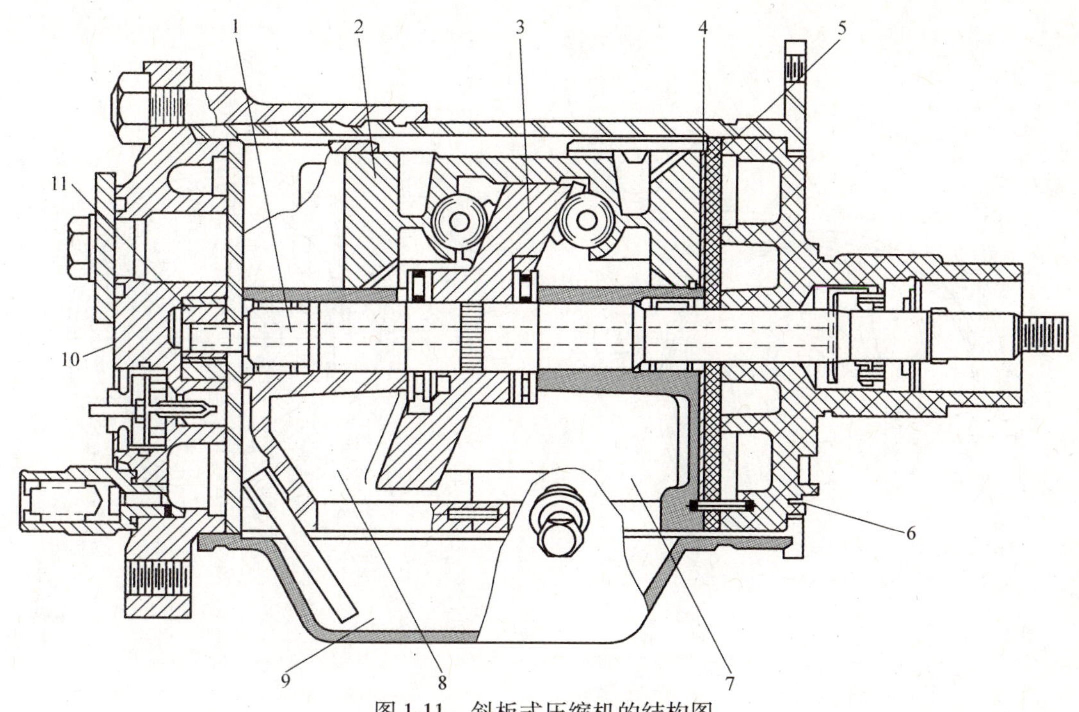


图 1-11　斜板式压缩机的结构图

1—主轴　2—活塞　3—旋转斜盘　4—吸气阀　5—前排气阀　6—前盖　7—前缸半部　8—后缸半部　9—油底壳　10—后盖　11—机油泵齿轮

双头活塞的两活塞各自在相对的缸（一前一后）中滑动，活塞一头在前缸中压缩制冷剂蒸气时，活塞的另一头就在后缸中吸入制冷剂蒸气，反向时互相对调。各缸均装有高低气阀，另有一根高压管，用于连接前后高压腔。斜板与压缩机主轴固定在一起，斜板的边缘装在活塞中部的槽中，活塞槽与斜板边缘通过钢球轴承支承在一起。当主轴旋转时，斜板也随着旋转，斜板边缘推动活塞做轴向往复运动。如果斜板转动一周，前后两个活塞各完成压缩、排气、膨胀、吸气一个循环，相当于两个气缸作用；如果是轴向 6 缸压缩机，缸体截面上均匀分布 3 个气缸和 3 个双头活塞，当主轴旋转一周，相当于有 6 个气缸作用。

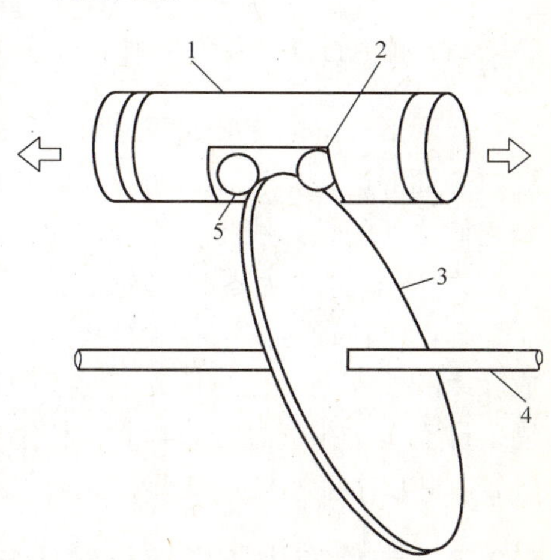


图 1-12　斜板式压缩机工作原理

1—双头活塞　2、5—钢球　3—斜板　4—主轴

斜板式压缩机的润滑有两种，一种是采用强制润滑，由主轴驱动的油泵供油到各润滑部位及轴封处，主要用于豪华型轿车或小型客车上较大制冷量的压缩机。另一种采用飞溅润滑。

3. 旋叶式压缩机结构与原理

旋叶式压缩机由缸体、转子、主轴、叶片、排气阀等零件构成，前缸盖上有离合器和主轴的轴封，后端盖和前缸盖上有两个滚珠轴承支承主轴转动，后端盖内有一个油气分离器。

旋叶式压缩机的气缸形状有圆形和椭圆形两种，叶片有 2 片、3 片、4 片和 5 片等几种。圆形缸对应有 2 ~ 4 片，椭圆形缸对应有 4 片和 5 片，其结构如图 1-13 所示。

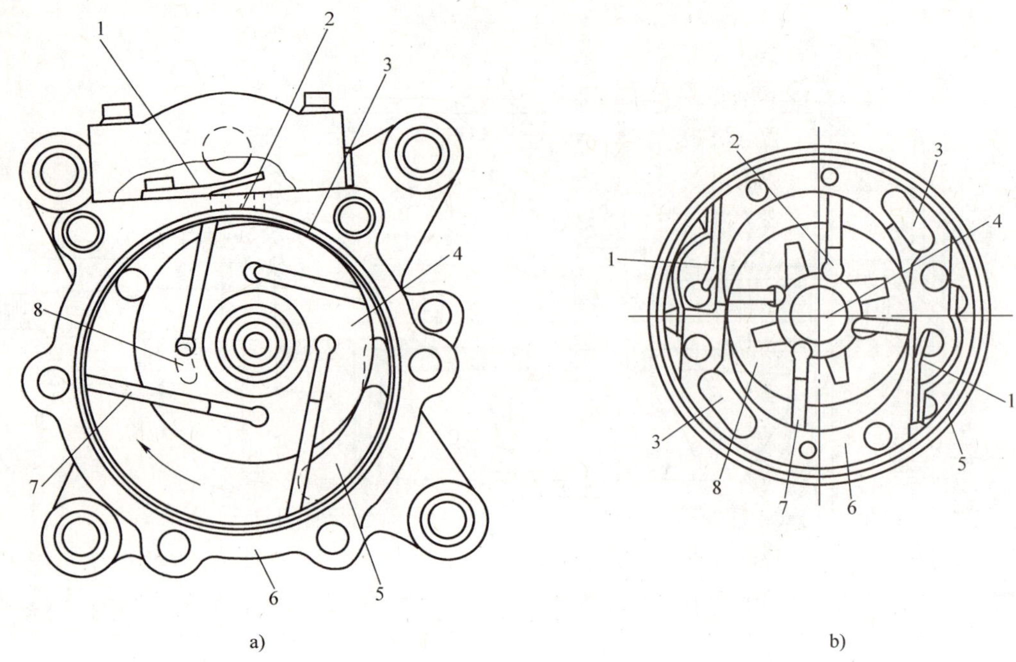


图 1-13 旋叶式压缩机

a）圆形气缸
1—排气阀 2—排气孔 3—接触点 4—转子
5—吸气孔 6—气缸 7—叶片 8—油孔

b）椭圆形气缸
1—排气簧片 2—进油孔 3—吸气腔 4—主轴
5—机壳 6—缸体 7—叶片 8—转子

在圆形气缸的旋叶式压缩机中，转子的主轴与气缸的圆心有一个偏心距离使转子紧贴气缸内表面的进、排气孔之间。在椭圆形气缸中，转子的主轴和椭圆中心重合，转子上的叶片和它们之间的接触线将气缸分成几个空间，当主轴带动转子旋转一周时，这些空间的容积发生扩大-缩小-几乎为零的循环变化，制冷剂蒸气在这些空间内也发生吸气-压缩-排气的循环。压缩后的气体通过安装在接触线旁的簧片阀排出。旋叶式压缩机没有吸气阀，因为滑片能完成吸入和压缩制冷剂的任务。对于圆形气缸而言，2 叶片将空间分成 2 个空间，主轴旋转一周，即有 2 次排气过程，4 叶片则有 4 次。叶片越多，压缩机的排气脉冲越小。对于椭圆形气缸，4 叶片将气缸分成 4 个空间，主轴旋转一周，有 8 次排气过程。

### 1.2.3 常用变排量压缩机结构与原理

变排量汽车空调系统能够在运行过程中根据转速、排气压力等信号的变化以及汽车运行状况自行调节排量，达到节能、降噪和实现车厢环境最优化控制的目的。变排量汽车空调系统设置了循环风门（车内循环方式），在空调不运行时也能够隔绝车外的空气，使车厢内的空气保持恒温状态。行驶中如果车外的空气污染超标，循环风门还能起到抵挡混浊空气入侵的作用。

与传统的定排量空调相比，变排量空调有如下优点：

1）提高压缩机的使用寿命。

2）保持了蒸发器低压的稳定性，并使其不会结霜。

3）保持了温度的稳定性。

4）吸、排气压力和工作转矩的波动减小，避免了对发动机的冲击。

5）减少了功率消耗。

大众车系、日产车系、别克、奔驰、宝马等轿车均采用了变排量压缩机。变排量压缩机有如下主要特征：

1）变排量压缩机的型号有字母“V”，如SD7V46压缩机即为变排量压缩机。

2）变排量压缩机后部有大的凸起形状。

3）膨胀阀式制冷系统的蒸发器上无温度传感器，或孔管式制冷系统的低压管上无循环压力开关时，该压缩机为变排量压缩机。

4）车内外温度很高，空调开启且压缩机工作一段时间（如5~10min）离合器不断开，该系统为变排量压缩机。

变排量压缩机常用翘盘式变排量压缩机，其按控制方式分为机械控制式变排量压缩机与电控式变排量压缩机。

1. 机械控制式变排量压缩机

图1-14为V5变排量压缩机的结构图。它共有5个气缸，是摇摆斜盘结构，其中摇摆斜盘用双向球形连杆与活塞连接，它的基本元件主要有轴和驱动凸耳部件、滑动轴套、旋转轴颈和摇板等。内部控制阀在压缩机的后盖中，主要由锥阀和球阀构成；锥阀控制摇板箱与吸气腔（波纹管室）之间的通道，球阀控制排气腔与摇板箱之间的通道，锥阀和球阀通过阀杆建立联系，从而使两个阀的开度呈互补关系；排气压力影响控制阀设定值的变化，排气压力升高，设定值降低；当空调容量要求大时，吸气压力将高于控制点，控制阀的锥阀打开并保持从摇板箱吸入气体至吸气腔，压缩机将有最大容积。

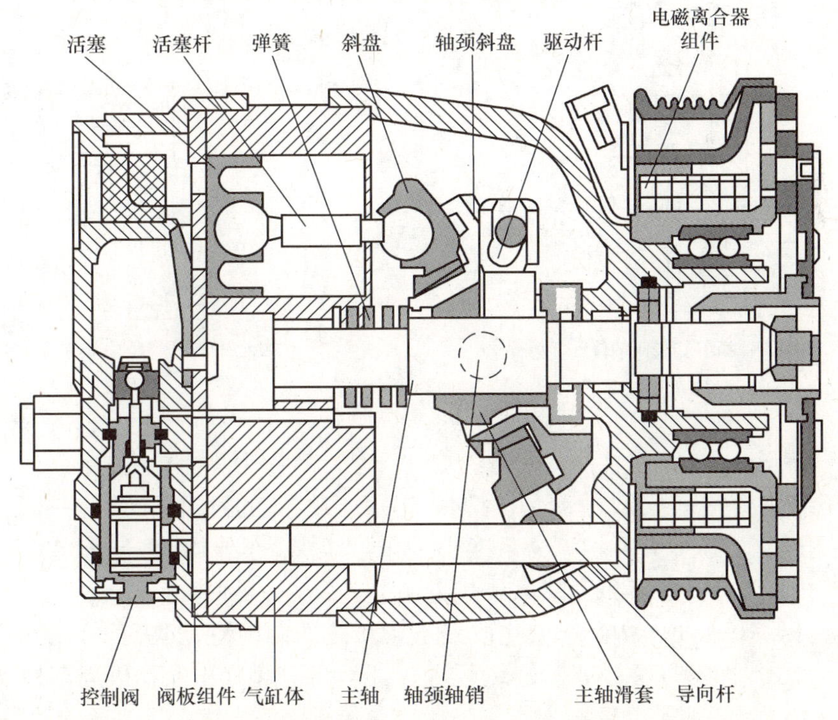


图1-14 V5变排量压缩机

在机械式变排量压缩机中，斜盘的倾斜角是由斜盘后方曲轴箱内的压力控制的（压力低，斜盘倾角大，排量大；压力高，斜盘倾角小，排量小），而曲轴箱压力由波纹管式控制阀控制。

波纹管式控制阀的构造如图1-15所示，它由金属薄板制成，是一个内部为真空的密闭气囊，其内部装有弹簧。波纹管的长度随周围制冷剂气体的压力变化而变化，长度变化后的波纹管又控制着一个阀门，该阀门能改变通往压缩机曲轴箱内的制冷剂压力。斜盘前后端的压力差使斜盘倾斜程度改变，从而改变压缩机的排量。

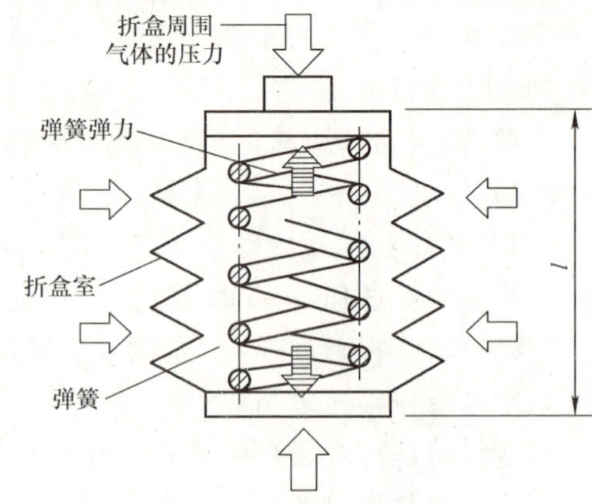

图1-15 波纹管式控制阀构造

当压缩机吸气侧压力超过了设定值（低压侧压力高，说明需要增加制冷量），这样高的压力使波纹管收缩，针阀下落，弹簧及高压侧压力把钢球推向球座，将连接高压侧气体与曲轴箱气体的通道封死，阻止了高压侧气体通向曲轴箱。同时，从低压侧到曲轴箱的通道打开，部分曲轴箱内气体流入吸气侧，从而降低曲轴箱内压力。斜盘倾角增大，排量增大，如图1-16a所示，即低压侧压力高→波纹管收缩→低压侧阀门开启，高压侧阀门关闭→低压吸入孔与曲轴箱相通，曲轴箱内的气体压力降低→斜盘斜度上升→排量增加；反之，低压侧压力低→波纹管膨胀→高压侧阀门开启，低压侧阀门关闭→曲轴箱内气体压力上升→斜盘斜度下降→排量减少，其过程如图1-16b所示。

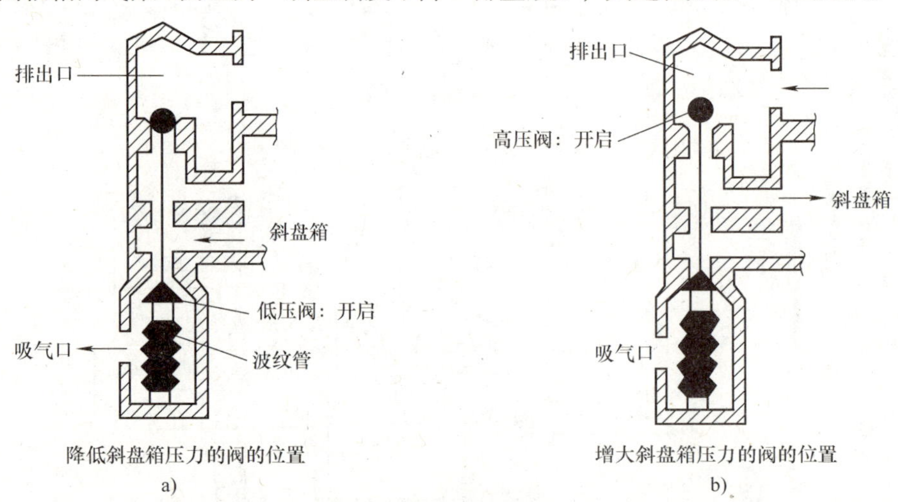

图1-16 斜盘倾角

a）斜盘斜度小，排量减少 b）斜盘角度大，排量增大

变排量压缩机的整个控制过程是：排量大→蒸发器温度下降（0℃）→低压压力下降（0.2MPa）→曲轴箱的压力大→斜盘的角度小→排量小→蒸发器温度上升（4℃）→低压压力上升→斜盘箱内压力小→斜盘的角度大→排量大。

V5变排量压缩机根据车内负荷变化改变空调系统的制冷量，改变了传统的离合器启闭压缩机的调节方式，实现了系统平稳连续运行，且不会引起汽车发动机周期性的负荷变化。但是，其空调系统仍保留了电磁离合器，在汽车空调系统停止使用时离合器的脱离可以使压缩机停止运转。

2. 电控变排量压缩机

电控变排量压缩机汽车空调系统如图1-17所示，它根据环境温度、发动机转速、太阳辐射强度、车内温度、送风温度、送风风向以及空调模式设定等参数，由汽车的电控单元确定控制信号，再由外部（电磁）控制阀控制压缩机排量，从而根据当时的制冷负荷情况确定合适的吸气压力，不需要再被加热装置加热，从而达到节能的目的。

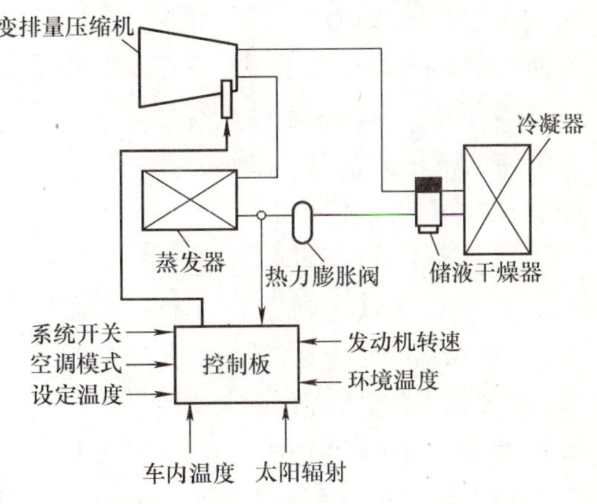


图1-17　电控变排量压缩机汽车空调系统

电控变排量压缩机一般应用于翘盘式压缩机，其结构如图1-18所示，工作原理与内部调节的变排量压缩机相似，不同之处在于电控变排量压缩机的控制阀具有一个电磁单元，通过蒸发器出风度传感器的信息，对压缩机的功率进行无级调节。由于电控变排量压缩机没有电磁离合器，没有温控开关。空调启动后，压缩机一直运转，因此电控变排量压缩机是否实现制冷，可以通过触摸管道判断（空调工作时，低压管道凉，高压管道热；空调不工作时，高低压管路无明显冷热感觉）。

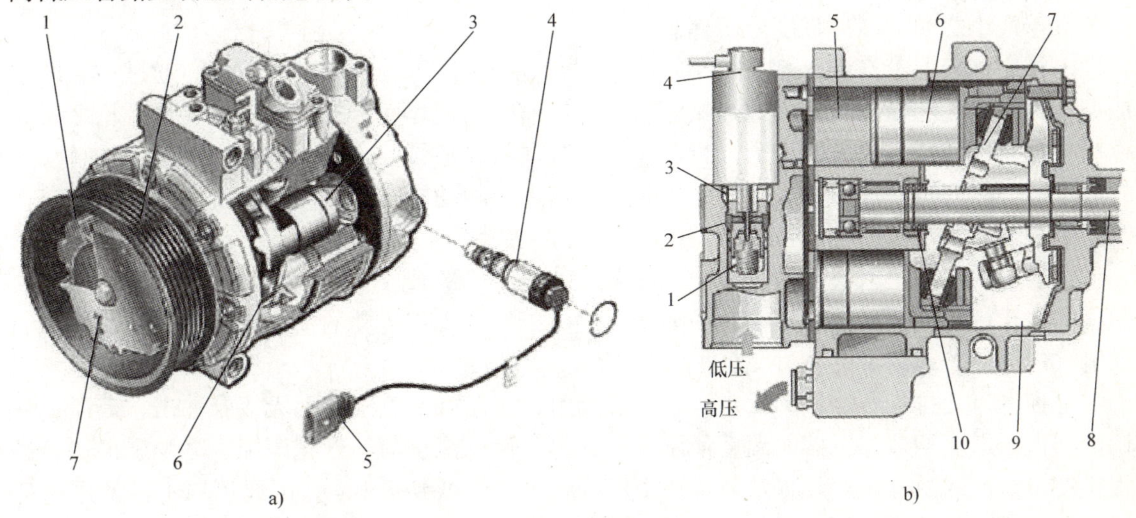


图1-18　电控变排量压缩机

a）结构图
1—橡胶成型元件　2—集成过载保护的胶带轮
3—往复运动活塞　4—调节阀N280
5—线束插头　6—斜盘　7—压盘

b）剖面图
1—进气压力　2—高压　3—曲轴箱压力
4—空调压缩机调节阀N280　5—压缩室　6—空心活塞
7—斜盘　8—驱动轴　9—曲轴箱　10—回位弹簧

电控变排量压缩机的控制阀由机械元件和电磁单元组成。机械元件按低压侧的压力关系由位于控制阀低压区的压敏元件来改变调节。电磁单元由操纵和显示单元通过500Hz的通断频率进行控制。在无电流的状态下，阀门开启，高压腔和压缩机曲轴箱相通，高压腔的压力和曲轴箱的压力达到平衡，其工作原理如图1-19所示。

1）当切断空调 A/C 开关时，ECU 对电磁阀不施加电压，控制活塞在波纹管压力 $P_{s1}$ 和回位弹簧拉力的共同作用下，置于最右侧位置。高压侧制冷剂与压缩机曲轴箱相通，斜盘倾斜角度最小，压缩机排量最小。

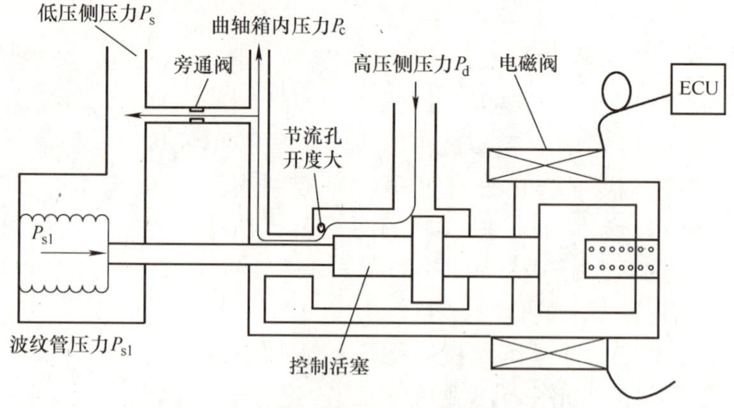

图 1-19 电控变排量压缩机的工作原理

2）当接通空调 A/C 开关时，车内温度远远高于设定温度，同时 ECU 对电磁阀施加最大电流时，控制活塞在波纹管压力 $P_{s1}$ 和回位弹簧拉力、电磁阀吸力的共同作用下，处于最左侧位置。压缩机曲轴箱与高压侧制冷剂不相通，而与低压侧制冷剂相通，曲轴箱内部分制冷剂经旁通阀孔流入低压腔从而使压力变小，此时斜盘倾斜角度最大，压缩机排量最大。

3）当接通空调 A/C 开关时，车内温度高于设定温度一定程度，ECU 对电磁阀施加不同程度的电流时，控制活塞在波纹管压力 $P_{s1}$ 和回位弹簧拉力、电磁阀吸力的共同作用下，处于中间某一位置。高压侧部分制冷剂与压缩机曲轴箱相通，曲轴箱内压力和斜盘倾斜角度处于最大与最小之间，制冷强度处于理想强度。

电控变排量汽车空调压缩机采用新结构带轮。带盘由带轮和随动轮组成，通过一个橡胶成型元件将带轮和随动轮有力地连接起来。当压缩机因损坏而卡死时，随动轮和带轮之间的橡胶成型元件的传递力急剧增大，带轮在旋转方向将橡胶成型元件挤压到卡死的随动轮上，橡胶成型元件产生变形，对随动轮产生的压力增大，随动轮随之产生变形直至随动轮和带轮之间脱离连接，从而避免了带传动的损坏。

随动轮的变形量取决于橡胶成型元件温度的高低，橡胶成型元件的弹性取决于结构件的温度。由于橡胶成型元件和随动轮的形变，避免了发动机带传动的损坏，同时防止了水泵和发电机的损坏，起到了动力过载保护的作用。

电控调节变排量压缩机的优点：空调启动后，压缩机一直运转，无接合冲击，提高了空调舒适性；通过调节蒸发器的温度使制冷量、热负荷及能量消耗优化匹配，减少了再加热过程，使出风口的温度、湿度恒定调节；由于排量可以降低到近 0%，因此可以不再使用离合器的电磁线圈并减小了带轮质量，使质量减轻 20%（500～800g）；降低了压缩机的功率和燃油消耗；新结构的带轮用于带传动和空调压缩机之间的力传递，消除了转矩波动同时起到过载保护的作用。

**拓展阅读**

### 1.2.4 其他定容量压缩机

1. 曲轴连杆式压缩机结构与原理

图 1-20 所示为曲轴连杆式压缩机剖面图，主要由曲轴、活塞、连杆、气缸体、气缸盖、曲轴箱、吸排气阀片、阀板等构成；该压缩机是立式，机体为箱型。

当发动机带动曲轴旋转时，通过连杆的传动，活塞在气缸内做上下往复运动，在吸、排气阀的配合下，完成对制冷剂气体的吸入、压缩和输送的任务。压缩机的活塞在气缸内不断地运动，改变了气缸的容积，从而在制冷系统中起到了压缩和输送制冷剂的作用。

压缩机的工作，可分为压缩、排气、膨胀、吸气等四个过程，如图1-21所示。

（1）压缩过程　活塞在曲轴的带动下在气缸内运动，当活塞运行到缸内最低点（下止点Ⅰ—Ⅰ）时，气缸内充满了由蒸发器吸入的制冷剂气体。活塞再上行时，吸气阀被关闭，而排气阀因缸内压力降低而不能顶开，因此，活塞上行，缸内体积缩小，即气缸工作容积不断变化，密闭在缸内的制冷剂气体的压力和温度不断升高。当活塞向上移动到一定位置（Ⅱ—Ⅱ），即缸内气体压力略高于排气阀上部的压力时，排气阀便被打开，开始排气。制冷剂气体在气缸内从进气时的低压升高到排气压力的过程称为压缩过程。

（2）排气过程　活塞继续向上运行，气缸内的制冷剂气体压力不再升高，气体不断地经过排气阀向排气管输出，直到活塞运动到最高位置（上止点Ⅲ-Ⅲ），排气过程结束。制冷剂气体从气缸向排气管输出的过程称为排气过程。

（3）膨胀过程　当活塞运行到上止点位置时，由于压缩机的结构及工艺等原因，活塞顶部与

a)

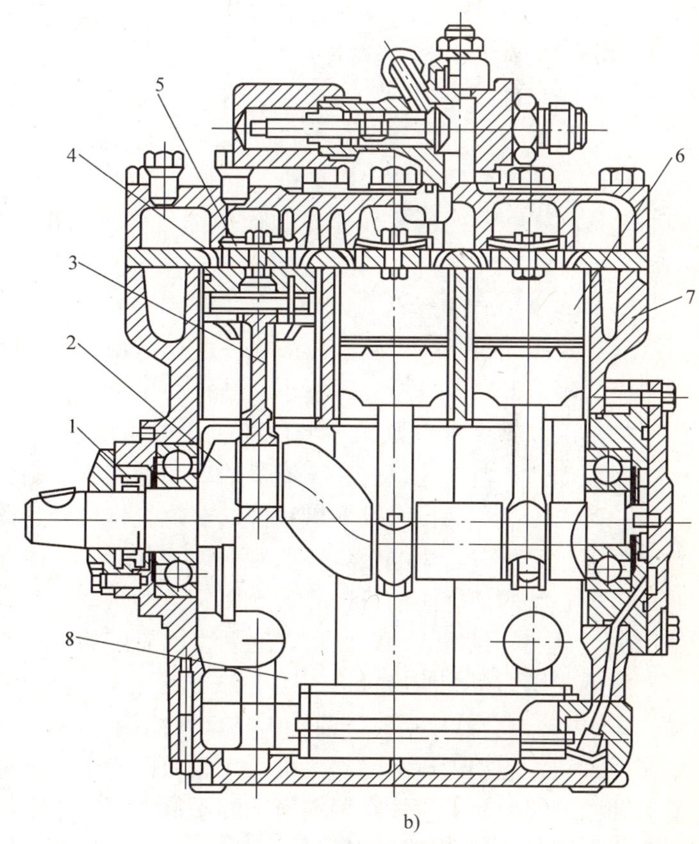


b)

图1-20　曲轴连杆式压缩机

a）实物图　b）结构图

1—轴封　2—曲轴　3—连杆　4—吸气阀片　5—排气阀片

6—活塞　7—气缸体　8—曲轴箱

气阀座之间存在一定的间隙，该间隙所形成的容积称为余隙容积。排气过程结束时，由于该间隙内有一定数量的高压气体，当活塞再下行时，排气阀已关闭，可进气阀并不能马上打开，吸气管内的气体不能很快进入气缸，残留的高压气体还需在气缸容积增大后膨胀，使其压力下降到稍低于吸气管道内的压力时，吸气阀才能打开。活塞从上止点向下移动到吸气阀打开的位置（IV-IV），称为膨胀过程。

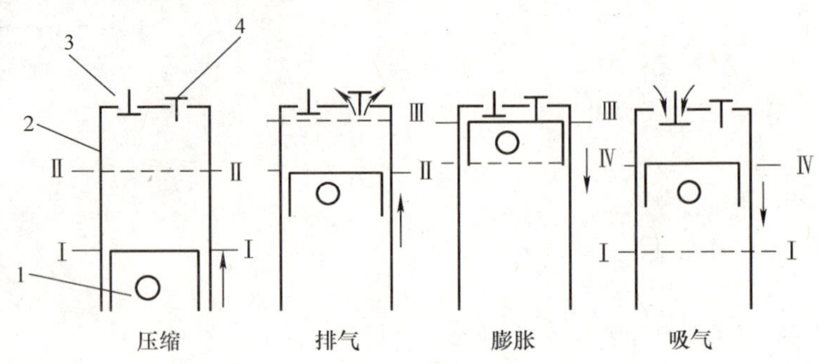


图 1-21 曲轴连杆式压缩机的工作过程

1—活塞 2—气缸 3—进气阀 4—排气阀

（4）吸气过程 活塞继续下行，吸气阀打开，低压制冷剂气体便不断地由蒸发器经吸气管和吸气阀进入气缸，直到活塞下行至下止点为止，这一过程称为吸气过程。

完成吸气过程后，活塞又上行，重新开始压缩过程，如此循环。

目前，小型曲轴连杆式压缩机已经停止生产，但在大、中型汽车上的空调压缩机仍然采用曲轴连杆式。它的低速性能比其他压缩机好，所以特别适用于大、中制冷量需求的汽车空调。

2. 涡旋式压缩机结构与原理

涡旋式压缩机是一种新型压缩机，主要适用于汽车空调，它与往复式压缩机相比，具有效率高、噪声低、振动小、质量小、结构简单等优点。

如图 1-22 所示，涡旋式空调压缩机主要由动涡旋盘、定涡旋盘、回旋机构、防旋转机构、前盖部件和机体等组成。压缩机的动、静涡旋盘由铝合金压铸而成，涡旋盘顶端设有密封条。定涡旋盘背面设有排气口和排气阀片。排气阀片既可以防止因高压气体倒流而导致的效率下降，又可以防止电磁离合器脱开时主轴倒转。主轴由球轴承 F 和 R 支撑，动涡旋盘通过带偏心套的回旋曲柄机构，实现回旋运动。动涡旋盘上的叶片采用渐开线，与其啮合的是定涡旋盘上的包络线，因此动、静两个涡旋圈为一对渐开线曲线。

涡旋式压缩机的回旋机构如图 1-23 所示，通过回旋机构产生回旋运动（而不是旋转运动），当电磁离合器接通时，曲轴 1 转动，曲柄销驱动偏心套 3 做回旋运动，传动轴承 4 也做回旋运动，传动轴承上的动涡旋盘 5 也做回旋运动，即动涡旋盘中心绕定涡旋盘的回旋半径的圆做公转回旋。设置在偏心套上的平衡块可以平衡动涡旋盘的回旋离心力。因此在运行期间，涡旋盘压缩室的径向密封不取决于离心力，而主要取决于偏心套的回旋力矩。该力矩是由作用于偏心套的气体压力的切向分力和作用在曲轴销的动盘回旋驱动力所构成的力偶产生的。两离心力的轴向位置是错开的，为了保持压缩机的动平衡，曲轴和离合器设置了平衡块。

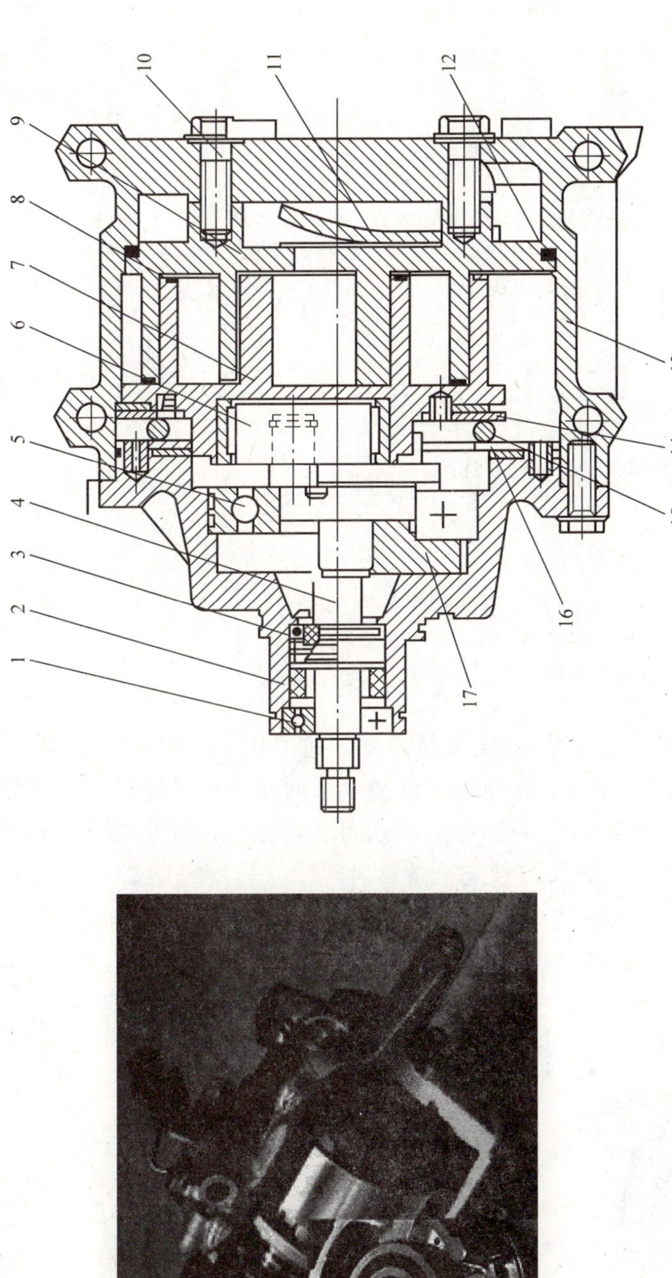


图1-22 涡旋式空调压缩机结构

a）实物图 b）结构图

1—球轴承F 2—前盖 3—轴封 4—主轴 5—带密封条的球轴承R 6—偏心块 7—动涡旋盘 8—密封条 9—定涡旋盘 10—螺栓 11—排气阀组件 12—O形密封圈 13—气缸体 14—运动环形限位器 15—钢球 16—固定环形限位器 17—平衡块

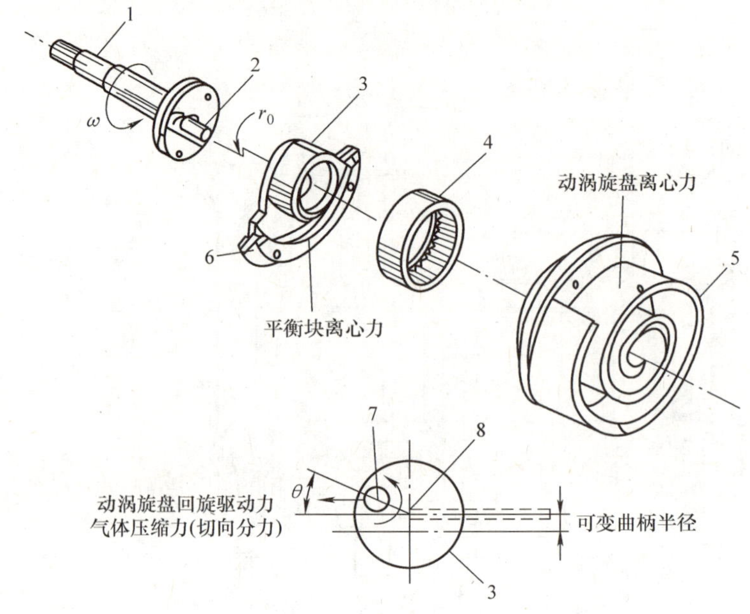


图 1-23 回旋机构

1—曲轴 2—曲柄销 3—偏心套 4—传动轴承 5—动涡旋盘
6—平衡块 7—曲柄销中心 8—驱动点

此外，涡旋式压缩机的动、定两涡旋盘在安装时存在180°的相位角，在几个点上相互接触，相当于啮合作用，这使两涡旋盘相互啮合形成一系列的月牙形容积。这一对渐开线形的涡旋体组成3对同时工作的压缩腔，动涡旋盘一方面沿着偏心距很小的（曲轴回转半径）轨道移动（即摆动），另一方面与静涡旋盘接触做相对转动，与静涡旋盘形成3个变容积的密封腔。每一转中，第1个腔在吸气，第2个腔在压缩气体，第3个腔在排出气体。也就是说，在每个转角，空调压缩机都在持续循环进行吸气、压缩、排气，因此没有负荷的起伏变化，所以涡旋式空调压缩机运转非常平稳，这种特性对发动机非常有利。

涡旋式压缩机的工作原理如图1-24所示。

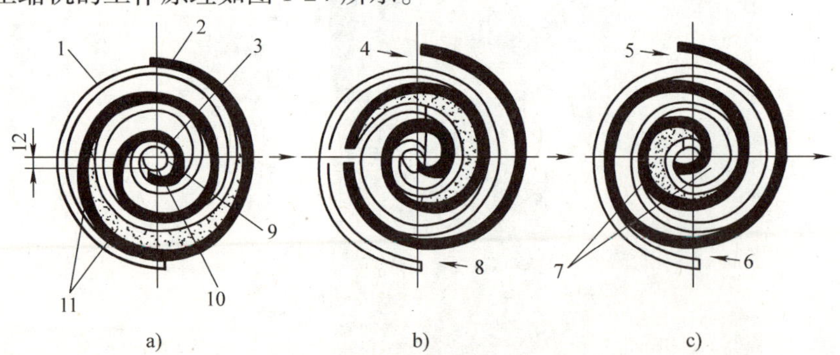


图 1-24 涡旋式压缩机的工作原理

a）吸气结束 b）压缩行程 c）排出开始之前

1—固定圈 2—动圈 3—固定圈涡旋中心 4、5、6、8—制冷剂蒸气 7—最小压缩容积
9—排气口 10—动圈涡旋中心 11—开始压缩容积（最大容积） 12—回旋半径

图 1-24a 是吸气结束时，一对涡旋圈形成了两对月牙形容积，最大的月牙形容积 11 即将开始压缩，动圈涡旋中心绕定圈涡旋中心继续回旋公转，原来最大的月牙形容积已压缩到图 1-24b 所示，动圈被曲轴带动而再做回旋运动，被压缩的容积缩小到如图 1-24c 所示的最小压缩容积 7（此容积是根据内容积比值确定），这一月牙形容积中的制冷剂蒸气即将与设在涡旋圈中心的排气口 9 相通。在压缩的同时，动圈与定圈的外周又形成吸气容积（图 1-24b 的 4 和 8），持续回旋并再压缩，如此周而复始完成吸气、压缩、排气工作过程。

## 1.2.5　其他变排量压缩机结构与原理

1. 斜板式变排量压缩机

斜板式变排量压缩机的形式很多，但是其原理基本相似，都是利用电磁三通阀改变余隙容积的大小，使排气量发生变化，从而改变制冷量。

斜板式的六个缸都按图 1-25 安装一个余隙容积变化阀，共同用 1 ~ 3 个电磁阀控制。

正常负荷工作时，电磁阀接通排气腔工作管，高压气体将余隙容积变化阀向右推，将阀口堵住，则压缩机按正常排气量工作，即按 100% 负载工作。

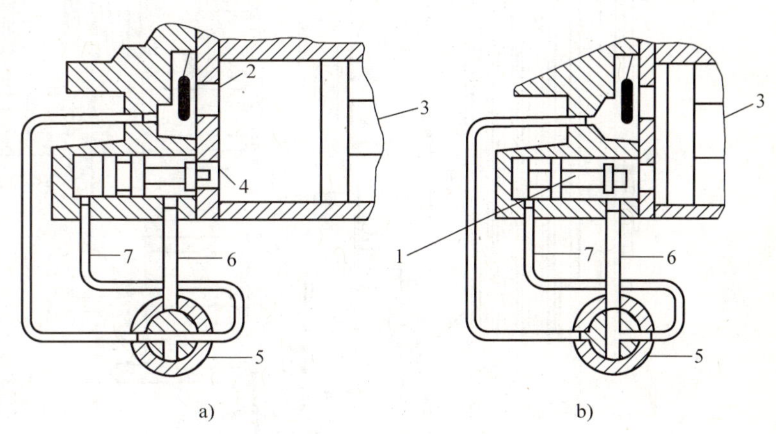


图 1-25　斜板式变排量压缩机结构

a）压缩机全负荷工作　b）压缩机部分负荷工作

1—余隙容积变化阀　2—排气腔　3—活塞　4—阀口

5—三通电磁阀　6—回气管　7—工作管

当需要降低压缩机的排气量时，电磁阀接通回气管和工作管。当吸气时，余隙阀首先将原来左端的高压气通过工作管、回气管送到吸气缸；在活塞压缩时，气体推动余隙阀左移，留下一个空间，如图 1-25b 所示。当压缩完毕时，余隙阀内的气体保留下来。当活塞右移时，余隙阀内的高压气体首先膨胀，这样就减少了气缸的吸气量和排气量，也减少了功耗。根据设计余隙阀容积的大小，每个气缸排气量一般按减少 75% 设计，这时功耗可减少 50%。

很明显，斜板式变容量控制是有级变化的，这点就远不及翘盘式工作输气质量好。同时，用一个电磁阀来控制六个缸也不合适，因为这样排气的波动太大，会引起制冷量的急剧变化，所以最好用三个电磁阀，每个阀控制两个缸，根据车内的温度或者车外的温度来决定先变容二缸，再变容四缸或六缸。但这样控制结构就会变得复杂化，不及翘盘式简单。所以，从变容的结构、能耗、空调舒适性来说，斜板式变排量压缩机的整体性能不如翘盘式的好。

2. 涡旋式变排量压缩机

涡旋式变排量压缩机是在涡旋式定排量压缩机的基础上，利用控制阀感应吸气压力并进行旁通的一种结构。它的吸气量并没有减少，只是在压缩过程中采用旁通来减少排气量。涡旋式变排量压缩机的调节范围是 30% ~100%。

涡旋式变排量压缩机的控制原理如图 1-26 所示，在静涡旋盘上有一对旁通孔，动涡旋盘回旋运动，压缩腔内的制冷剂大概压缩至 30% 时流经旁通孔，如控制阀开启，旁通的制冷剂进入吸气侧。旁通孔上方安装有阀片，当需要压缩机满负荷工作或控制阀关闭时，阀片自动关闭，如图 1-27a 所示。控制阀的开关主要由吸气压力控制，排气压力是波纹管外滑块运动的动力源。当吸气压力高于设定值时，控制阀波纹管收缩，球阀关闭，滑块上下压力差增大，排气压力作用于滑块底面，推动滑块堵住旁通孔，制冷剂未旁通，此时制冷量最大；反之，当吸气压力小于设定值，则波纹管伸长，控制阀的球阀打开，旁通开始，如图 1-27b 所示，这时制冷能力减小。吸气压力越低，球阀开度越大，制冷剂旁通量越大，制冷量越小，如图 1-27c 所示。

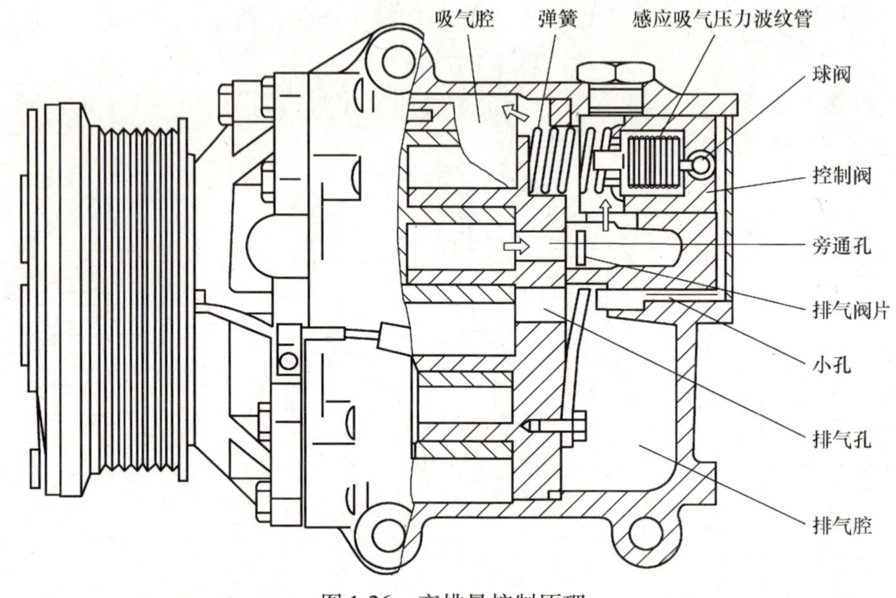


图 1-26 变排量控制原理

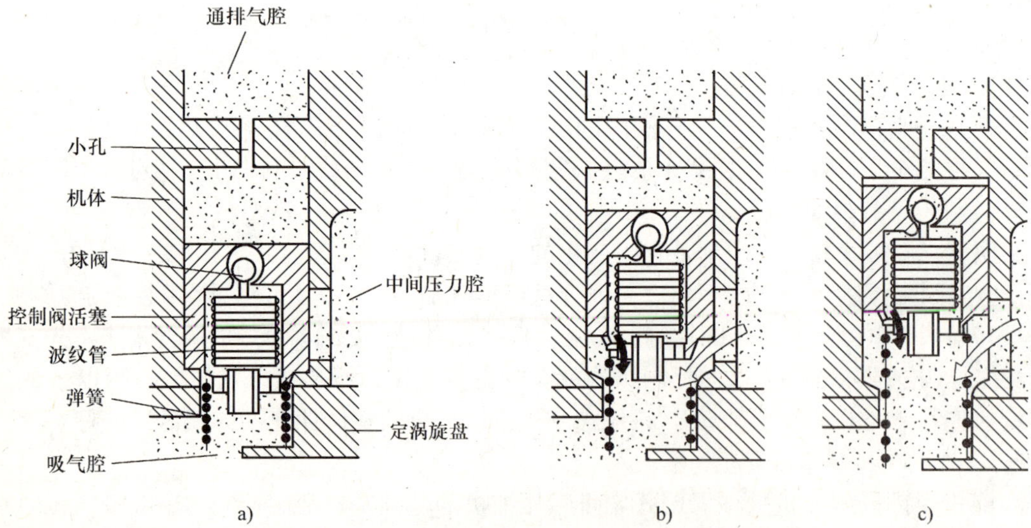

图 1-27 变排量涡旋式压缩机控制阀变化示意图

a）最大制冷量时 b）中间制冷量时 c）最小制冷量时

## 实践技能

### 1.2.6 压缩机的常见故障

空调压缩机作为高速旋转的工作部件，出现故障的几率比较高。常见的故障有异响、泄漏以及不工作等。

（1）异响 引起压缩机异响的原因很多，例如压缩机电磁离合器损坏，或压缩机内部磨损严重等均可产生异响。

1）压缩机电磁离合器是出现异响的常见部位。压缩机经常在高负荷下从低速到高速变速运转，所以对电磁离合器的要求很高，而且电磁离合器的安装位置一般离地面较近，经常会接触到雨水和泥土，当电磁离合器内的轴承损坏时就会产生异响。

2）除了电磁离合器自身的问题，压缩机传动带的松紧度也直接影响着电磁离合器的寿命。传动带过松，电磁离合器就容易出现打滑；传动带过紧，电磁离合器上的负荷就会增加。传动带松紧度不当时，轻则会引起压缩机不工作，重则会引起压缩机的损坏。当传动带工作时，如果压缩机带轮以及发电机带轮不在同一个平面内，就会降低传动带或压缩机的寿命。

3）电磁离合器的反复吸合也会造成压缩机出现异响。例如发电机的发电量不足，空调系统压力过高，或者发动机负荷过大，这些都会造成电磁离合器的反复吸合。

4）电磁离合器与压缩机安装面之间应该有一定的间隙，如果间隙过大，那么冲击也会增大；如果间隙过小，电磁离合器工作时就会与压缩机安装面之间产生运动干涉，这也是产生异响的一个常见原因。

5）压缩机工作时需要可靠的润滑。当压缩机缺少润滑油或者润滑油使用不当时，压缩机内部就会产生严重异响，甚至造成压缩机的磨损报废。

（2）泄漏 制冷剂泄漏是空调系统的最常见问题。压缩机泄漏的部位通常在压缩机与高低压管的结合处，此处通常因为安装位置的原因，检查起来比较麻烦。空调系统内部压力很高，当制冷剂泄漏时，压缩机润滑油会随之损失，这会导致空调系统不工作或压缩机的润滑不良。空调压缩机上都有泄压保护阀，泄压保护阀通常是一次性使用，在因系统压力过高进行泄压后，应该及时更换泄压保护阀。

（3）不工作 可以通过给压缩机电磁离合器直接供电的方式初步检查压缩机是否损坏。

### 1.2.7 压缩机的拆装及性能检测

1. 压缩机拆卸要求

1）拆卸时首先要清楚压缩机结构，拆下的零件应按部件分类摆放，以免弄乱。

2）压出或打出轴套和销子时应先辨明方向，然后再操作，一般要用木槌敲打，以免打坏零件表面。

3）拆卸零件时不要用力过猛，以免损伤零件。

4）拆卸形状和尺寸相同的零件时，必须做记号，以防装错。

5）拆卸的零件用冷冻润滑油清洗，清洗时要用软毛刷，不能用碎布擦洗零件，以防脏物进入。

2. 压缩机拆卸步骤

1）拆除电磁离合器连接导线。

2）从制冷系统内排出制冷剂。

3）从压缩机吸、排气口卸下软管，并在压缩机吸、排气口加盖，以免灰尘和水汽进入系统内。

4）拆除压缩机驱动带。

5）从托架上卸下压缩机固定螺钉和压缩机，再将压缩机装在一个固定支架上，支架装夹在台虎钳上。

6）排出压缩机内的油，用量筒测量出油量，并检查油是否变色，油内是否混有杂质。

3. 压缩机轴封的拆卸和修理

（1）压缩机轴封的拆卸

1）拆下离合器总成。

2）使用卡环钳，取下密封座卡环，如图1-28所示。

3）使用密封拆卸工具，伸入到密封座位置，锁紧密封座的内周面，然后向外拉出密封座。

4）用钩子取出密封件上的O形密封圈。

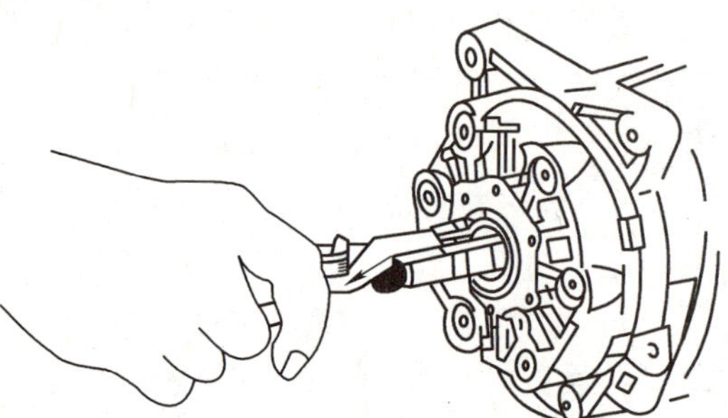

图1-28　取下密封座卡环

（2）压缩机轴封的修理和安装

1）检查轴封摩擦表面是否良好以及石墨环是否磨损；拆下的轴封不能再用，必须更换新的轴封。

2）用清洁的冷冻润滑油清洗压缩机密封部位。

3）用清洁的冷冻润滑油涂抹U形密封圈，并将其装入密封沟槽内。

4）用清洁的冷冻润滑油涂抹密封座，并将其压入安装孔中。

5）安装卡环和油封盖。

6）重新装上离合器。

4. 压缩机内部零部件的拆卸和修理

（1）压缩机内部零部件的拆卸

1）将压缩机从发动机上卸下并安装在专用夹具上。

2）取下离合器压板、带轮、离合器线圈及轴封等。

3）从放油孔放出压缩机内润滑油，并用量筒测量出油量。

4）用内六角扳手松开端盖上所有螺栓，然后取下螺栓，如图1-29所示。

5）用木槌轻轻敲击端盖凸缘，使它从压缩机上分开。当压缩机的前后端盖打开后，就可以容易地抽出其活塞等部件，如图1-30所示。

6）取下气缸垫、O形圈、簧片阀板。

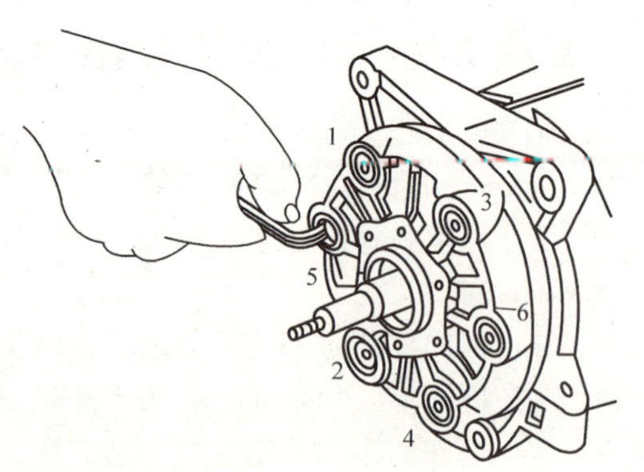


图1-29　取下螺栓

7）取出内部的活塞组件和轴承等。

（2）压缩机内部零部件的修理和安装

1）检查压缩机活塞和气缸，若活塞和气缸有拉毛现象，则需更换压缩机。

2）检查压缩机轴承，若有损坏则需更换。

3）检查压缩机阀片和阀板。阀板可以用油石打磨平整，阀片、缸垫和O形圈损坏则需更换。

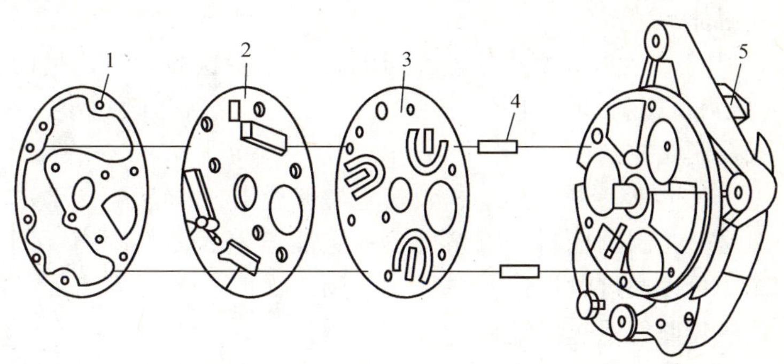


图1-30 压缩机内部零部件拆卸

1—排气阀片 2—阀板 3—吸气阀片 4—阀定位销 5—缸体

4）装配时所有零部件都要清洗干净，保证油路畅通，并在各摩擦部位涂上冷冻润滑油。

5）所有接合面需清洁干净，并在缸垫上涂上冷冻润滑油，使其均匀地压紧螺栓，然后装上前后盖板。

6）用手转动压缩机，观察其运转是否顺利。

5. 压缩机维修后的性能检查

将压缩机安装在工作台上就可检查其性能，其检查办法如下：

1）压缩机内部泄漏检查：在压缩机吸、排气检修阀上装上歧管压力计，并关闭手动高、低压阀，再用手转动压缩机主轴，每秒钟转一圈，共转10圈。这时打开手动高压阀，高压表的压力应大于0.345MPa，若压力小于0.310MPa，则说明压缩机内部有泄漏，必须重新修理或更换阀片、阀板和缸垫。

2）压缩机外部泄漏检查：从压缩机吸入端注入少量制冷剂，然后用手转动其主轴，用检漏仪检查轴封、端盖、吸排气阀口等处有无泄漏，若有泄漏须拆卸重新修理，若无泄漏，就可装回发动机上。

## 任务工单

见任务工单2。

## 学习小结

1. 若采用压力控制方法，其机构称为吸气压力调节阀，安装在蒸发器和压缩机之间，主要包括蒸发压力调节阀、吸气节流阀和绝对压力调节阀几种。蒸发压力调节阀式制冷系统只要选定空调功能，该系统就能够连续运行。

2. 蒸发压力调节器可以根据制冷负荷的大小调节蒸发器出口处的压力，确保蒸发器出口的压力使制冷剂不低于0℃。

3. 往复活塞式压缩机的工作可以分为压缩、排气、膨胀、吸气四个过程。

4. 斜板式压缩机进行变容量的形式很多，但是其原理差别不大，都是用电磁三通阀改变余隙容积的大小，使排气量发生变化，从而改变制冷量的变化。

5. 涡旋式空调压缩机主要由动涡旋盘、定涡旋盘、回旋机构、防旋转机构、前盖部件和机体等组成。

6. 在机械式变排量翘盘压缩机中，斜盘的倾斜角是由斜盘后方曲轴箱内的压力控制的（压力低，斜盘倾角大，排量大；压力高，斜盘倾角小，排量小），而曲轴箱压力由波纹管式控制阀控制。

7. 电控变排量压缩机没有电磁离合器，没有温控开关。空调启动后，压缩机一直不停，但是受控制阀控制，压缩机不一定能产生吸力与压力，即不一定能实现制冷。是否实现制冷，可以通过触摸管道判断（空调工作时，低压管道凉，高压管道热；空调不工作时，高低压管路无冷热感觉）。

## 自我测试

### 复　习　题

1. 请叙述压缩机的分类及各自的优缺点。
2. 请叙述翘盘式压缩机及斜板式压缩机的结构及工作原理。
3. 请叙述旋叶式压缩机的分类及工作原理。
4. 请叙述变排量翘盘式压缩机结构及其工作原理。
5. 请叙述涡旋式压缩机的结构组成及工作原理。
6. 请叙述电控变排量压缩机的控制原理。
7. 请叙述压缩机的拆卸步骤。
8. 请叙述压缩机维修后的性能检查方法。

# 任务 1.3　电磁离合器故障检修

## 任务载体

**故障现象**：一辆皇冠 3.0 汽车，开启空调后车内无冷风吹出；电磁离合器不吸合，压缩机不工作。

故障检查：打开发动机盖，查找右侧熔丝盒，发现一个 15A 熔断片已经熔化；取出金属片，串接入 30A 的电流表，起动发动机后打开空调开关，空调离合器即能吸合，制冷效果恢复正常，但电流表显示放电太大（电流为 30A 左右）。去掉压缩机的电磁离合器线圈，放电电流迅速减小。取下压缩机并分解检查，原来电磁线圈因严重过热而短路。

故障排除：更换电磁离合器线圈，空调系统工作完全正常。

**故障分析**：该型车的空调压缩机电磁离合器线圈在制造时是用胶封死的，产生其过热短路现象的原因有以下几点。一是制冷剂充注过量，增加了离合器的负荷；二是空调系统高压部分冷凝效果不好，导致高压侧压力过高；三是电磁线圈制造质量不高，主要是绝缘处理不到位，因而使用寿命短。按技术要求，该型车空调压缩机电磁离合器线圈的电阻应在3.7～3.8Ω之间，检查时可用万用表进行测试，如阻值小于3.3Ω，即说明线圈短路。

## 学习目标

1. 能通过与客户交流、查阅相关维修技术资料等方式获取车辆信息。
2. 能根据故障现象制订正确的维修计划。
3. 能正确选择诊断设备对电磁离合器故障进行诊断。
4. 能正确记录、分析各种检测结果并做出故障判断。
5. 能按照正确操作规范进行电磁离合器的更换。
6. 能根据环保要求，正确处理对环境和人体有害的废料和损坏的零部件。

## 理论知识

在非独立式汽车空调制冷系统中，压缩机是由汽车主发动机驱动的。为了使空调系统的开、停不影响发动机的工作，压缩机的主轴不是与发动机曲轴直接相连，而是通过电磁离合器得到动力。

电磁离合器是发动机和压缩机之间的一个动力传递机构，受空调A/C开关、温度控制器、空调放大器、压力开关等控制，在需要时可接通或切断发动机与压缩机之间的动力传递。另外，当压缩机过载时，它还能起到一定的保护作用。因此，通过控制电磁离合器的接合与分离，就可以接通与断开压缩机。

### 1.3.1 电磁离合器结构与原理

在汽车空调系统中，电磁离合器一般安装在压缩机前端面，成为压缩机总成的一部分。电磁离合器由带轮、电磁线圈、压力板等主要部件组成，如图1-31所示。离合器有两种形式，一种为旋转线圈式，即电磁线圈与带轮一起转动；另一种是固定线圈式，即电磁线圈不转动，只有带轮转动。后者应用较广泛。

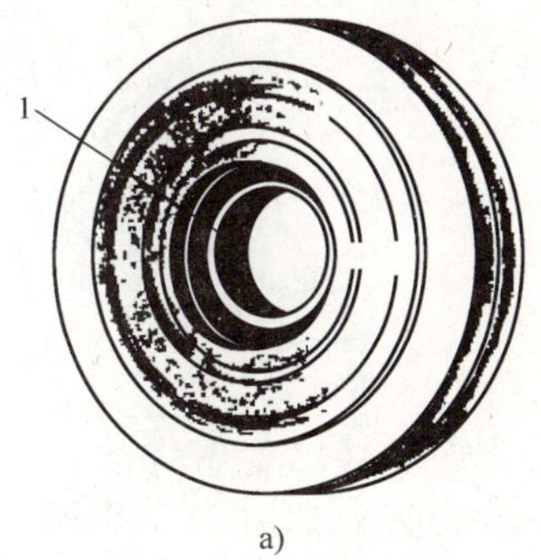

a)

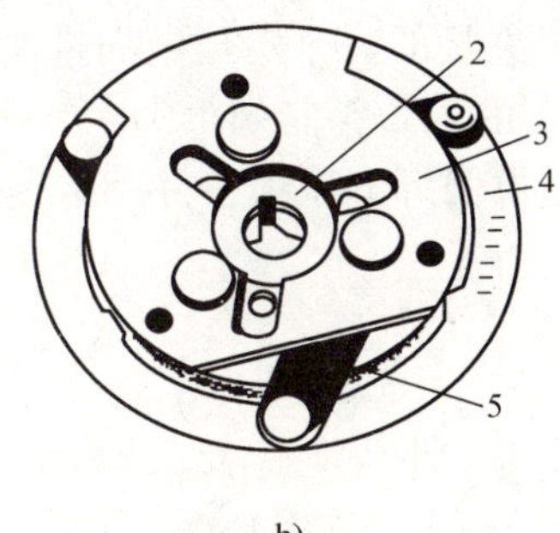

b)

c)

图1-31 电磁离合器分解图

a）皮带轮组件 b）前板 c）线圈组件

1—轴承 2—轴套 3—驱动盘 4—压力板 5—弹簧片

图1-32为一种固定线圈式电磁离合器的工作原理图。电磁线圈固定在压缩机的外壳上，压力板与压缩机的主轴相连接。带轮通过轴承套在轴上，可以自由转动。

当空调开关接通时，电流通过电磁离合器的电磁线圈，电磁线圈产生电磁吸力，使压缩机的压力板与带轮接合，将发动机的转矩传递给压缩机主轴，使压缩机主轴旋转。

当断开空调开关时，电磁线圈的吸力消失。在弹簧作用下，压力板和带轮脱离，压缩机便停止工作。

电磁离合器使用注意事项：

1）由于电磁离合器的接合与脱开是高速进行的，因此在压力板和带轮表面会有很多离合的痕迹。

2）电磁线圈要施加合适的电压。对于24V电压的磁力线圈，若安装在12V电压的系统中，则不能产生足够的磁场，从而使压力板打滑；反之，若把一个12V的线圈安装到24V电压的系统中，必须增加一个电阻器。

3）线圈和带轮之间的间隙很重要。线圈与带轮间隙应小一些，以便获得强的磁场（大的磁通量），但是此间隙也不能过小，以免带轮碰撞线圈。

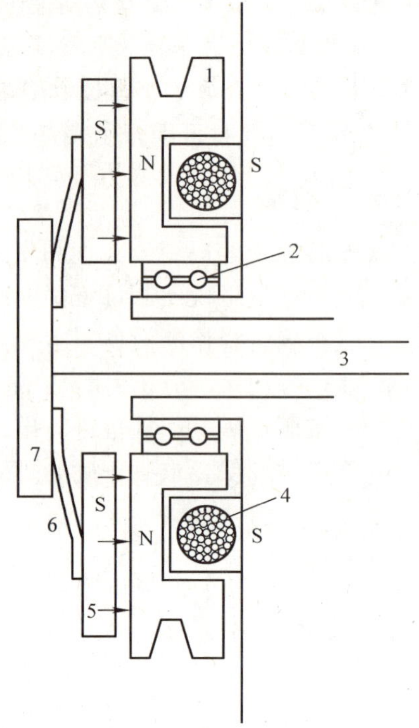


图1-32　固定线圈式电磁离合器

1—带轮　2—轴承　3—压缩机轴　4—线圈　5—压力板　6—弹簧片　7—驱动盘

4）转子和压力板之间的间隙。假如此间隙太小，当离合器脱开时，带轮会拖着压力板，严重时会使离合器烧毁。但假如此间隙太大，则当离合器工作时，其工作转矩减少。

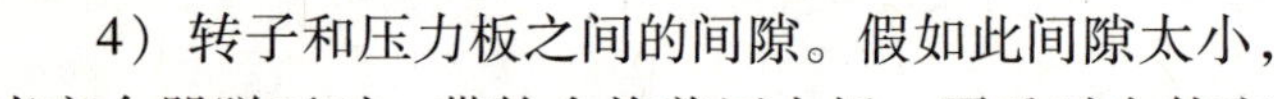


## 1.3.2　电磁离合器的拆卸和修理

1. 电磁离合器的拆卸

1）如图1-33所示，使用Y形夹具的三个定位销插进离合器盘上的三个孔，固定离合器的驱动盘，用套筒扳手拆下主轴上的六角锁紧螺母。

2）锁紧螺母拆除后，用专用拉器拆下压板，并用卡簧钳拆卸内卡簧，如图1-34所示。

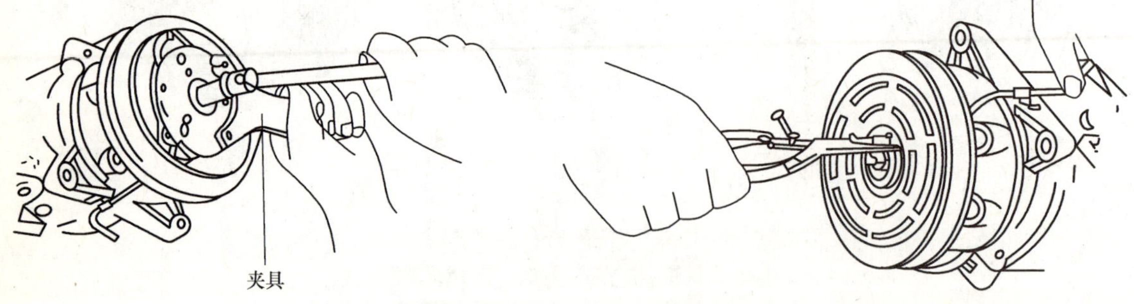


图1-33　拆下主轴上的六角锁紧螺母

图1-34　用卡簧钳拆卸内卡簧

3）用拉拔工具拆卸离合器驱动盘，如图1-35所示，将压缩机带轮和轴承拔出。

4）拆下键和垫片。垫片是用来调整驱动盘和摩擦板之间的间隙的，安装时用它来调整到规定的间隙值。

5）用旋具拆下电磁线圈安装螺钉，卸下电磁线圈。

2. 电磁离合器的修理

1）检查离合器从动盘的摩擦表面，检查是否由于过热和打滑而引起刮痕，以及是否有翘曲变形。若从动盘有刮痕损伤或变形，就要更换带轮总成。另外，摩擦表面上的油污和脏物应用清洁剂洗净。

2）检查离合器轴承有无松动或损坏，损坏的轴承必须更换，并换上同规格的新轴承。

3）用万用表检查电磁离合器线圈有无短路或断路，若发生短路或断路故障，则需更换线圈。

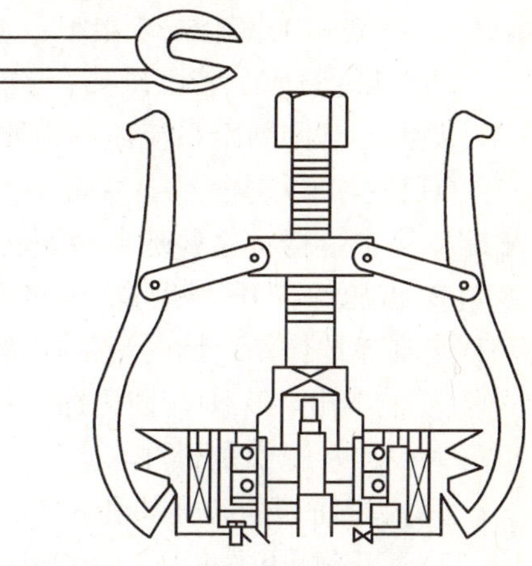

图1-35　拆卸离合器驱动盘

4）检查完的电磁离合器，按拆卸时的相反步骤装配。装好后要检查离合器的从动盘和主动盘以及带轮部件是否能自由转动，并检查从动盘和主动盘之间的间隙，其间隙一般为0.3~0.6mm。

3. 电磁离合器检测与故障诊断

（1）如何确定电磁离合器常见故障　小型汽车及货车驾驶室内的空调都属直连式，其制冷压缩机均靠汽车主发动机通过带轮驱动，所以压缩机的前端均装有电磁离合器，以自动控制压缩机的停止和转动。电磁离合器经常出现的故障有离合器打滑、离合器不能吸合等几类。其检测顺序如下：

1）离合器打滑。离合器打滑的主要原因有：

① 前板和带轮的配合间隙过大，造成电磁离合器通电后接合不紧而打滑，一般用塞尺检测其间隙尺寸，如不合乎间隙尺寸要求的，可用垫片调整。间隙大则将垫片的厚度减小，间隙太小则增加垫片的厚度。

② 电流值不当。断开电磁线圈上的电源导线，并和电流表的一根引线连接，电流表的另一引线接至电源导线的接线柱（图1-36）。如果离合器电磁线圈有两个接线柱，另一线柱一定要搭铁。电流表的读数为2.5~4A属正常范围，否则，应考虑可能是线圈不合格或搭铁接地不良，这就需要更换线圈或将搭铁接牢。

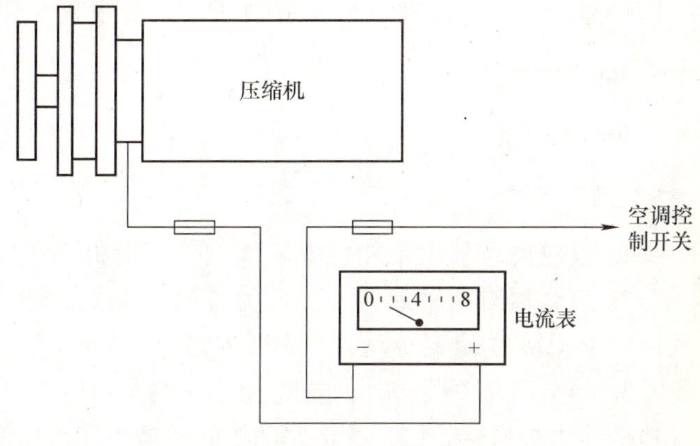


图1-36　检查离合器线圈电流

③ 压缩机卡住。断开电磁离合器线圈电源，用手转动离合器驱动盘，如稍有阻力，属正常现象。如果很吃力，就需检查压缩机是否卡住。

2）电磁离合器不能吸合。电磁离合器通电后压缩机不能运转，可按图1-37所示的连接方式，将原本通到空调控制开关的一端与蓄电池正极相连。若电磁线圈不能吸合，则主要原因如下：

① 电磁线圈断路，需更换或重新绕制线圈。

② 搭铁端未接上或未接牢，造成电路断路，此时便需要接牢搭铁。

3）其他原因。若电磁离合器通电后压缩机不转，但单独检查电磁离合器又属正常，此时需要考虑空调制冷系统的其他原因。

① 温控开关或压力开关断开，此时，制冷系统因车厢内温度已达到设定的温度，所以压缩机停止运行，这种现象应属于正常现象。

② 低压保护开关断开。因过低的环境温度或系统缺少制冷剂，此时亦会使低压开关断开，起到保护作用，此时应从制冷系统上检查。

③ 热继电器保护，使压缩机停转。出现这种现象可以从制冷系统上检查，看是否是热负荷太大，系统中是否混入空气，以及系统中制冷剂是否过量。

（2）如何判断离合器和V带的故障　故障现象表现如下：

1）低压侧压力太高，压缩机不停地运转，压力约为0.59MPa。

2）高压侧压力太低，约0.68MPa，此系统内的制冷剂不能冷凝。

故障原因：

1）离合器的故障。一是打滑，二是发出啸叫。其原因为：

① 气隙太大：因调整不当所致。

② 线圈的电压过低（磁力弱）：搭铁不良所致。

③ 汽车充电系统故障。

④ 离合器线圈导线短接：因电阻高所致。

⑤ 机械故障：带轮不对中、轴承损坏。

一动就打滑的离合器，很快就会损坏，所以，必须更换。

2）V带打滑。可能发出啸叫，V带和带轮温度很高。

如果能对故障及时、准确地判断，只要张紧V带就行；如果V带已被磨光，应更换。

## 任务工单

见任务工单3。

## 学习小结

1. 电磁离合器由带轮、电磁线圈、压力板等主要部件组成。

2. 离合器有两种形式，一种为旋转线圈式，电磁线圈与带轮一起转动；另一种是固定线圈式，电磁线圈不转动，只有带轮转动。

3. 当空调开关接通时，电流通过电磁离合器的电磁线圈，电磁线圈产生电磁吸力，使压缩机的压力板与带轮接合，将发动机的转矩传递给压缩机主轴，使压缩机主轴旋转。当断开空调开关时，电磁线圈的吸力消失。在弹簧作用下，压力板和带轮脱离，压缩机便停止工作。

## 自我测试

### 复　习　题

1. 电磁离合器种类及工作原理是什么？

2. 电磁离合器使用注意事项有哪些？

3. 电磁离合器的拆卸流程是什么？
4. 如何确定电磁离合器的常见故障？

# 任务1.4　膨胀阀故障检修

## 任务载体

**故障现象**：一辆风神蓝鸟轿车，其空调系统工作时，中央通风道里总是发出“吱吱”的轻微响声。

检查与排除：经检查诊断，初步认为是中央通风道里的叶板轴因缺乏润滑而发出的声音，也可能是带动叶板轴转动的执行器有故障。但对以上情况进行检查处理后，故障现象依旧。

为了找到故障根源，将杂物箱及其护板拆下，然后让空调系统工作。经进一步检查，确定响声是从蒸发器护套里传出来的。初步认为，可能是蒸发器护套里的排水管堵塞，气流带动里面的积水旋转，从而发出涡流声。但打开蒸发器护套，发现里面并没有积水，且非常干净，无堵塞。

让空调系统工作，并用听诊器仔细听。当将听诊器头搭在膨胀阀上时，“吱吱”的响声比较清晰，从而确定响声发自膨胀阀。

检查膨胀阀，发现膨胀阀里的高压弹簧刚性过大，使得节流阀面过小又由于空调系统工作时制冷剂的压力很高，所以会发出“吱吱”的节流响声。更换新的膨胀阀后，异响消失，故障排除。

## 学习目标

1. 能通过与客户交流、查阅相关维修技术资料等方式获取车辆信息。
2. 能根据故障现象制订正确的维修计划。
3. 能正确选择诊断设备对膨胀阀故障进行诊断。
4. 能正确记录、分析各种检测结果并做出故障判断。
5. 能按照正确操作规范更换膨胀阀。
6. 能根据环保要求，正确处理对环境和人体有害的废料和损坏的零部件。

## 理论知识

### 1.4.1　热力膨胀阀结构与原理

膨胀阀也称节流阀，是组成汽车空调制冷装置的主要部件，安装在蒸发器入口处，如

图1-37所示，是汽车空调制冷系统的高压与低压的分界点，其功用是：把来自储液干燥器的高压液态制冷剂节流减压，调节和控制进入蒸发器中的液态制冷剂量，使之适应制冷负荷的变化，同时可以防止压缩机发生液击现象和蒸发器出口蒸气异常过热。

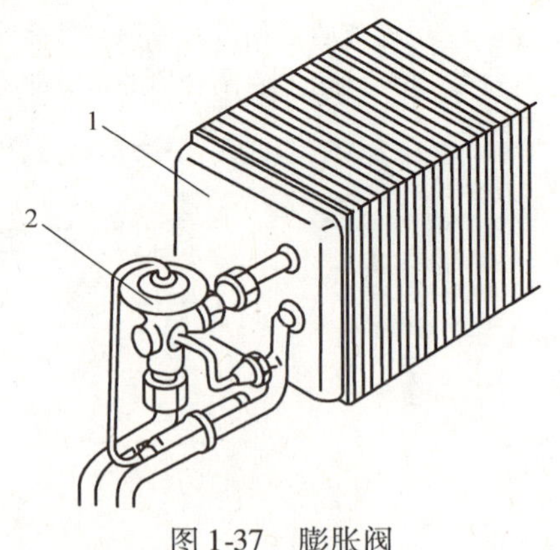


图1-37 膨胀阀

1—蒸发器 2—膨胀阀

1. 热力膨胀阀工作原理

汽车空调系统用的热力膨胀阀根据平衡力分为两种形式，即内平衡式热力膨胀阀和外平衡式热力膨胀阀，其结构如图1-38所示。

内平衡式制冷系统是目前应用得最广泛的一种离合器制冷循环控制系统。现以内平衡式热力膨胀阀为例说明其工作原理。

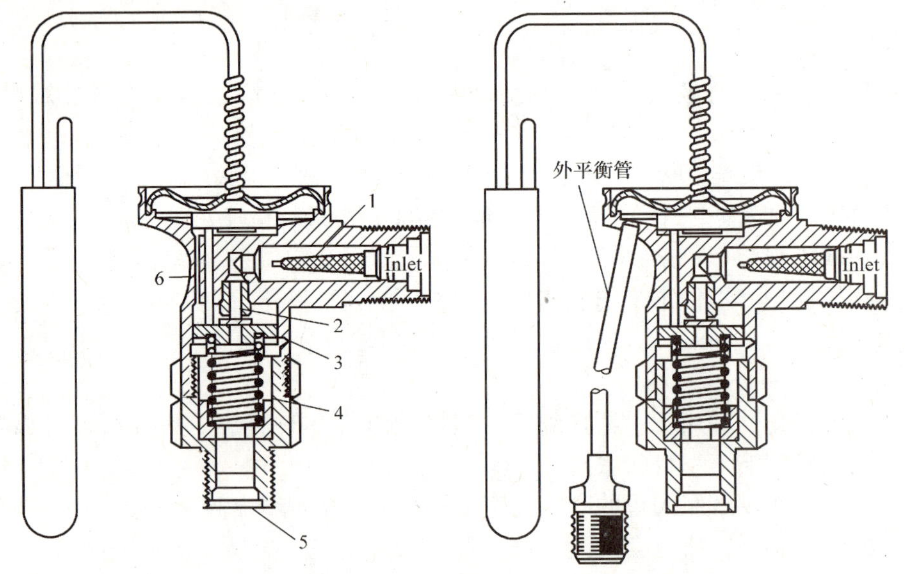


图1-38 内平衡式热力膨胀阀及外平衡式热力膨胀阀

1—滤网 2—孔口 3—阀座 4—弹簧 5—出口 6—内平衡管

膨胀阀具有计量、调节和控制三大功能。膨胀阀的计量孔可以释放制冷剂的压力（由针阀控制），使之由高压变为低压，是制冷系统内低压侧的始点。膨胀阀自动调节制冷剂流量的功能是依靠安装在蒸发器出口管子上的感温包来实现的，如图1-39所示。由于节流后的压力是通过内平衡孔进入膜片下表面的，这个压力其实不是蒸发器出口压力，而是节流后的压力，它比蒸发器出口的压力略大。因此相对外平衡阀来说，这种阀被称为内平衡膨胀阀。

阀的开度决定于膜片所处的位置，膜片所处的位置决定于膜片的受力情况。膨胀阀在工作时膜片所受的力有三个：膜片上方受感温包内饱和气体的压力 $P_f$，下方受由蒸发器进口导入的制冷剂压力 $P_e$ 和过热弹簧的压力 $P_s$。当三个力处于平衡状态，即：$P_f = P_e + P_s$ 时，阀门处于某一开度，制冷剂流量保持一定。不同的温度可以改变作用在膜片上方的压力 $P_f$，改变阀门的开度，从而调节制冷剂流量。当压缩机不转动时，膜片上下两侧的压力相等，在弹簧作用下阀体将计量孔关闭，以防止制冷剂向压缩机倒流。在压缩机运转后，在制冷剂的压力下，膜片下方的作用力减小，计量孔开启，制冷剂开始循环。当温度变化时，膜片上方的压力$P_f$也随之变化，计量孔开启的程度也就发生相应的变化，从而达到调节制冷剂流量的目的。

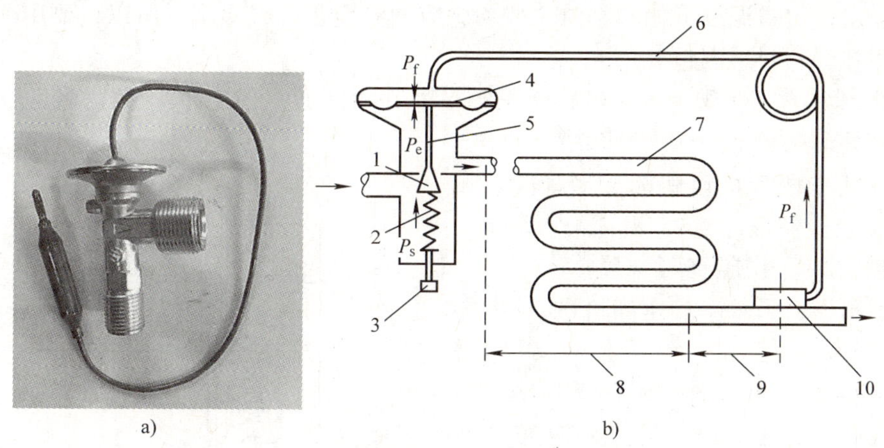


图1-39 内平衡式热力膨胀阀工作原理

a）实物图 b）结构图

1—针阀 2—过热弹簧 3—调节螺钉 4—膜片 5—推杆 6—毛细管

7—蒸发器 8—湿蒸气部分 9—过热蒸气部分 10—感温包

在蒸发器的温度下降到0℃以下，吹出的冷风也在0～4℃时，恒温器便会自动切断离合器的电磁线圈回路中的电流，压缩机停止运行，可以防止蒸发器发生冻结，蒸发器温度回升；当温度升高到恒温开关设定的温度时，恒温器便会自动接合，离合器的电磁线圈又通电，压缩机又开始运行，蒸发器又恢复供冷，内平衡膨胀阀系统便是这样通过恒温器和内平衡膨胀阀的开度变化来控制蒸发器的温度，保证制冷系统的正常工作。

当汽车空调不工作时，由于感温包的压力增加比蒸发器增加得快，阀芯开始时是阀口打开的；但是，随着时间的延长，蒸发器内温度增加，两者压力平衡，弹簧力使阀口关闭。因此，内平衡膨胀阀的阀口，在空调器不工作时，是保持关闭状态的，这样有利于保护压缩机在重新工作时不产生液击现象。

膨胀阀的压力弹簧，也可以人工调整。当膨胀阀的出液量少，车厢内温度降不下来时，可以通过调节螺钉将压力弹簧调软些；相反，则可将压力弹簧调硬些。

2. 典型热力膨胀阀的结构

（1）F形热力膨胀阀 F形膨胀阀的工作原理如图1-40所示。感温包和蒸发器出口管接触。蒸发器出口温度降低时，感温包、

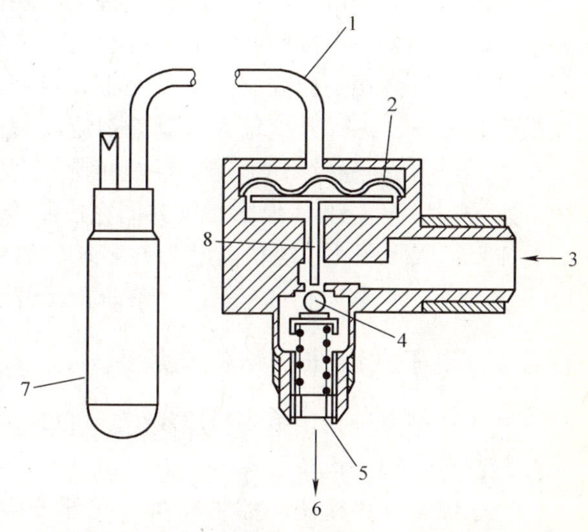


图1-40 F形膨胀阀的工作原理

1—毛细管 2—薄膜 3—进口 4—球阀

5—调整弹簧 6—出口 7—感温包 8—阀杆

毛细管和薄膜上腔内的液体体积收缩，膨胀阀阀口将闭合，借以限制制冷剂进入蒸发器；相反，如果蒸发器出口温度升高，膨胀阀阀口将开启，借以增加制冷剂流量。

感温包和蒸发器必须紧密接触，完全不能和大气相通。如果接触不良，感温包就不能正确地感应蒸发器出口温度；如果密封不严，感应的温度是大气温度。所以，要用一种特殊的空调胶带捆扎和密封感温包。

（2）H形热力膨胀阀 H形热力膨胀阀是因其内部通路像字母H而得名，整个阀体在蒸发器上固定。它有四个接口通往汽车空调系统，其中两个接口和标准膨胀阀的一样，一个接储液干燥器出口，另一个接蒸发器进口。它还有两个接口，一个接蒸发器出口，另一个接压缩机进口，如图1-41所示。

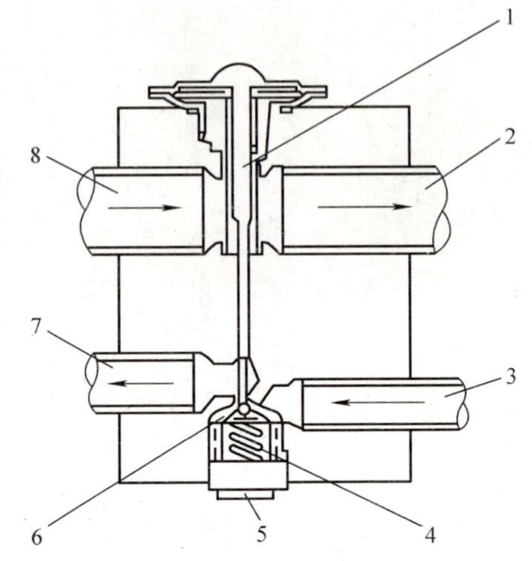

图1-41 H形热力膨胀阀
1—感温器 2—至压缩机 3—自储液干燥器来 4—弹簧
5—调整螺栓 6—球阀 7—至蒸发器进口 8—自蒸发器来

压缩机首先将制冷剂压缩后送到冷凝器冷却液化，经干燥器后再进入H形膨胀阀，先进行节流减压，然后进入蒸发器蒸发、吸热。制冷剂蒸发成气体后再次进入膨胀阀，从阀中出来后回到压缩机再循环。当蒸发器的温度过低时，恒温器切断离合器的电磁线电路，压缩机停止运行。温度升高后，恒温器自动接通离合器电路，压缩机开始运行。由此可见H形膨胀阀同内平衡膨胀阀一样，能够根据蒸发气体的温度自动调节供给蒸发器制冷剂量。

在高压液体进口和出口之间，有一个球阀控制的节流孔，节流孔的开度大小由弹簧和感温器控制。感温包内部的制冷剂直接感受从蒸发器出来的蒸汽温度，以控制杆下部球阀的上下运动，并与弹簧一起控制流量的大小。当蒸发器的温度高，则感温包内制冷剂压力增大，克服弹簧压力，球阀开度增大，制冷剂流量增加，制冷量增大，反之亦然。

H形热力膨胀阀结构紧凑、性能可靠且适合汽车空调的需要。其常用于循环离合器系统，它采用恒温器和H形膨胀阀共同完成制冷系统的循环通断运行。

H形膨胀阀制冷系统目前已为许多著名的汽车厂家采用，例如北京切诺基吉普车、奔驰230E型汽车、克莱斯勒汽车等。克莱斯勒公司把低压开关、恒温器一起装在H形膨胀阀上。

### 1.4.2 电子式膨胀阀结构与原理

汽车空调系统采用电子膨胀阀后，可以通过蒸发器出口的温度、压力等参数，由电控单元控制制冷系统的运行。

电子膨胀阀由检测、控制和执行三部分构成。按驱动方式分，其有电磁式和电动式两类；其中电动式又分为直动型和减速型。

1. 电磁式膨胀阀

电磁式膨胀阀如图1-42a所示。电磁线圈通电前，针阀处在全开位置；通电后，由于电磁力的作用，由磁性材料制成的柱塞被吸引上升，与柱塞连成一体的针阀开度变小。针阀的位置取决于施加在线圈上的控制电压（线圈电流），因此可以通过改变控制电压来调节膨胀阀的流量，其流量特性如图1-42c所示。

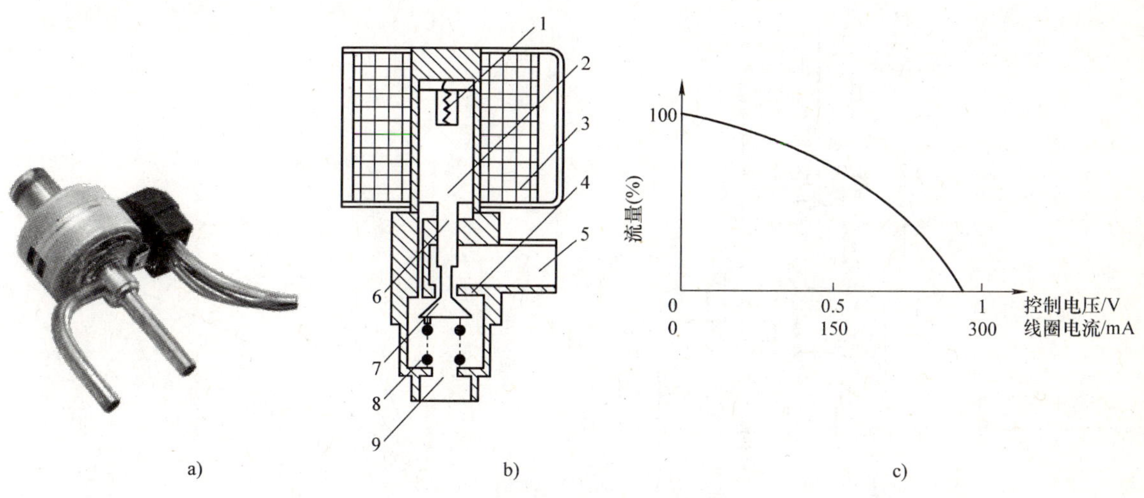


图1-42　电磁式膨胀阀

a）实物图　b）结构图　c）流量特性

1—柱塞弹簧　2—柱塞　3—线圈　4—阀座　5—入口　6—阀杆　7—阀针　8—弹簧　9—出口

2. 电动式膨胀阀

电动式膨胀阀用电动机驱动，电动机直接带动阀针做上下移动的膨胀阀为直动型膨胀阀，其结构和流量特性如图1-43所示。

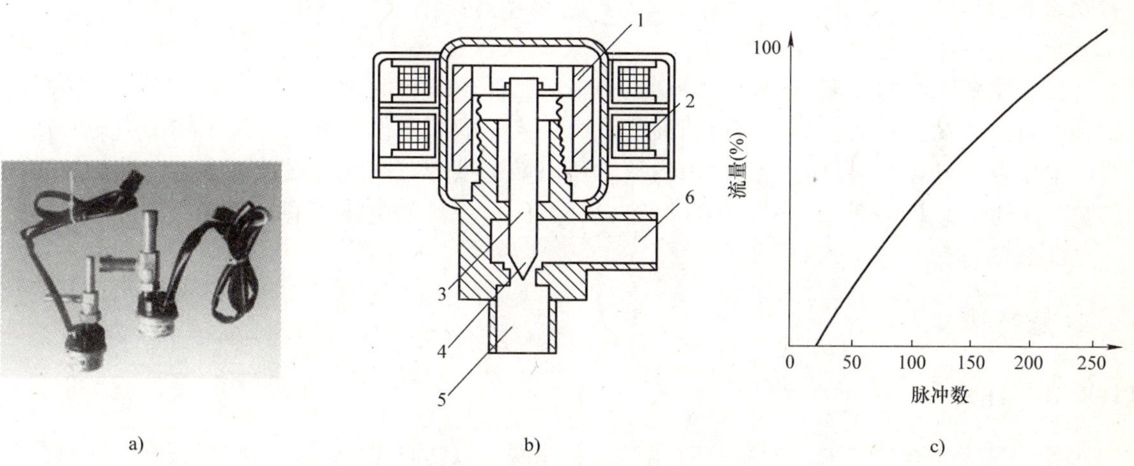


图1-43　直动型电动式膨胀阀

a）实物图　b）结构图　c）流量特性

1—转子　2—线圈　3—阀杆　4—针阀　5—入口　6—出口

直动型膨胀阀电动机转子的转动，主要是依靠电磁线圈间产生的磁力进行的，转矩由导向螺纹变换成阀针直线移动，从而改变阀口的流通面积。转子的旋转角度及阀针的位移量与输入脉冲数成正比。

电动式膨胀阀的另一种形式是减速型，其结构和流量特性如图 1-44 所示。

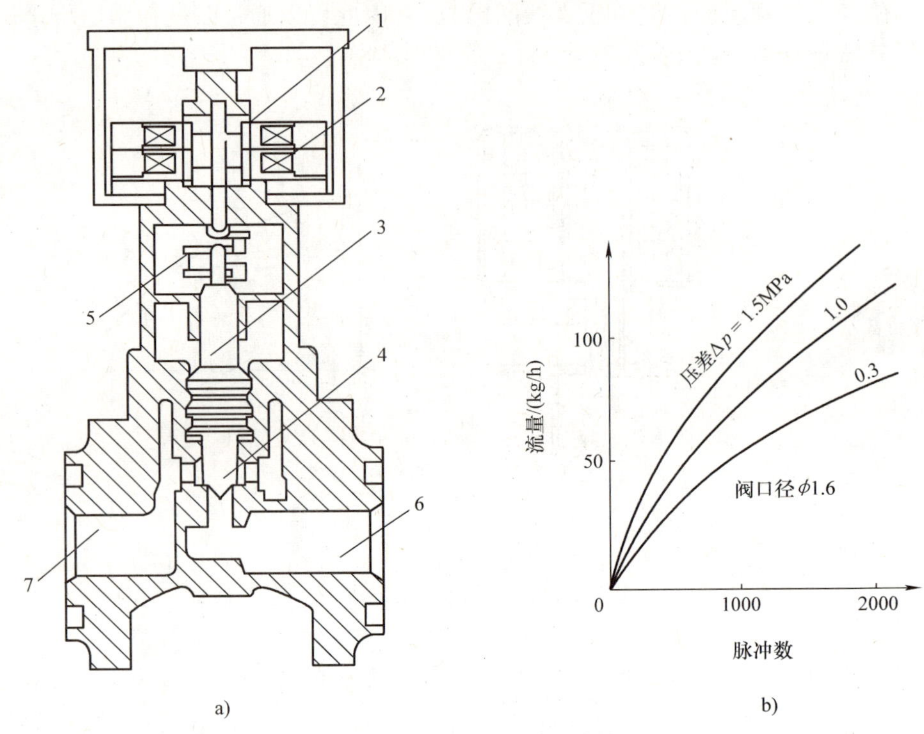


图 1-44 减速型电动式膨胀阀

a）结构图 b）流量特性

1—转子 2—线圈 3—阀杆 4—针阀

5—减速齿轮 6—入口 7—出口

减速型膨胀阀的工作原理是：电动机通电后，高速旋转的转子通过齿轮组减速，再带动阀针做直线移动，来改变阀口的流通面积。由于齿轮的减速作用大大增加了输出力矩，使得较小的电磁力可以获得足够大的输出力矩，所以减速型膨胀阀的容量范围大。减速型膨胀阀的另一特点是电机组合部分与阀体部分可以分离，这样只要更换不同口径的阀体，就可以改变膨胀阀的容量。

**拓展阅读**

## 1.4.3 孔管

孔管是固定孔口节流的装置，两端都装有滤网，以防止系统堵塞。和膨胀阀一样，孔管也装在系统高压侧，但是取消了储液干燥器，因为孔管直接连通冷凝器出口和蒸发器进口。孔管的构造很简单，在一根工程塑料管的中间装了一条节流用的铜管，铜管的内孔孔径为 4mm，塑料管两端装有金属过滤网。塑料外表面有密封用 O 形橡胶密封圈。孔管的一端插进蒸发器，另一端插进从冷凝器引出的橡胶管中，其结构如图 1-45a 所示。由于孔管没有运动件，所以结构简单，不易损坏，唯有滤网会发生堵塞，这时只需将滤网拆下来，换上一个新的即可。

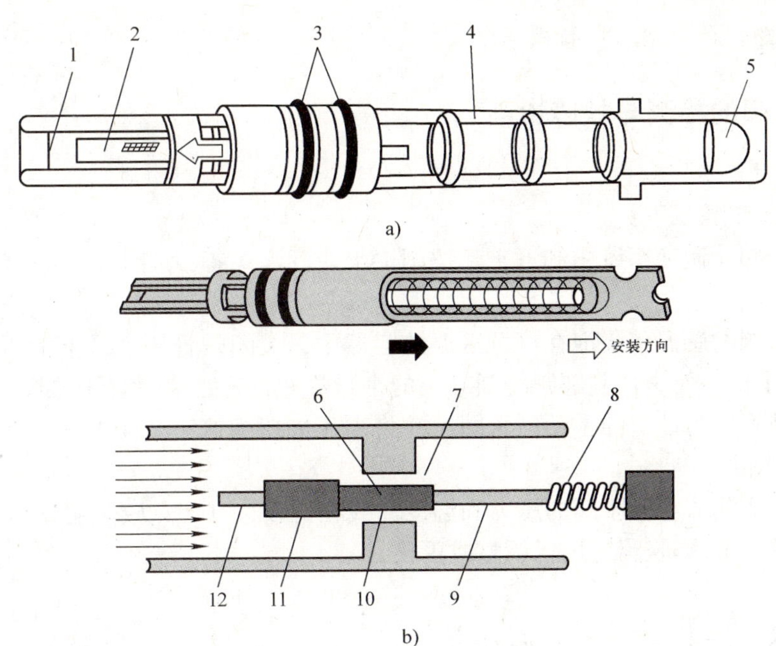


图1-45　孔管

a）常规孔管　b）可变节流孔管

1—出口滤网　2—节流孔　3—密封圈　4—管外壳　5—进口滤网　6—计量针（具有不同的直径）　7—阀门缝隙　8—弹簧　9—与阀门的缝隙约1.6mm的一段孔管（如在高速公路上行驶）　10—与阀门的缝隙约1.3mm的一段孔管（如在城市行驶）　11—与阀门的缝隙约1.1mm的一段孔管（怠速）　12—与阀门的缝隙约1.4mm的一段孔管

孔管不能改变制冷剂流量，液态制冷剂有可能从蒸发器出口流出。因此，装有孔管的系统，必须同时在蒸发器出口和压缩机进口之间安装一个气液分离器，实行气液分离，以防液击压缩机。孔管制冷系统用恒温器来控制离合器的电路，从而控制压缩机的运行和蒸发器的温度，防止其发生冰堵的现象。

常规孔管因常常性能恶化和压缩机（若为固定排量）的过频繁循环而使其应用受到限制。为了改善性能，可安装一个能对制冷剂压力变化做出反应并能通过改变节流孔大小来实现补偿的可变节流孔管，如图1-45b所示。为了让整个系统形成正确的压力分布，A/C系统的正确操作是很重要的。这就必须与系统的负荷相适应，并将促使蒸发器和冷凝器充分发挥效能。

可变节流孔管总成内含两个孔，一个固定孔，一个可变孔。固定孔是根据高速行驶所需的制冷剂流量来确定的，而可变节流孔根据从冷凝器流出的制冷剂的温度来调节制冷剂流量。可变节流孔管通过一个双金属片弹簧来检测温度，此双金属片随着制冷剂温度的变化而膨胀或收缩。在怠速和压缩机低速时，节流孔缝隙减小，从而在孔管的两端形成较大压力差，减小了制冷剂流量和蒸发器满溢现象。当由于车速导致的压缩机输出或者是外界负荷变化时，节流孔大小也相应变化。高压管路内的压力克服弹簧弹力，推动计量针移动。推力的大小取决于行驶类型（怠速或高速）。计量针的不同直径使节流阀缝隙增大或减小，从而与行驶条件相适应。

## 实践技能

### 1.4.4 膨胀阀的检测与故障诊断

1. 膨胀阀的检验

膨胀阀检验步骤如下：

1）将膨胀阀从制冷系统中卸下来，按图1-46所示，将压力计与制冷剂罐、膨胀阀连接起来。

2）将膨胀阀的感温包浸泡在可调水温的容器中，关闭歧管压力计上的手动低压阀，然后旋转注入阀手柄，使阀针刺破制冷剂罐上的密封垫并将管路中的空气排除。

3）开启歧管压力计上的手动高压阀，并将高压侧压力调至0.49MPa，在读低压表读数的同时，测量水温。

4）将两个实测值与膨胀阀的压力和温度曲线相比较，其交点应落在如图1-47所示的两条曲线之间，否则，膨胀阀应进行调整或更换。

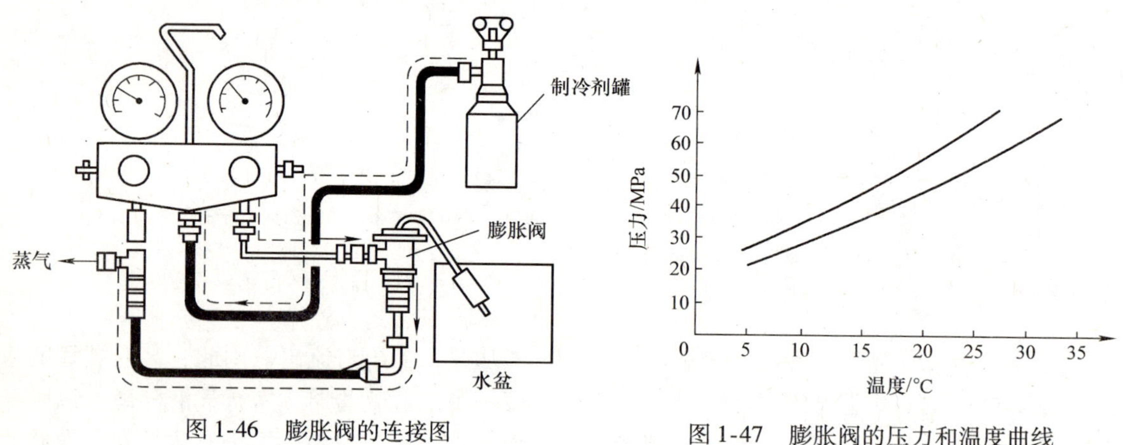


图1-46 膨胀阀的连接图

图1-47 膨胀阀的压力和温度曲线

5）膨胀阀的流量检验和调整。最大流量检验：将感温包浸入温度为52℃的保温水箱内，打开手动高压阀，精确地调整到压力为0.392MPa，读低压表读数，最大流通压力应在0.245～0.314MPa之间。压力超过0.314MPa，表示开度过大，压力不足0.245MP，表示开度过小。

最小流量检验：将感温包浸入0℃水中，打开手动高压阀，精确地将压力调整到0.392MPa，读低压表读数，低压值应在规定范围之内。

膨胀阀的调整：将调整螺钉向逆时针方向旋转，弹簧弹力增大，即流量减小；将调整螺钉向顺时针方向旋转，弹簧弹力减弱，流量增加。一般将调整螺钉拧一圈，其过热度变化量约为1℃。

2. 如何确定膨胀阀所产生和表现的故障现象

制冷系统正常时，手摸膨胀阀两端，其温度差别应很明显，即进口部位是热的但不烫手，温度为50～70℃，出口部位是凉的，有凝露但不结霜，温度为0～5℃。根据不同的环境温度和车型，系统正常压力为：低压150～300kPa，高压1300～1600kPa。

1）若膨胀阀的进口烫手，说明冷凝器散热不良或制冷剂过多。进一步的检测可向冷凝器上溅水，观看储液罐上的视液孔，若看不见气泡表明制冷剂过多。这时系统的低压和高压均过高。

2）若膨胀阀的进口温度正常，出口是凉的，但有阀体结霜现象，说明膨胀阀可能堵塞或开度过小以及感温器内有物质泄漏。这时系统低压和高压均过低，堵塞严重时，低压甚至出现真空。

3）若膨胀阀的感温包与蒸发器的出口部位接触不良或感温包损坏，则会使膨胀阀的开度过大，造成压缩机的回气管表面结霜或有大量的露滴，回气管的温度比蒸发器表面还要低（凉）。这时系统低压和高压均过高。

3. 怎样检修膨胀阀感温机构故障

膨胀阀感温装置损坏的主要原因是感温包中制冷剂泄漏，这会使得空调制冷系统低压端压力极低，且无冷风。当拆下膨胀阀的感温机构时，用拇指推压感应膜片，可感到膜片松弛，且缺乏弹力，这就说明感温包中的制冷剂已漏光。这时即使将膨胀阀杆向下开至最大，膨胀阀仍处于关死状态，这是由于感应系统中无制冷剂而失去平衡。

修理方法是重新向感温包灌注制冷剂。一般要求膨胀阀感温包充注的工质和制冷系统内的制冷剂相同。在充注前，应首先进行感温机构的气密试验。试验时可充入一定量的制冷剂或其他气体，将感温机构全部放在水中，要长时间不起气泡方可说明机构密封良好。感温机构充注制冷剂后，可能因充液管焊接不佳造成漏气。

为了避免这种情况发生，一般应按照下列步骤充注制冷剂：使用带有三通阀的低压表组，将其低压接头接在膨胀阀感温机构的感温包上，低压旁通螺口接装在有制冷剂的容器上，表的中间接头接入真空泵，真空泵排气口接管插入装有水的杯中，如图1-48所示。开动真空泵，打开压力表组的低压阀手柄，开始对膨胀感温机构进行抽真空，3～5min后，装水的杯中若无气泡冒出，即表示制冷剂已排好，这时关闭低压阀，停止真空泵的运行。打开装制冷剂的容器阀门，按规定重量充注R134a制冷剂。确定其重量的方法有：在精密天秤上称出注入制冷剂以前膨胀阀的重量，充入制冷剂后再在天秤上称重量，二者的差值即为充入的制冷剂量，一般充入量为10g；也可在装置中设置钢化玻璃管，容量为10cm³，通过钢化玻璃管充入定量制冷剂。假如没有天秤和钢化玻璃管，也可用容积充注法，即首先向感温机构内充注制冷剂，然后将充注制冷剂的纯铜管在距感温包80～100cm处，用锤子砸扁并剪断。第一次不要完全砸扁密封，待剪断后让制冷剂放出20%左右，再完全砸扁密封，并浸入水中检查，直到不起泡为止。然后用拇指推压波纹膜片，实验其弹力大小。按常规还应对膨胀阀进行检验，以确定充注的制冷剂量是否适中。

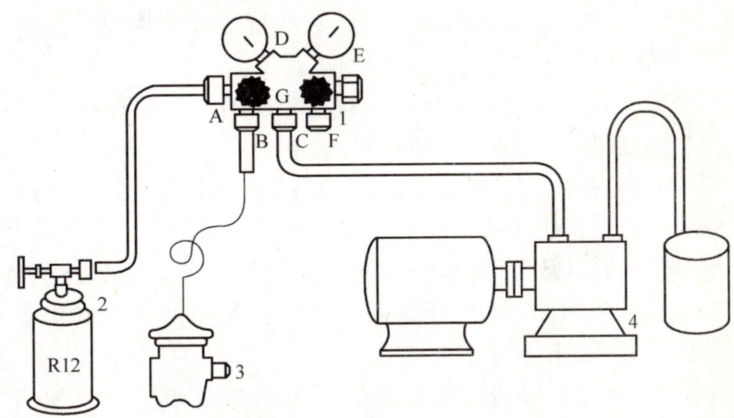


图1-48　膨胀阀系统抽真空、充制冷剂

1—压力表组　2—R134a瓶　3—膨胀阀　4—真空泵

A—旁通螺口　B—低压接头　C—中间接头

D—低压表　E—高压表　F—堵头　G—手轮

## 任务工单

见任务工单4。

## 学习小结

1. 膨胀阀也称节流阀，是组成汽车空调制冷装置的主要部件，其安装在蒸发器入口处，是汽车空调制冷系统的高压与低压的分界点。

2. 膨胀阀功用是：把来自储液干燥器的高压液态制冷剂节流减压，调节和控制进入蒸发器中的液态制冷剂的量，使之适应制冷负荷的变化，同时可防止压缩机产生液击现象和蒸发器出口蒸气异常过热现象。膨胀阀具有计量、调节和控制三大功能。膨胀阀的计量孔可以释放制冷剂的压力（由针阀控制），使之由高压变为低压，是制冷系统内低压侧的始点。膨胀阀自动调节制冷剂流量的功能是依靠结扎在蒸发器出口管子上的感温包来实现的。

3. 膨胀阀在工作时膜片所受的力有三个：膜片上方受感温包内饱和气体的压力 $P_f$，下方受由蒸发器进口导入的制冷剂压力 $P_e$ 和过热弹簧的压力 $P_s$。当三个力处于平衡状态，即：$P_f = P_e + P_s$ 时，阀门处于某一开度，制冷剂流量保持一定。不同的温度可以改变作用在膜片上方的压力 $P_f$，改变阀门的开度，从而调节制冷剂流量。

4. 膨胀阀的压力弹簧，也可以人工调整。当膨胀阀的出液量少，车厢内温度降不下来时，可以通过调节螺钉将压力弹簧调软些；反之，则可将压力弹簧调硬些。

5. 汽车空调系统采用电子膨胀阀后，可以通过蒸发器出口的温度、压力等参数，由电控单元控制制冷系统的运行。

6. 电子膨胀阀由检测、控制和执行三部分构成。按驱动方式分，有电磁式和电动式两类，其中电动式又分为直动型和减速型。

7. 电磁式膨胀阀针阀的位置取决于施加在线圈上的控制电压（线圈电流），因此可以通过改变控制电压来调节膨胀阀的流量。

8. 减速型膨胀阀的工作原理是：电动机通电后，高速旋转的转子通过齿轮组减速，再带动阀针做直线移动，来改变阀口的流通面积。由于齿轮的减速作用大大增加了输出力矩，使得较小的电磁力可以获得足够大的输出力矩，所以减速型膨胀阀的容量范围大。

9. 孔管也是一种节流装置，两端都装有滤网，以防止系统堵塞。和膨胀阀一样，孔管也装在系统高压侧。

10. 孔管的构造很简单，在一根工程塑料管的中间装置了一条节流用的铜管，铜管的内孔孔径为4mm，塑料管两端装有金属过滤网。塑料外表面有密封用O形橡胶密封圈。孔管的一端插进蒸发器，另一端插进从冷凝器引出的橡胶管中。

## 自我测试

### 复 习 题

1. 膨胀阀的分类有哪些？
2. 请叙述F形、H形膨胀阀的区别。
3. 请叙述内平衡膨胀阀的结构组成及工作原理。
4. 膨胀阀的检验方法有哪些？
5. 如何确定膨胀阀所产生和表现的故障现象？

# 学习情境 2

# 空调制冷系统冷气不足故障检修

## 任务 2.1　蒸发器气流不畅通故障检修

### 任务载体

**故障表现**：有一辆日产阳光 2.0 排量轿车，空调使用三年未经任何维护，现在要求维护。发动车辆，启动空调将温度设定至最低（18℃），风量开至最大，10min 后使空调运行稳定，怠速时（1000r/min）测得高压压力为 1.45MPa（环境温度为 35℃），低压压力为 0.19MPa（据温度与压力对应关系，此时对应的蒸发温度为 -0.13℃），蒸发器表面温度未实测，此时出风口温度为 10.9℃。然后将转速提高至 1500r/min，测得高压压力为 1.51MPa，低压压力为 0.15MPa（此时对应的蒸发温度为 -4.14℃），出风温度最低下降至 9℃，电磁离合器断开，约几十秒后又重新吸合，这种状况在提速时反复重现。因此，客户想进行修理提高制冷效果。

**故障分析**：电磁离合器断开一般是驾驶室内温度已达到设定温度或是蒸发器表面温度已接近 0℃，为防止结霜及高低压力异常所至。但是根据现场实测，其驾驶室内温度为 27℃，所以排除驾驶室温度已达设定温度而断开电磁离合器的原因；高压压力 1.47MPa，低压压力 0.15MPa 也属于正常压力范围，所以压力异常引起反复断开的原因也应予以排除。

因此故障原因有可能是：一是因滤网过脏而引起的进风量过小热负荷不够，使蒸发器表面温度迅速下降至接近结霜温度，从而使防霜温度感应开关动作引起电磁离合器断开；二是因蒸发器表面过脏使蒸发器不能与吸入热风进行良好冷热交换而使蒸发器表面温度迅速下降引起防霜温度感应开关动作，从而使电磁离合器跳开。

**解决方法**：根据客户三年未对空调系统进行维护的情况，并结合上述现象，更换空调进风口滤网（滤网已相当脏几乎完全被堵）；并对蒸发器表面进行全面清洗（蒸发器表面管道及翅片积满灰尘）后，电磁离合器频繁断开的现象消除。此时测定，怠速时高压压力仍为1.47MPa基本未变，低压压力0.16MPa（此时对应的蒸发温度为3.09℃），出风口温度为6.7℃。加速至1500r/min时，高压压力略有上升至1.51MPa，低压压力为0.12MPa（此时对应的蒸发温度为-7.47℃），出风口温度为4.1℃。至此出风口温度明显下降，故障现象消除。

## 学习目标

1. 能通过与客户交流、查阅相关维修技术资料等方式获取车辆信息。
2. 能根据故障现象制订正确的维修计划。
3. 能正确选择诊断设备对蒸发器、冷凝器故障进行诊断。
4. 能正确记录、分析各种检测结果并做出故障判断。
5. 能按照正确操作规范进行蒸发器、冷凝器的更换。
6. 能根据环保要求，正确处理对环境和人体有害的废料和损坏的零部件。

## 理论知识

### 2.1.1 蒸发器的作用及分类

蒸发器主要分为管片式、管带式和层叠式。目前，我国轿车上主要采用全铝层叠式蒸发器和管带式蒸发器，大型客车上主要采用铜管铝片式蒸发器，中型客车以管带式为主。例如：奥迪A6、宝来、本田、别克、赛欧、上海帕萨特等汽车空调均采用层叠式蒸发器，桑塔纳2000轿车采用管带式蒸发器。

（1）管片式蒸发器　管片式蒸发器的结构与管片式冷凝器基本相同，只是长度更短些，厚度更厚些，尺寸更紧凑，如图2-1所示。由于管片式蒸发器不如管带式换热效率高，所以管片式在前置式空调中用得越来越少。但是，由于胀管与散热片之间的结构独特，散热片垂直排列，构成垂直方向的直线水流通道，冷凝水可以顺着散热片往下流，这能很好地解决顶置式空调的排水问题。所以，尽管其换热效率不如管带式高，但仍广泛用于微型汽车顶置式空调中，如长安SC6331微型车、昌河微型车、松花江微型车等顶置式空调中。

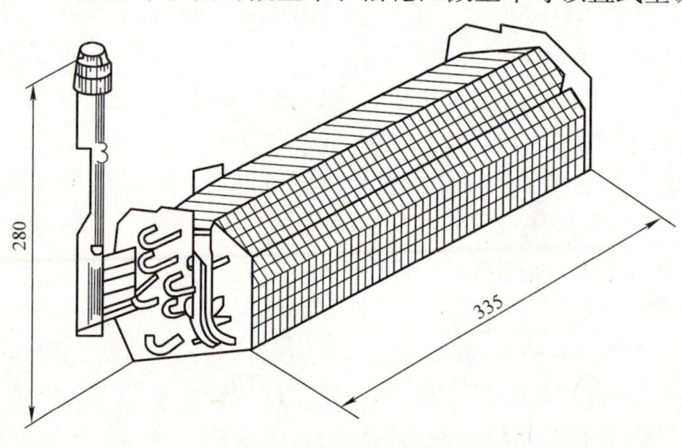


图2-1　管片式蒸发器

（2）管带式蒸发器　管带式蒸发器的结构与管带式冷凝器基本相同，只是长度更短些，厚度更厚些，扁管的孔数要多些，尺寸更紧凑，如图2-2所示。

(3) 层叠式蒸发器 层叠式蒸发器由两片冲压成复杂形状的铝板叠焊在一起，组成制冷剂通道，每两片通道之间夹有蛇形散热带，如图2-3所示。层叠式蒸发器采用薄板冲压件，可以冲出各种扰流花纹状制冷剂流道，把传统单边室结构改成双边室结构，克服了单边室结构由于U形腔形成的偏流而影响工质传热性能的问题；上板与下板之间的连接方式由点结合变成线结合，提高了结合的可靠性；同时增大了与翅片的结合面积，提高了空气侧的换热效率，其换热效率在目前蒸发器中为最高，层叠式的换热效率可比管带式提高10%以上；另一方面，由于采用高性能翅片，工质通道具有最佳的液力半径及其合理的结构，结构最为紧凑，从而减轻了蒸发器的重量，单位制冷能比单边室减少15%以上。此外，层叠式蒸发器具备优越的使用性，板的外侧呈直线通道，使冷凝水容易流走，提高了脱水性。同时，层叠式蒸发器表面经过特殊的工艺处理，使表面具有防腐、防臭和良好的亲水性。

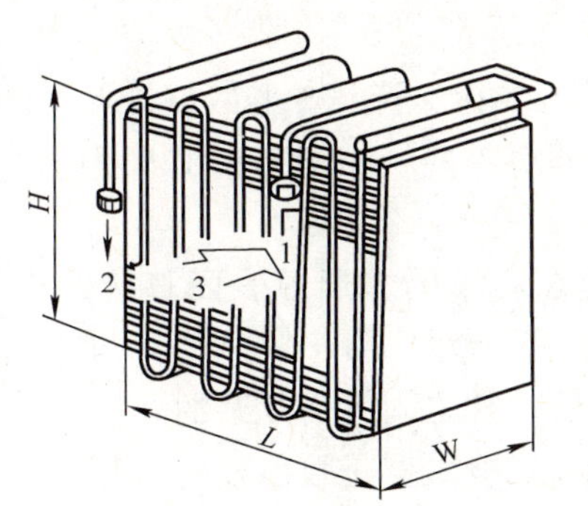


图2-2 管带式蒸发器

1—制冷剂进口 2—制冷剂出口 3—空气流向 4—管带 5—散热片

$L$—长度 $W$—宽度 $H$—高度

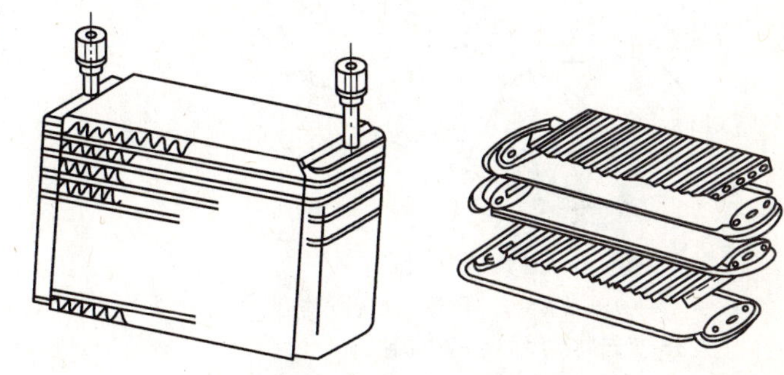

图2-3 层叠式蒸发器

**拓展阅读**

## 2.1.2 冷凝器的分类及检修

### 1. 冷凝器的分类

汽车空调制冷系统中的冷凝器是一种由管子与散热片组合起来的热交换器，其作用是：将压缩机排出的高温、高压制冷剂蒸气进行冷却，使其凝结为高压制冷剂液体。汽车空调系统冷凝器的结构形式主要有管片式、管带式和鳍片式三种。

(1) 管片式 它由铜质或铝质圆管套上散热片组成，如图2-4所示。片与管组装后，经胀管处理，使散热片与散热管紧密接触，使之

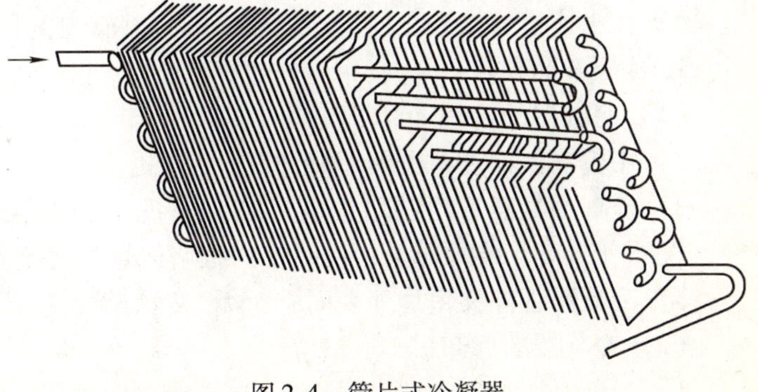

图2-4 管片式冷凝器

成为冷凝器总成。这种冷凝器结构比较简单，加工方便，但散热效果较差，一般用在大中型客车的制冷装置上。

（2）管带式 它是由多孔扁管与S形散热带焊接而成，如图2-5所示。管带式冷凝器的散热效果比管片式冷凝器好一些（一般可高10%左右），但工艺复杂，焊接难度大，且材料要求高。一般用在小型汽车的制冷装置上。

（3）鳍片式 它是在扁平的多通道表面直接铣出鳍片状散热片，然后装配成冷凝器，其生产过程和结构如图2-6所示。由于散热鳍片与管子为一个整体，因而不存在接触热阻，故散热性能好；另外，管、片之间无需复杂的焊接工艺，其加工性好，节省材料，而且抗振性也特别好。所以，鳍片式冷凝器是目前较先进的汽车空调冷凝器。

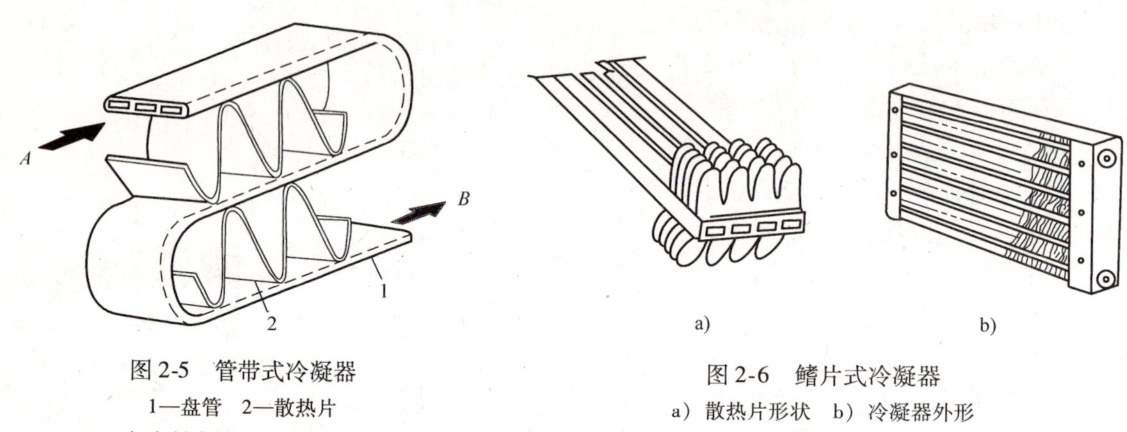


图2-5 管带式冷凝器
1—盘管 2—散热片
*A*—气态制冷剂 *B*—液态制冷剂

图2-6 鳍片式冷凝器
a）散热片形状 b）冷凝器外形

对于轿车，冷凝器一般安装在发动机冷却系散热器之前，利用发动机冷却风扇吹来的新鲜空气和行驶中迎面吹来的空气流进行冷却。对于一些大、中型客车和一些面包车，则把冷凝器安装在车厢两侧、后侧和顶部。当冷凝器远离发动机散热器时，在冷凝器旁都必须安装辅助冷却风扇进行强制风冷，加速冷却。

在安装冷凝器时，需注意如下两点：

1）在连接冷凝器的管接头时，要注意哪里是进口，哪里是出口。从压缩机输来的高压制冷剂蒸气，必须从冷凝器上端入口进入，再流动到下部管道，冷凝成液态的制冷剂则沿下方出口流出并流入储液干燥器，此顺序绝对不能接反。否则，会引起制冷系统压力升高、冷凝器胀裂的严重事故。

2）在未连接管接头之前，不要长时间打开管口的保护盖，以免潮气进入。

2. 冷凝器的检修

（1）冷凝器的检查

1）用检漏仪检查冷凝器泄漏情况。

2）检查冷凝器管内脏堵或管外弯瘪情况。若发现压缩机排气压力过高，不能正常制冷，管外有结霜、结露现象，说明管内脏堵或管外弯瘪。

3）冷凝器管外及翅片外表面有污垢、残渣等，将造成其散热不良。

（2）冷凝器的拆卸

1）慢慢地从系统中排出制冷剂。

2）将制冷剂管从冷凝器的进、出口螺纹接头上拆卸下来。

3）拆卸冷凝器，拧下连接螺栓，取出衬垫。

当需要拆卸冷凝器时，与排除制冷剂方法类似，缓慢地将制冷剂从冷凝器中排出，且拆开连接管后应及时封住管口，以防止潮气进入。冷凝器修理安装后，制冷系统应重新抽真空，充注制冷剂，并对接头进行检漏。

（3）冷凝器的维修

1）冷凝器由于碰撞或振动而破损，应卸下冷凝器进行焊接修补，无法修理时，应更换同规格的冷凝器，并向压缩机补充40～50ml的冷冻油。

2）冷凝器散热翅片若歪曲变形，可用镊子校正铝散热翅片。

3）冷凝器内脏堵，应拆开冷凝器出口和进口接头，用高压氮气吹洗，冲出脏物。

4）冷凝器表面积灰，通风受阻，可用软毛刷轻刷表面或用吸尘器吸除灰尘。

5）冷凝器管接头处泄漏，应更换管接头，并重新进行检漏试压。

6）若是冷凝器风机故障，可不必拆卸冷凝器，只需修理风机。

（4）冷凝器的故障诊断　一般汽车空调制冷系统正常工作时，冷凝器入口管的温度应为70℃，出口管温度为50℃左右，若不是，说明系统可能存在泄漏。

**实践技能**

## 2.1.3 蒸发器的维修

1. 蒸发器的检查

1）蒸发器是否损坏。

2）用检漏仪检查其是否泄漏。

3）观察排泄管路是否洁净、畅通。

4）观察蒸发器外表面是否有积垢。

应注意的是：蒸发器的泄漏不容易被发现。如果确定蒸发器确有泄漏，可封闭蒸发器输入口，直接在输出口进行抽真空试验。如果拆下蒸发器检修，微漏见不到油痕时，应用检漏灯检测，对蒸发器泄漏的部位应进行焊补。若更换蒸发器总成，则应向压缩机补注40～50$cm^3$冷冻润滑油。

2. 蒸发器的拆卸

1）拆下蓄电池的连接电线。

2）慢慢地从系统中放出制冷剂。

3）将制冷剂软管分别从蒸发器的进口和出口接头螺纹上卸下来，并立即盖住开口部位，以防潮气进入系统内部。

3. 蒸发器的维修

1）清除蒸发器外表面积垢、异物。

2）若蒸发器管有泄漏，应进行焊补，若无法焊补应更换蒸发器总成，并向压缩机补充40～50ml的冷冻润滑油。

3）清洁排泄管路，并清除积聚在底板的水分。

4）若是蒸发器风机故障，应修理风机。

4. 蒸发器的故障诊断

一般汽车空调正常工作时，蒸发器表面温度在不结霜的前提下越低越好。蒸发器表面温度不正常的原因与处理方法，如表2-1所示进行处理。

表2-1 蒸发器表面温度不正常的原因与处理方法

| 蒸发器表面温度 | 故障原因 | 处理方法 |
|---|---|---|
| 不低于15℃ | 缺制冷剂<br>通风不良<br>膨胀阀故障<br>蒸发器表面不清洁 | 补充制冷剂<br>改善通风环境<br>调整或更换膨胀阀<br>清洗蒸发器表面 |
| 低于0℃ | 温度控制器失灵<br>风扇不灵 | 调整或更换温度控制器<br>修理或更换风扇 |

## 任务工单

见任务工单5。

## 自我测试

### 思考题

1. 蒸发器表面脏对空调制冷效果有无影响？为什么？
2. 冷凝器表面脏对空调制冷效果有无影响？为什么？

### 复习题

1. 请叙述蒸发器的作用及分类。
2. 请说明蒸发器的泄漏检查部位。
3. 如何通过蒸发器表面温度判断故障？
4. 请叙述冷凝器的拆卸步骤。
5. 请叙述冷凝器的维修方法。
6. 请叙述蒸发器的拆卸步骤。

# 任务2.2 储液干燥器堵塞故障检修

## 任务载体

**故障现象：**一辆普桑车，行驶里程在6万公里左右，空调制冷效果差。当时气温在26℃

左右，空调出风口处温度却有 30℃左右，制冷效果明显不好。但在空调压缩机开启的瞬间，制冷效果好，制冷量也能达标，但只要连续开机不到 1min，制冷效果就变差，直至不制冷。

**故障诊断**：从外观上检查，空调管道和系统内所有零件均正常，也无渗漏之处，也未见到有油污处。各管道连接、接口也牢固良好。用空调检测仪测量，测得高压压力为 1.5MPa，低压压力为 0.2MPa。从仪器的读数上看，空调并非有故障。但发动机一提速，将转速稳定在 2000r/min，就发现压力发生变化了，高压压力基本不变，而低压压力却随着发动机转速的开启而逐步下降，直至下降为 0。根据以上情况就可以判定是膨胀阀出故障了。

故障原因是高压液态气流通过膨胀阀时，因通道截面的变化造成制冷剂流动不畅，使膨胀阀两端压力差过大。此时压缩机又在正常工作，将膨胀阀后端的制冷剂很快抽空而形成真空，这时低压表上的读数就逐渐下降，最后降至 0。

因膨胀阀与膨胀箱为整体结构，故整体更换。更换后制冷效率马上就上升了，效果很好。但是行驶 2 天后制冷效果变差。故障到底出在何处呢？空调系统内主要零件有压缩机、冷凝器、膨胀阀及高低压管和储液干燥器等。从上次修理过程中可以得出压缩机、冷凝器和高低压管均无故障。再次使用空调检测仪测试，测得高压压力 1.5MPa，低压压力 0.2MPa，再次提高发动机转速在 2000r/min 时，低压表上的压力指示就开始下降了，直至降至 0。

为了搞清膨胀阀再次堵塞的原因，更换储液干燥器。拆下储液干燥器，从外观上看未见异常，但在检查时，一摇动储液器就能听到轻微的响声。翻过来一倒，能见到表面呈黑褐色、有光泽、细如丹砂一样的颗粒，仔细一看是干燥剂。由此判定，故障原因是干燥剂散出，滑入制冷剂中参与循环，在膨胀阀处因孔径太小而无法通过，于是阻塞了膨胀阀。

**学习目标**

1. 能通过与客户交流、查阅相关维修技术资料等方式获取车辆信息。
2. 能根据故障现象制订正确的维修计划。
3. 能正确选择诊断设备对储液干燥器故障进行诊断。
4. 能正确记录、分析各种检测结果并做出故障判断。
5. 能按照正确操作规范进行储液干燥器的更换。
6. 能根据环保要求，正确处理对环境和人体有害的废料和损坏的零部件。

**理论知识**

## 2.2.1　储液干燥器的作用

储液干燥器简称干燥过滤器，安装在冷凝器和膨胀阀之间，如图 2-7 所示。它主要由外壳、视液窗、安全熔塞和管接头等组成。它的外壳由钢材焊接或拉伸而成，在其内部装有中心吸管干燥剂和过滤网等。制冷剂在储液干燥器中的流动情况如图 2-7 中箭头所示。在储液干燥器上部出口端装有玻璃视液窗，用于观察制冷剂在工作时的流动状态，由此可判断制冷剂的量是否合适，以及制冷系统的基本工作情况。在 R134a 系统中，正常状态下的制冷剂呈雾状，因此视液窗并不用于 R134a 系统。

对直立式储液器而言，安装时一定要垂直，倾斜度不得超过 15°。安装前一定要先弄清储液干燥器的进、出口端，在储液干燥器的进出口端一般都有记号，如进口端用英文 IN，出口端用 OUT 表示，或直接打上箭头以表示进、出口端。如果进、出口相互接反，会使制冷剂量不足。

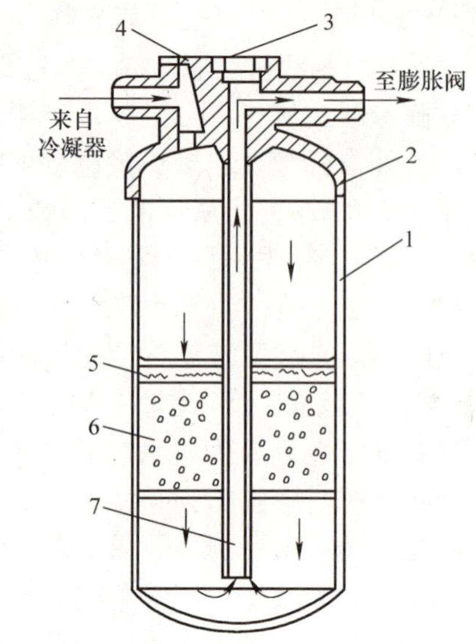


图 2-7 储液干燥器

1—干燥器体 2—干燥器盖 3—视液玻璃镜 4—易熔塞 5—过滤器 6—干燥剂 7—引出管

储液器出口端旁边装有一只安全熔塞，也称易熔螺塞，它是制冷系统的一种安全保护装置。其中心有轴向通孔，孔内装有焊锡之类的易熔材料，这些易熔材料的熔点一般为 85 ~95℃。当冷凝器因通风不良或冷气负荷过大而冷却不够时，冷凝器和储液器内的制冷剂温度高，当压力达到 3MPa 左右时，温度超过易熔材料的熔点，此时，安全熔塞中心孔内的易熔材料便会熔化，使制冷剂通过安全熔塞的中心孔逸出散发到大气中去，从而可避免系统的其他部件因压力过高而胀坏。

储液干燥器的主要作用如下：

1）去除制冷系统内多余水分。储液干燥器中装有一定量的干燥剂，用于吸收制冷系统中的水分，使制冷系统中参与制冷循环的水分在安全可靠范围内。

2）过滤制冷系统内杂质。在储液干燥器中装有过滤网，能够将颗粒杂质过滤掉。对于大于 5μm 的杂质，未经过滤有可能会堵塞在膨胀阀部位，从而造成系统无法正常运行或导致系统制冷量下降。

3）储存制冷剂。汽车空调受环境温度、行驶速度等因素影响，其工况不断变化，而制冷剂的加注量是一定的，是根据整体运行工况确定的。但在某些工况下，根据制冷量的需要，多余的制冷剂就存在储液干燥器中。

4）液气分离。如果有气液混合的制冷剂进入储液干燥器，则气体制冷剂会留在顶部，只有液态制冷剂降到下部，这样就能保证从储液干燥器出来的是不含气体的、具有一定过冷度的饱和液态制冷剂。

**拓展阅读**

## 2.2.2 气液分离器

气液分离器是一种特殊形式的储液干燥器，用于回气管路中的气液分离（图 2-8）。气液分离器除了起到干燥、过滤制冷剂作用外，还有两个功能：一是为了防止蒸发器中未蒸发的 R134a（或 R12）进入压缩机，从蒸发器出来的未蒸发的 R134a（或 R12）在液气分离器中再次蒸发后才进入压缩机。二是压缩机停止运行时，由于孔管不能关死，则会让高压侧的液态 R134a（或 R12）产生液击，击毁压缩机，所以只有在低压端设置一个体积比较大的液气分离器，将高压端流过来的液态制冷剂储存起来，不让其流至压缩机，从而使压缩机容易重新起动，又不会使其产生液击现象。而装在分离器里的液态制冷剂在压缩机起动后会再蒸发。由于孔管制冷系统设置了液气分离器，使压缩机容易起动，这是孔管系统节能的根本原因。孔管系统一般比其他离合器循环制冷系统节能 15%，而相比于蒸发器控制的制冷系统，节能则达 30%。由于压缩机重新起动容易，离合器的寿命和压缩机的寿命均延长一倍以上。

另外由于起动转矩小，压缩机损耗可以降低更多。

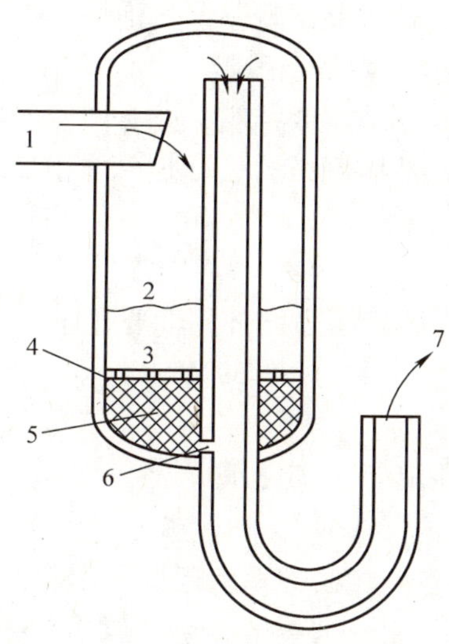


图2-8　气液分离器

1—来自蒸发器的R134a　2—气体　3—液体　4—滤网　5—干燥剂　6—泄油孔　7—至压缩机的R134a

现在最新式的孔管系统已经不再使用温度（防霜温度开关）控制器，而是在气液分离器上安装一个压力开关，以测量蒸发器出来的压力。当蒸发压力低于0.308MPa时，压力开关便切断离合器电磁线圈的电路，使制冷压缩机停止运行。例如，当压力开关在蒸发器压力为0.310MPa时离合器吸合，压缩机运行，而在蒸发器压力降到0.273MPa时离合器分离。

**实践技能**

## 2.2.3　储液干燥器的检修

1. 储液干燥器的检修

检修该部件时须使用检漏仪检查其接头是否泄漏，然后检查玻璃观察窗是否清洁，易熔栓（塞）是否完好等。如需要拆卸干燥器时，应缓慢排出制冷剂。对于大型车，可将制冷剂抽入储液干燥器后进行检修。在检修时，拆卸输入和输出管后，应及时封住管口。在拆洗或更换干燥器后，需补加20cm$^3$冷冻润滑油。

2. 储液干燥器温度出现不正常时如何处理

一般汽车空调制冷压缩机盖的表面温度正常情况下应为70℃左右。若温度过高，可能是因为制冷剂过多或冷冻润滑油过少，应适当调整制冷剂与冷冻润滑油油量；若温度过低，可能是制冷剂不足或管路堵塞，应充注制冷剂或消除堵塞。

汽车空调制冷系统储液干燥器的温度正常情况下为50℃左右。在检查时，应测量储液干燥器上、下温度。若温度不一致，则说明储液干燥器中滤网堵塞，应清洗或更换滤网。

3. 如何确定储液干燥器堵塞故障

储液干燥器堵塞时的空调系统压力读数范围和故障现象如下：

1）低压表上显示真空读数：储液干燥器负压。

2）高压表上显示的压力读数非常高，储液干燥器2.04MPa。

3）系统不能循环制冷剂。

4）视液窗（膨胀阀系统）处可能出现一些气泡。

5）配气室内温度计读数与环境温度相同。

注1：液体管路上的堵塞点处结露或结霜，并有向蒸发器方向发展的趋势。

注2：如果没有完全堵死，低压侧压力表读数可能稍高，可能在0～69kPa之间。

4. 如何确定储液干燥器已饱和

已饱和的故障现象表现如下：

1）低压侧压力较正常，压缩机压力循环周期要比正常的长些。

2）高压侧压力在正常值的上限，约1.39MPa。

3）视液窗上有气泡。

4）配气室温度计读数约在10～16℃之间。

已饱和故障处理方法：

此时，饱和的干燥器必须更换，制冷系统还要用制冷剂冲洗清洁。

视液窗上出现的气泡可能是制冷剂蒸气，也可能是水蒸气。若是后者，湿气将在膨胀阀处冻结，从而间断阻断系统运行。当湿气在膨胀阀处冻结，低压侧压力表上示数将为真空值。

## 任务工单

见任务工单6。

## 学习小结

1. 储液干燥器简称储液器，安装在冷凝器和膨胀阀之间。它主要由外壳、视液窗、安全熔塞和管接头等组成。如果有气液混合的制冷剂进入储液干燥器，则气体制冷剂会留在顶部，只有液态制冷剂降到下部，这样才能保证从储液干燥器出来的是不含气体的、具有一定过冷度的饱和液态制冷剂。

2. 汽车空调常用三种尺寸的软管，回气软管中的制冷剂是低压蒸气，所用软管直径是三种尺寸中最大的一种，以保证有充足的制冷剂进入压缩机；高压软管中的制冷剂是高压蒸气，高压软管直径较小；高压液体管路中的制冷剂是高压液体，所用管径是三种中最小的一种。

3. 气液分离器是一种特殊形式的储液干燥器，用于回气管路中的气液分离。

## 自我测试

### 思 考 题

1. 储液干燥器中干燥剂失效对空调制冷系统有无影响？为什么？
2. 储液干燥器阻塞对空调制冷系统有无影响？为什么？

### 复 习 题

1. 储液干燥器的作用是什么？请叙述储液干燥器失效对空调制冷系统的影响。
2. 请叙述储液干燥器与气液分离器的异同。
3. 如何确定储液干燥器的堵塞故障？
4. 如何确定储液干燥器已饱和？

## 学习情境3

# 不供暖或供给暖气不足的故障诊断

## 任务3.1 空调暖风系统认识

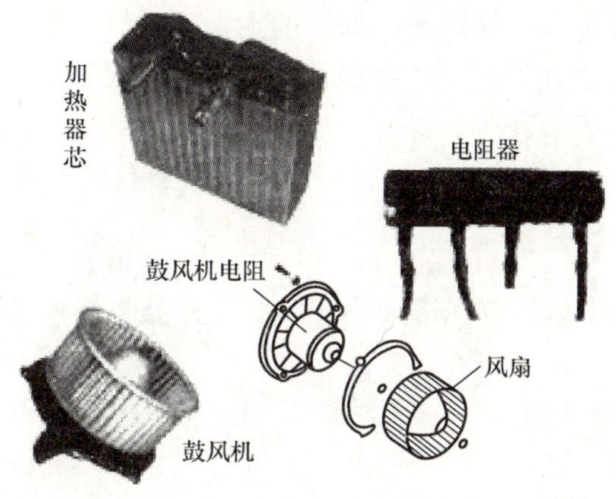


### 任务载体

**故障现象**：一辆奔驰 S320W140 轿车，在发动机转速超过 3000r/min 时出风口暖风变凉，前空调无暖风。

**故障分析**：根据故障现象和经验初步判断，可能是由空调控制风门真空管路漏气造成的。因为随着节气门开度的逐渐增大，真空度逐渐减小，以致此时减小的真空无法保持混合风门原来的位置。为了进一步验证，用真空枪对发动机真空源处所有空调的真空管路进行测试，但是没有发现漏气的地方。这时分析，可能还有以下几个原因：暖风水阀易卡死或 ECU 导致错误的暖风水阀动作；暖风水泵叶轮高速有打滑的现象。

为了彻底排除暖风水阀的故障，将暖风水阀打开，将两锥形阀头换掉并重新装好。测试后故障依旧。然后打开暖风水泵的叶轮，发现由于系统常期使用自来水，产生了不少的水锈、水垢，但没有发现明显的叶轮卡死现象。这时怀疑暖风水泵叶轮可能打滑。

高速时，叶轮如果因外力打滑，不但不能加速系统循环，反而会起到单向阀的作用。最后一个可能就是暖风散热器因常年结有水垢，循环不畅。在没有把握的情况下，首先更换暖风水阀总成。更换后继续观察，故障现象还是没有一点变化。接下来只有疏通暖风散热器。

当快拆完仪表板时，车内副驾驶侧风窗玻璃下有许多粗糙的焊接痕迹，此车一定是事故车。重新连接的暖风水管会不会有错误？立即检查暖风水管，果然在发动机后端、前后空调的四通阀、前空调的进出水管接错了！这样，发动机在高速时暖风水泵不但不能加速冷却水的循环，而且其叶轮在电动机作用力与发动机冷却液压力平衡的情况下处于静止状态；而在发动机低速时，暖风水泵的压力大于发动机冷却液压力，从而使暖风散热器中的冷却液逆向循环，所以感觉暖风正常。

故障处理：调换两水管的位置，故障彻底解决。

## 学习目标

1. 能通过与客户交流、查阅相关维修技术资料等方式获取车辆信息。
2. 能根据故障现象制订正确的维修计划。
3. 能正确选择诊断设备对暖风系统故障进行诊断。
4. 能正确记录、分析各种检测结果并做出故障判断。
5. 能按照正确操作规范进行暖风系统部件的更换。
6. 能根据环保要求，正确处理对环境和人体有害的废料和损坏的零部件。

## 理论知识

### 3.1.1 空调暖风系统的分类

汽车空调暖风装置是将新鲜空气送入热交换器，并吸收某种热源的热量，从而提高空气的温度，并将热空气送入车内的装置。

汽车空调暖风装置的种类很多，根据热源不同汽车暖风装置可分为如下几种形式：

1）利用发动机冷却液的热量作为热源的空调暖风装置，称为水暖式暖风装置，这种暖风装置多用于轿车、大型货车及对采暖要求不高的大客车上。

2）利用发动机排气系统的热量作为热源的空调暖风装置，称为气暖式暖风装置，这种暖风装置多用于安装风冷式发动机的汽车上。

3）装有专门的燃烧机构的暖风装置，称为独立燃烧式暖风装置，这种暖风装置多用于在大客车上。

4）既利用发动机冷却液的热量，又装有燃烧预热器的综合加热装置的暖风装置，称为综合预热式暖风装置，这种暖风装置多用于大客车。

根据空气循环方式，汽车暖风装置又可分为：

（1）内气式（又称内循环式）　是指利用车内空气循环，将车厢内部空气作为载热体，让其通过热交换器升温，使升温后的空气再进入车厢内取暖。这种方式消耗热源少，但从卫生标准看，是最不理想的。

（2）外气式（又称外循环式）　是指利用车外空气循环，将车外新鲜空气作为载热体，让其通过热交换器升温，使升温后的空气再进入车厢内取暖。从卫生标准看，外气式是最理想的，但消耗热源也最大，不经济，只有有特殊要求或高级豪华轿车的空调才采用这种方式。

（3）内外气并用式（又称内外混合式）　是指既引进车外新空气，又利用部分车内的原有空气，以新旧空气的混合体作为热体，通过热交换器向车厢里供暖。从卫生标准和热源消耗的角度看，正好介于内气式和外气式之间，是目前应用最普遍的方式。

## 3.1.2　水暖式暖风系统的结构与原理

水暖式暖风装置一般以水冷式发动机冷却系统中的冷却液为热源，将冷却液引入车厢内的热交换器中，同时使鼓风机送来的车厢内空气（内气式）或外部空气（外气式）与热交换器中的冷却液进行热交换，鼓风机将加热后的空气送入车厢内。

发动机冷却系统中的热冷却液由进水管从发动机水套引出，再通过出水管返回发动机冷却系统。进、排风系统是由进、出风筒、出风口和控制风门组成，如图3-1所示。暖风机本体由直流电动机、鼓风机、本体进风口、机箱和本体出风口以及螺旋室等组成。

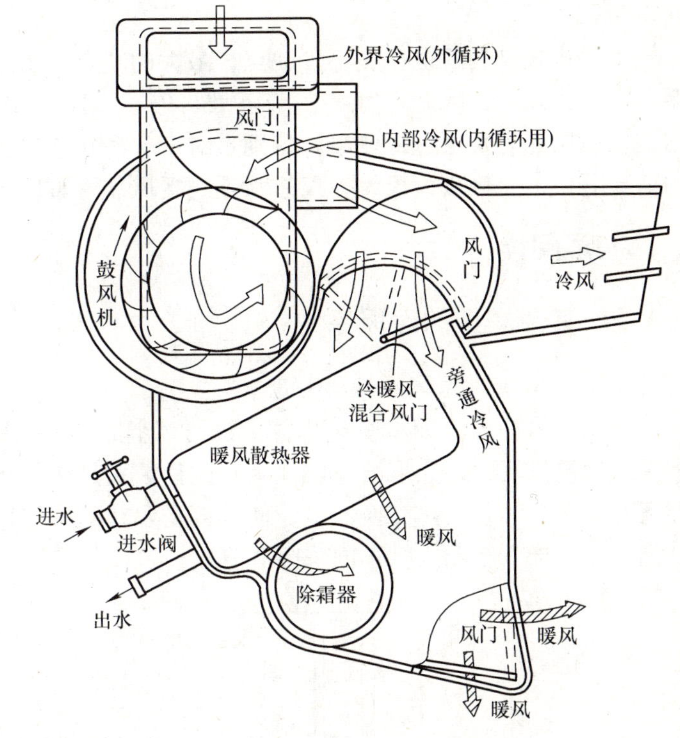


图3-1　水暖式暖风装置组成

水暖式暖风装置的管路连接如图3-2所示。通过发动机上的冷却液控制阀分流出来的冷却液送入暖风机的加热器芯，放热后的冷却液由管道回到发动机。另一路冷却液通过管道进入散热器，放热后由管道回到发动机。在发动机冷却液进口装有水泵，它是冷却液循环的动力。冷空气则在鼓风机的作用下，通过加热器加热后，由不同的风口吹入车厢内。暖风装置的暖风流经驾驶员座位左右的空间，在车内均匀分布。为了防止风窗玻璃结霜，暖风可以通过风窗玻璃下面的出风口，将暖风吹到风窗玻璃上，以保持风窗玻璃内侧温度在零点之上。

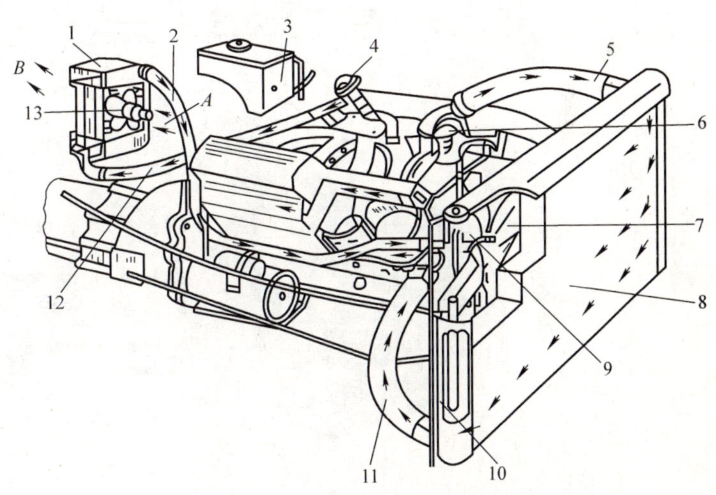


图3-2　水暖式暖风装置管路连接

1—加热器心　2—加热器出水管　3—膨胀水箱　4—冷却液控制阀　5—散热器进水管　6—恒温器　7—风扇　8—散热器　9—水源　10—散热器溢流管　11—散热器出水管　12—加热器进水管　13—加热器风机

*A*—冷空气　*B*—热空气

水暖式暖风装置的热源是从汽车发动机的冷却液中取得，因此热源的取得非常容易，只需将发动机的冷却液输送到热交换器中即可。

该热源供给可靠，发动机只要工作，即产生热冷却液，而且很经济，不需另外的燃料。另外，发动机的冷却液温度适中，散热也均匀。因此，这种暖风装置在国内外生产的轿车（如丰田、马自达、奔驰、红旗、奥迪、桑塔纳等）、大型货车及采暖要求不高的大客车上均得到采用。

水暖式暖风装置也存在不少缺点，最大的缺点是供暖必须在发动机冷却液温度上升到大循环时才能开始，因此在寒冬季节下坡、停车或刚起步时，热源就显得不足。如果使用不当，发动机容易发生过冷现象。特别是对于车身较长的大型客车，在北方使用或外界温度低的情况下，车厢热负荷很大，仅靠水暖式暖风装置难以取得令人满意的效果。

**拓展阅读**

### 3.1.3 其他类型的暖风系统

1. 气暖式暖风系统的结构与原理

在安装风冷式（或水冷式）发动机的客车上还采用气暖式暖风装置，如图3-3所示，它利用发动机排气的余热来给车厢供暖。这种装置是将冷空气（或发动机冷却空气的一部分）导入并联于排气管的热交换器里，使其接受发动机排气带出的热量，通过热交换器使其温度升高，然后导入车厢内供车内采暖和除霜。

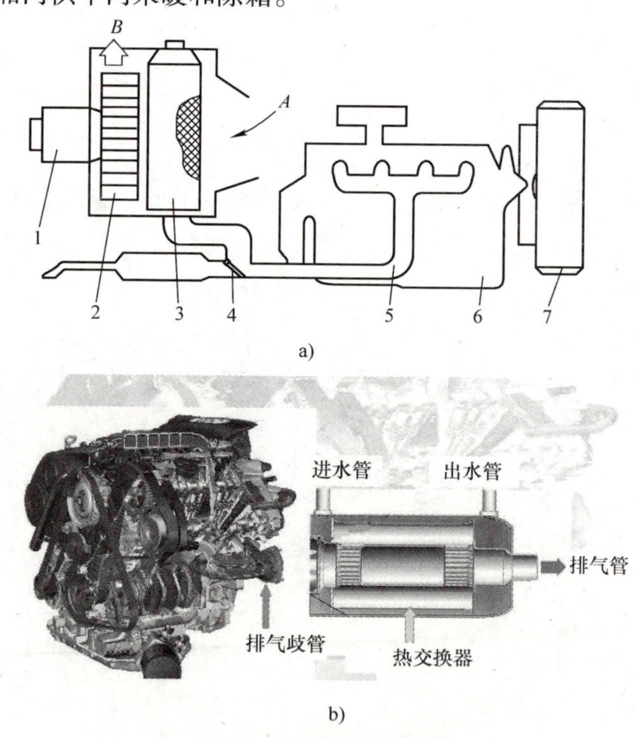


图3-3 气暖式暖风装置

a）排气装置 b）热交换器

1—鼓风机电机 2—暖风鼓风机 3—热交换器 4—废气阀门

5—主发动机排气管 6—主发动机 7—主发动机散热器

*A*—新鲜空气 *B*—暖风

使用时只需将排气管上的废气阀门向下转，堵住通往消声器的通路，废气便进入热交换器内，新鲜空气通过热交换器的散热片吸收热量后形成暖风，由鼓风机送入车厢。失去热量的废气通过热交换器排到大气中。

气暖式暖风装置的热交换器效率较低，不但复杂、体积较大，而且比较笨重，车速及发动机的工作状况对供暖效果影响极为显著。暖风湿度变化很大，在城市或道路状况较差的路面上行驶时，供暖能力往往不足。而且，由于腐蚀、热应力和高压作用，排气管和消声器管壁及热交换器会渐渐漏气，致使发动机排出的有毒废气进入车厢，对人体健康非常不利。此外，排气管道的增加和接入的热交换器，增加了发动机排气阻力，消耗了发动机的功率，影响了发动机的正常工作。而且，由于其供暖能力有限，还必须采用另一种辅助装置解决车窗的除霜问题。所以现在气暖式暖风装置已很少使用。

2. 综合预热式暖风系统的结构与原理

为了既利用发动机的冷却液的热量又避免独立燃烧式暖风装置的废气泄漏窜入车厢，同时满足大型客车热负荷的要求，近年来大客车上采用了一种综合预热式暖风装置，如图3-4所示。这种装置的热交换器和独立燃烧式的基本相同，只是将独立燃烧式暖风装置中加热的新鲜空气改为加热发动机冷却液。

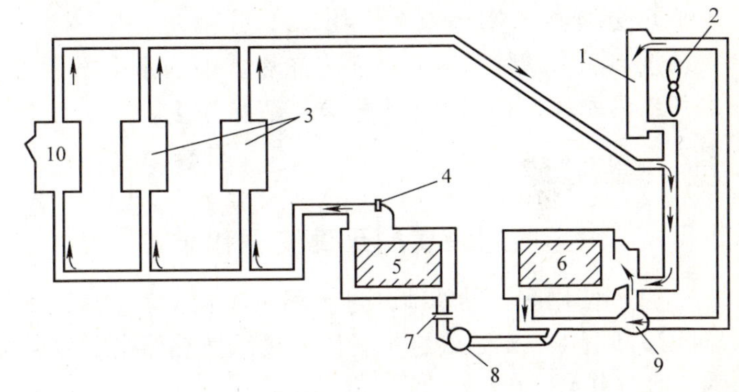

图3-4　综合预热式暖风装置

1—发动机散热器　2—散热器风扇　3—车内暖风装置　4—防止过热热敏电阻　5—预热器　6—发动机　7—控制水温热敏电阻　8—水泵　9—热敏开关　10—除霜机

综合预热式暖风装置是在通常的发动机冷却液管路上并联一条装有预热器与水暖式暖风装置的管路，并在预热器入口与发动机之间的管路上装有水泵，当冷却液温度升到或降到某一值时，预热器会自动中断或重新进行工作。综合预热式暖风装置提高了发动机的起动性，改善了发动机的冷却状况，延长了发动机的使用寿命。这种装置暖风柔和，成本较低，很有发展前途。

3. 独立热源水暖式暖风装置

独立热源水暖式暖风装置的工作原理与气暖式基本相同，其加热介质不是空气而是水，用水泵代管了风扇。水暖式的最大优点是不仅可为车厢采暖，还可预热发动机、润滑油，以利于冬季发动机起动。待发动机起动后，再将被加热的水通向车厢内的水散热器。水散热器一般是管带式或管片式结构，管子内部流入已加热的热水，而管外则流过待加热的车厢内空气，管外的铝带或铝翅片是为了增加其散热能力。

如果水暖式的水加热器与汽车发动机的冷却液管路相通，则在发动机冷却液温度低于80℃时水加热器工作。当冷却液温度高于80℃时，由于恒温器的控制作用，发动机则会自动切断油泵的电源，停止供油，而加热器中的水泵继续工作，以保证水加热器零件不因过热而损坏，并继续向车厢内供应暖气。

图3-5所示为独立热源水暖式暖风装置结构。燃烧室与气暖式相同，由喷油器和高压电

弧点火器组成，或由多孔陶瓷蒸发器和电热塞组成；加热器的供油系统由电动机、油泵、助燃风扇、水泵组成；控制系统由水温控制器、水温过热保护器、定时器等组成。

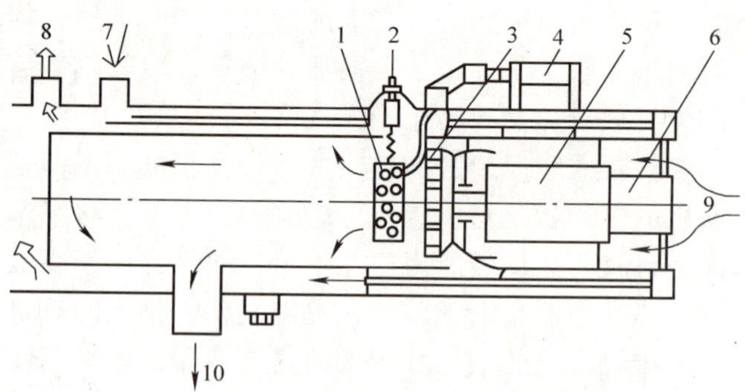

图 3-5 独立热源水暖式暖风装置结构
1—多孔陶瓷蒸发器 2—电热塞 3—助燃风扇 4—油泵
5—电动机 6—水泵 7—进水口 8—出水口
9—助燃空气 10—废气

独立热源水暖式暖风装置的暖风主要采用内循环式，灰尘少，暖气比较柔和而不干燥。这种水加热器可作为发动机的预热器，加热发动机的冷却液，在提高发动机的起动性和耐久性的同时，可作为暖气装置。但是水加热器长期运行后，水管容易积水垢，影响热交换器的换热效率。使用中需要清洗水垢，清除水垢时，需将加热器中的水全部放尽，然后注入浓度为10%的稀盐酸在加热器内循环，直至管内水垢全部清除为止。

**实践技能**

### 3.1.4 汽车暖风装置的正确使用和维护

（1）使用暖风的季节，进水阀门应在常开位置 将进水阀门手柄扳至垂直方向，使发动机冷却液由气缸盖经进水管流入暖风散热器中，然后经出水管流入散热器出风管后进入水泵，使之循环。

（2）使用暖风装置，应先除霜后采暖 当发动机冷却液温度正常后，打开暖风电动机开关，此时热风经左、右送风管吹风窗玻璃上，待除霜面积达到要求后，再打开暖风下部送风门，一部分热风便从风门送出供驾驶人脚部取暖和室内升温。

（3）使用暖风装置应注意以下几点

1）暖风装置长时间停用后，在重新开始使用前，应拆卸清洗，更换损坏管件；装复后，应检查各部有无渗漏；注意拧紧风机叶轮与电动机轴的螺母；检查叶轮与内壁，不应有干涉。

2）冬季起动发动机之前，不应开启暖风电动机，以免冻坏暖风散热器。

3）必须保持发动机冷却液温度在80℃以上，才能正常发挥暖风装置效能。

4）暖风装置的连续使用时间不宜过长，以免缩短暖风电动机使用寿命。

5）使用中，如发觉暖风机有异常声音，应立即切断电源，找出故障并排除。

6）冬季停车后，气温在－35℃以下或未使用防冻液时，务必随发动机气缸体内的冷却液放尽暖风散热器中的循环冷却液，以防冻坏散热器。

7）不使用暖风装置的季节，应关闭暖风进水阀，使暖风装置与发动机冷却系统分开。

### 3.1.5 不供暖或供给暖气不足的故障诊断

1. 送风系统故障判断和排除

1）空调器送风机损坏故障。此时用万用表测量电阻，电阻值为零则更换。

2）送风机继电器、调温器损坏故障。此时用万用表测量其电阻值，如为零则更换。

3）热风管道堵塞故障。此时清除堵塞物。

4）温度控制风门真空驱动器损坏故障。更换真空驱动器。

2. 加热器系统故障判断和排除

1）加热器漏风故障。此时更换加热器壳。

2）加热器芯管内部有空气故障。此时应将空气排除。

3）加热器翅片引起的通风不畅故障。此时应先对翅片进行校正，无法排除则更换。

4）加热器芯管积垢堵管故障。此时采用化学方法对芯管进行除垢。

3. 水路系统故障判断与排除

1）冷却液管流动不畅故障。此系水管弯曲造成，应予以更换。

2）热水开关或真空驱动器失效故障。如是真空驱动器过紧的情况应对其进行检修或更换，以保证还有足够的供暖热水量。

3）发动机的石蜡节温器失效故障。应更换节温器。

4）冷却液不足故障，此时首先应补足冷却液，并应检查散热器盖是否漏气。

4. 管路泄漏的故障诊断

1）软管老化故障，更换软管。

2）接头不牢故障，检修接头紧固。

3）热水开关不能闭合故障，修复热水开关。

5. 供暖过热的故障诊断

1）调温风门调节不当故障，此时需重新调定。

2）发动机处节温器损坏故障，更换节温器。

3）风扇调速电阻损坏故障，更换电阻。

6. 除霜热风不足故障诊断

1）除霜门调整不当故障，需重新调定。

2）出风口堵塞故障，需清理堵塞。

7. 操纵吃力或不灵故障诊断

1）操纵机构卡死故障，应重新调定。

2）风门过紧故障，应修理。

3）所有真空驱动器失灵故障，应全部更换。

8. 加热器芯有异常故障诊断

加热器漏水故障，经检查，若为进、出水接口漏水，则阀卡死；若是管路漏水，应予以更换。

## 任务工单

见任务工单7。

## 学习小结

1. 水暖式暖风装置一般以水冷式发动机冷却系统中的冷却液为热源，将冷却液引入车厢内的热交换器中，使鼓风机送来的车厢内空气（内气式）或外部空气（外气式）与热交换器中的冷却液进行热交换，鼓风机将加热后的空气送入车厢内。

2. 水暖式暖风装置通过发动机上的冷却液控制阀分流出来的冷却液送入暖风机的加热

器芯，放热后的冷却液由管道回到发动机。另一路冷却液通过管道进入散热器，放热后的冷却液由管道回到发动机。在发动机冷却液进口装有水泵，它是冷却液循环的动力。

3. 在安装风冷式（或水冷式）发动机的客车上还采用气暖式暖风装置，它利用发动机排气的余热来给车厢供暖。

4. 为了既利用发动机的冷却液的热量又避免独立燃烧式暖风装置的废气泄漏窜入车厢，同时满足大型客车热负荷的要求，近年来大客车上采用了一种综合预热式暖风装置。

5. 综合预热式暖风装置是在通常的发动机冷却液管路上并联一条装有预热器与水暖式暖风装置的管路，并在预热器入口与发动机之间的管路上装有水泵，当冷却液温度升到或降到某一值时，预热器会自动中断或重新进行工作。

6. 如果水暖式的水加热器与汽车发动机的冷却液管路相通，则在发动机冷却液温度低于80℃时水加热器工作。当冷却液温度高于80℃时，由于恒温器的控制作用，则会自动切断油泵的电源，停止供油，而加热器中的水泵继续工作，以保证水加热器零件不因过热而损坏，并继续向车厢内供应暖气。

## 自我测试

### 思 考 题

1. 暖风系统中，热水阀关闭不严将会对空调系统产生什么影响？
2. 暖风系统中，加热器内部堵塞将会对空调系统产生什么影响？

### 复 习 题

1. 请叙述暖风装置的分类。
2. 请叙述水暖式暖风系统冷却水循环路线。
3. 请叙述独立热源水暖式暖风装置的工作原理。
4. 请叙述水暖式综合预热装置的工作原理。
5. 请叙述暖风系统不供暖或供给暖气不足的故障诊断程序。

# 任务3.2 鼓风机的故障检修

## 任务载体

**故障现象：**一辆一汽宝来1.6L基本型轿车打开空调鼓风机后有“扑拉、扑拉”的异响，鼓风机的转速越高，异响的频率也随之加快。

**故障诊断：** 根据异响的特点分析，可能有两种故障原因。第一，可能是鼓风机叶片拍打杂物产生异响；第二，因为异响很像是旗帜在风中飘动的声音，所以可能是鼓风机工作时产生的气流吹动某种柔软轻薄的物体产生的。

首先拆下流水槽盖板上的空气滤清器盖，拆下空气滤清器，便可以看到鼓风机的叶片轮，打开鼓风机开关使其转动，发现鼓风机叶片轮周围没有什么杂物，这说明异响不是第一种原因产生的。进行下一步拆检，拆下中央出风口后再听，感觉异响是从内部发出的，拆下整个仪表台，再拆下空调风道的中间连接件，发现调整温度翻板上贴有一层海绵，海绵上粘着一层黑色的塑料膜，而该车的这层塑料膜已有一半与海绵脱开，在鼓风机工作时这层黑色塑料膜在气流中飘荡产生异响。

**故障排除：** 扯下这层塑料膜后，故障排除。

## 学习目标

1. 能通过与客户交流、查阅相关维修技术资料等方式获取车辆信息。
2. 能根据故障现象制订正确的维修计划。
3. 能正确选择诊断设备对鼓风机引起的故障进行诊断。
4. 能正确记录、分析各种检测结果并做出故障判断。
5. 能按照正确操作规范进行鼓风机的更换。
6. 能根据环保要求，正确处理对环境和人体有害的废料和损坏的零部件。

## 理论知识

### 3.2.1 离心式风机

汽车空调制冷系统采用的风机大部分是靠电动机带动的。它对空气进行较小的增压，以便将冷空气送到所需要的车厢内，或将冷凝器四周的热空气吹到车外，因而风机在空调制冷系统中是十分重要的设备。

风机按其气体流向与风机主轴的相互关系，可分为离心式风机和轴流式风机两种。暖风系统主要使用离心式风机。

离心式风机的空气流向与风机主轴成直角，它的特点是风压高、风量小、噪声也小。蒸发器采用这种风机，因为风压高可将冷空气吹到车厢内每个乘员身上，使乘员有冷风感。噪声小是设计空调的一项重要指标，车厢内噪声小，驾驶人不至于感到不适而过早疲劳。至于风量小，在设计、选型时可考虑周全。

离心式风机主要由电动机、风机轴（与电机同轴）、风机叶片、壳体等组成，如图3-6所示。风机叶片有直叶片、前弯片、后弯片等，随叶轮叶片形状不同，所产生的风量和风压也不同。

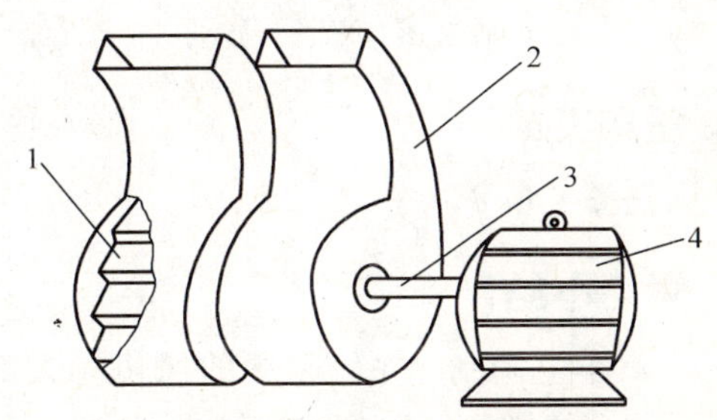


图3-6 离心式风机

1—风机叶片 2—风机壳体 3—风机轴 4—电动机

## 拓展阅读

### 3.2.2 轴流式风机

轴流式风机的空气流向与风机主轴平行，它的特点是风量大、风压小、耗电省、噪声大。冷凝器采用这种风机，因为风量大可将冷凝器四周的热空气全部吹走。耗电省是车用电器最重要的要求，轴流式风机能满足这种要求。至于轴流式风机的缺点，如风压小、噪声大，对冷凝器来说不是大问题，因为冷凝器只要将其四周的热空气吹离即可，并不要求将热空气吹很远，所以风压小不影响冷凝器正常工作；另外，冷凝器是安装在车厢外面的，所以风机噪声大也不影响到车内。

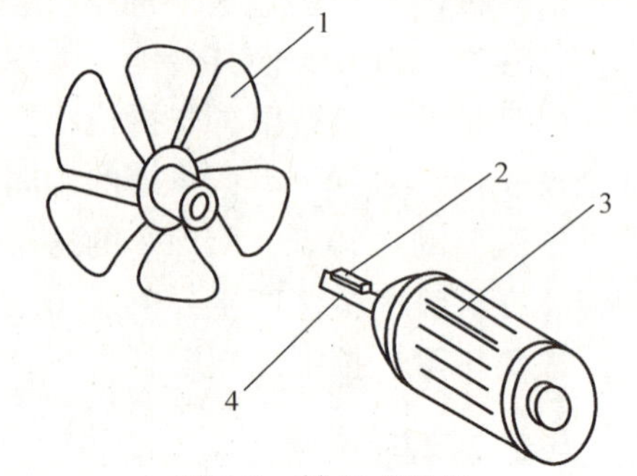

图 3-7 轴流式风机
1—风扇叶 2—键 3—电动机 4—风机轴

轴流式风机主要由电动机、风机轴、风机叶片、键等组成，如图 3-7 所示。叶片固定在骨架上，叶片常做成 3 ~5 片不等，叶片骨架安装在风机轴上，由键带动旋转。

## 实践技能

### 3.2.3 风机的故障检修

1. 风扇停止运行故障诊断

1）熔断器烧断故障，查清原因后接上熔丝。

2）风扇电路断开故障，查清电路通断、接头松动情况后予以处理。

3）调速电阻器及开关失灵，此时应予以更换。

4）搭铁线松脱生锈或锈蚀，此时除锈、紧固。

2. 风扇转速太慢的故障诊断

1）风扇电路接触不良或导线漏电故障。此时应查清原因排除故障。

2）风扇轴变形，应予以矫正。

3）调速电阻烧断，应予以更换。

4）电压太低故障，此时应检查电源、电路电压并将故障排除。

5）固定叶片的定位螺钉松动，拧紧螺钉。

## 任务工单

见任务工单 8。

## 学习小结

1. 汽车空调制冷系统采用的风机，大部分是靠电动机带动的气体输送至机械，它对空气进行较小的增压，以便将冷空气送到所需要的车厢内，或将冷凝器四周的热空气吹到车外，因而风机在空调制冷系统中是十分重要的设备。

2. 风机按其气体流向与风机主轴的相互关系，可分为离心式风机和轴流式风机两种。

暖风系统主要使用离心式风机。

3. 离心式风机的空气流向与风机主轴成直角，它的特点是风压高、风量小、噪声也小。蒸发器采用这种风机，因为风压高可将冷空气吹到车厢内每个乘员身上，使乘员有冷风感。噪声小是设计空调的一项重要指标，车厢内噪声小，驾驶人不至于感到不适而过早疲劳。至于风量小，在设计、选型时可考虑周全。

4. 离心式风机主要由电动机、风机轴（与电动机同轴）、风机叶片、壳体等组成。风机叶片有直叶片、前弯片、后弯片等，随叶轮叶片形状不同，所产生的风量和风压也不同。

## 自我测试

1. 请叙述风机的分类。
2. 请叙述离心式风机的机构组成。
3. 请叙述风扇停止运行的故障诊断方法。
4. 请叙述风扇转速太慢的故障诊断方法。

学习情境4

# 汽车空调控制电路的故障诊断和排除

## 任务4.1　空调电路系统认识

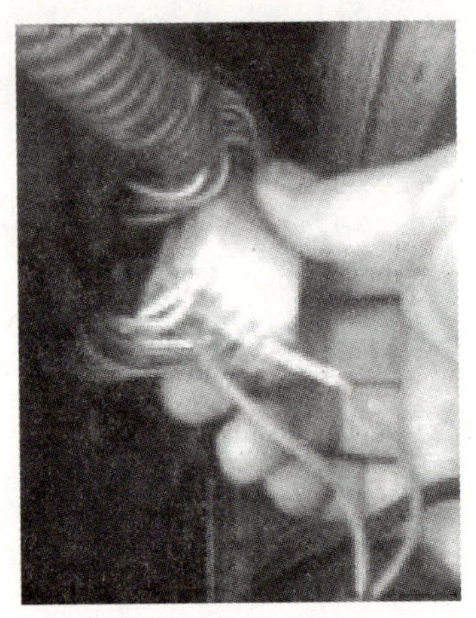

### 任务载体

**故障现象**：一辆捷达汽车，发动机工作时，打开空调开关，空调压缩机不工作。

故障检查：捷达汽车空调制冷系统主要由空调压缩机、冷凝器、储液干燥器、蒸发器及膨胀阀等组成。空调压缩机能不能正常工作，主要由空调循环系统中制冷剂的多少及相关电器元件（低压开关、高压开关、空调控制面板、除霜开关、空调继电器、空调开关及相关的空调控制电路）的工作情况决定。检查中，将点火开关转到“ON”位置，将空调开关打开，用万用表测量空调压缩机供电电压，测量结果为0V，说明空调压缩机没有供电电源，相关控制电路或控制元件存在故障。

根据控制电路图，首先用万用表测量除霜开关的供电电压：打开空调开关，拔下除霜开关的线束插头，测量绿色导线对搭铁线的电压值，测量结果为12.4V，说明除霜开关供电正常，空调控制面板、空调继电器没有故障；将除霜开关2插头用导线短接，打开空调开关，空调压缩机仍不工作。此时故障原因的范围缩小到低压开关及其供电线路上。检查中，拔下低压开关线束插头，将点火开关转至“ON”位置，打开空调开关，用万用表测量低压开关供电线路（绿色导线）的电压值，供电电压为0V，表明低压开关供电线路存在断路。

将点火开关转至“ON”位置，打开空调开关，用万用表测量空调怠速提升电磁阀的供电电压值（即绿色线上的电压），测量结果为0V，说明故障原因在仪表板后的端子插头处。

将点火开关转到“OFF”位置，拆下仪表板，发现仪表板后部的第5端子插头已经脱落。

**故障排除**：重新插牢脱落的端子，将点火开关转至“ON”位置，打开空调开关，空调压缩机恢复正常运转，故障排除。

**故障分析**：该车空调控制电路中仪表板后部的第5端子插头脱落后，使低压开关供电线路出现断路、空调全线路不能构成闭合回路，导致空调不能工作。

## 学习目标

1. 能通过与客户交流、查阅相关维修技术资料等方式获取车辆信息。
2. 能根据故障现象制订正确的维修计划。
3. 能正确选择诊断设备对空调电路故障进行诊断。
4. 能正确记录、分析各种检测结果并做出故障判断。
5. 能按照正确操作规范进行空调电子元件的更换。
6. 能根据环保要求，正确处理对环境和人体有害的废料和损坏的零部件。

## 理论知识

### 4.1.1　基本电路

汽车空调系统的基本电路一般包括电源电路、鼓风机控制电路和电磁离合器控制电路，如图4-1所示。其工作过程是：接通空调及鼓风机开关，电流从蓄电池流经空调及鼓风机开关后分为两路，一路从上面经温度控制器至电磁离合器，使电磁离合器线圈通电，压缩机被发动机带动开始工作，同时与电磁离合器并联的压缩机工作指示灯也通电发亮；另一路从开关下面经L，通过两个鼓风机调速电阻到鼓风电动机，这时鼓风电动机也开始运转。由于电流通过两个电阻才到达鼓风电动机，因此这时电动机的转速最低。转动空调及鼓风机开关，上面电路不变，下面电路通过开关的M点，电流只经一个调速电阻到鼓风电动机，因此电动机转速升高。再转动开关，上面电路仍不变，下面电路改接开关的H点，电流不经电阻直接到电动机，因此这时电动机转速最高。

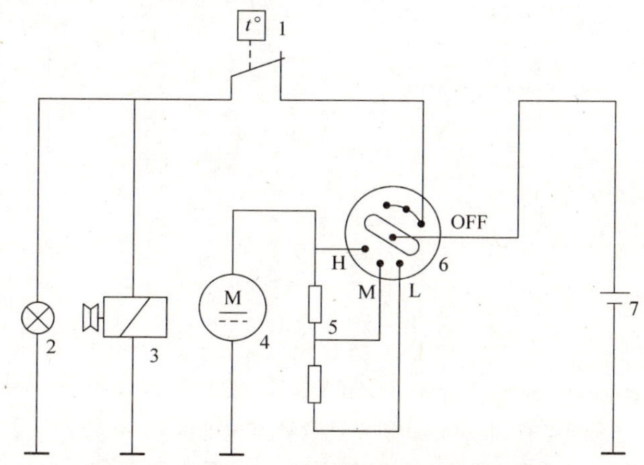


图4-1　汽车空调系统的基本电路

1—温度控制器　2—压缩机工作指示灯　3—电磁离合器　4—鼓风电动机
5—鼓风机调速电阻　6—空调及鼓风机开关　7—蓄电池

### 4.1.2 附加电路

为了加强冷凝器的冷却效果，有的汽车空调系统设置了专用的冷凝器冷却风扇。由于增加了一个风扇电动机，使工作总电流增加。为了减小通过温度控制器和空调及鼓风机开关的电流，增加了一个继电器，用来控制压缩机离合器和冷凝风扇电动机电路，如图 4-2 所示。

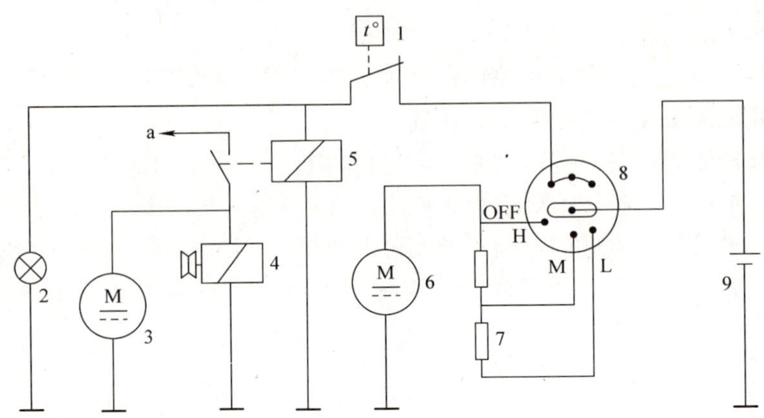


图 4-2 装有冷凝器冷却风扇的空调电路

1—温度控制器 2—压缩机工作指示灯 3—冷凝器冷却风扇电动机 4—电磁离合器 5—继电器 6—鼓风机电动机 7—鼓风机调速电阻 8—空调及鼓风机开关 9—蓄电池 a—接蓄电池正极

为了保证空调系统更好地工作，有的汽车空调系统还设置了发动机转速检测继电器，其作用是只有当发动机转速高于 800 ~900r/min 时，才能接通空调电路。在怠速及转速低于此转速时，继电器自动切断压缩机电磁离合器电路，空调无法启动，如图 4-3 所示。该继电器的转速信号取自点火线圈。

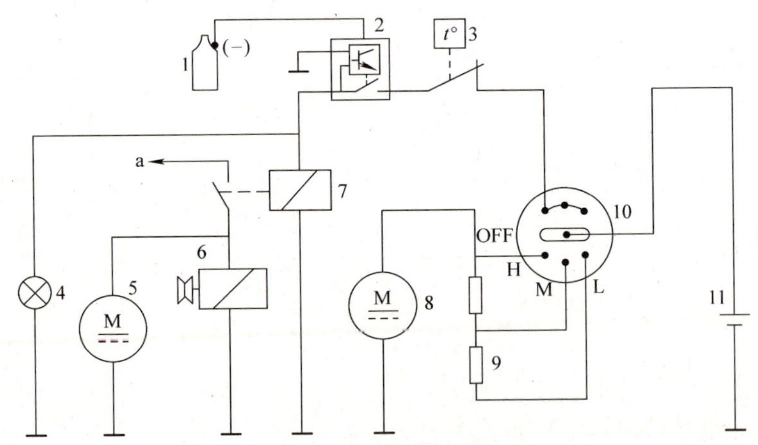


图 4-3 装有发动机转速检测继电器的空调电路

1—点火线圈 2—发动机转速检测继电器 3—温度控制器 4—压缩机工作指示灯 5—冷凝器冷却风扇电动机 6—电磁离合器 7—继电器 8—鼓风机电动机 9—鼓风机调速电阻 10—空调及鼓风机开关 11—蓄电池 a—接蓄电池正极

**拓展阅读**

## 4.1.3　其他元件控制电路

1. 冷凝器风扇控制电路

控制风扇转速的方式有两种：利用一个电风扇串联电阻的方式调节风扇的转速，或利用两个电风扇以串联和并联的方式调节风扇的转速。

图4-4所示为冷凝器和散热器风扇控制电路，由压力开关、冷却液温度开关和继电器控制冷凝器风扇和散热器风扇的转速。此电路可以实现风扇不转、低速运转、高速运转三级控制。3号继电器只在空调制冷系统工作时起作用，使冷凝器风扇以低速或高速运转。2号继电器为双触点继电器，用来控制冷凝器风扇的转速。1号继电器用于控制散热器风扇。压力开关在空调制冷系统压力高时断开，压力低时接通。冷却液温度开关在冷却液温度低时接通，温度高时断开。

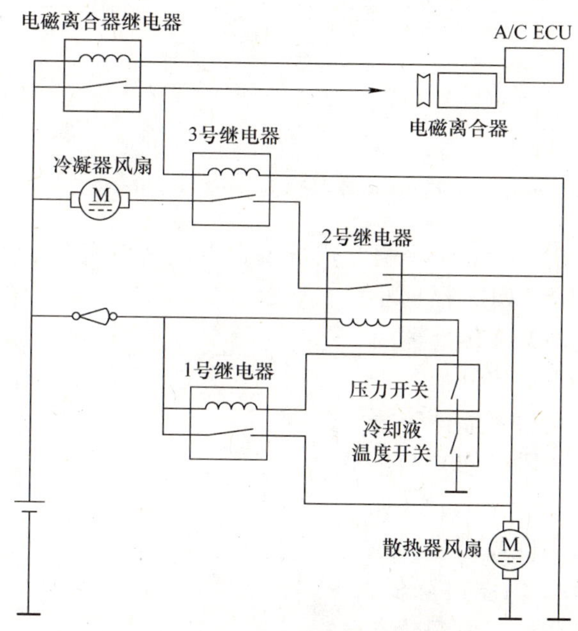


图4-4　冷凝器和散热器风扇控制电路

关闭空调时，3号继电器不工作，冷凝器风扇也不工作。如果冷却液温度过高，冷却液温度开关断开，1号继电器线圈断电，触点闭合，散热器风扇运转，加强散热。

打开空调，3号继电器线圈通电，触点闭合。如果冷却液温度较低，空调系统内压力也较低，2号继电器线圈也通电，使其下触点闭合，形成冷凝器风扇和散热器风扇的串联电路，两个风扇都以低速运转。如果冷却液温度升高或制冷系统内压力增大，压力开关或冷却液温度开关切断2号和1号继电器线圈电路，使2号继电器的上触点闭合，1号继电器的触点接通，将冷凝器风扇和散热器风扇连接成并联电路，两个风扇都以高速运转。

2. 鼓风机转速控制

（1）电阻值控制　鼓风机开关与鼓风机变阻器的作用是：调节空调系统的空气流量，

并作为空调系统自身的控制开关。鼓风机变阻器串联于鼓风机开关与电动机之间，其压降被用于改变电动机的端电压，控制电动机转速和调节空气流量。手动鼓风机控制电路如图4-5所示。

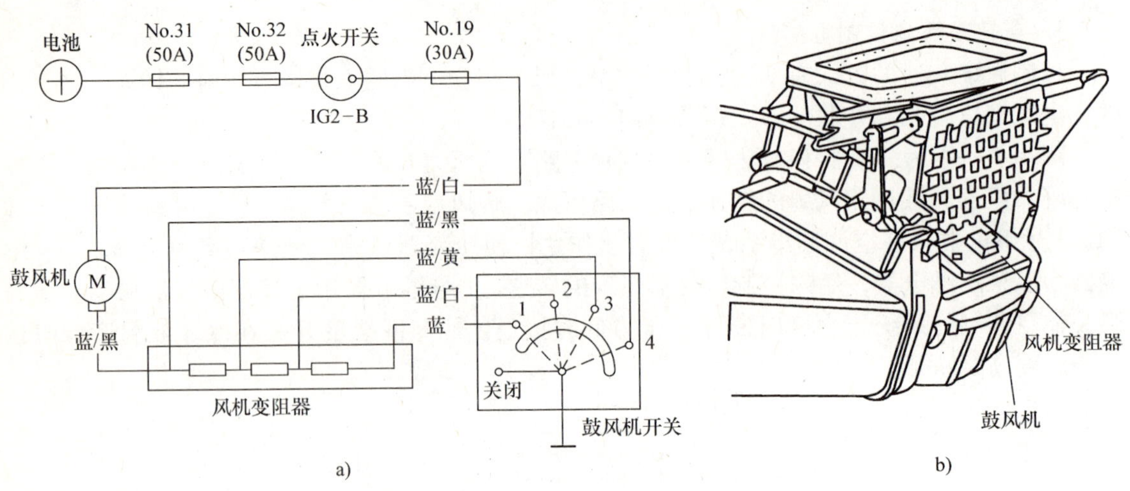


图4-5 鼓风机控制电路及变阻器

a）手动鼓风机控制电路 b）鼓风机变阻器位置

（2）晶体管控制方式 晶体管控制方式常装在中、高档汽车上，可实现风速的自动控制。如图4-6所示，空调ECU3根据车内温度传感器信号、车外温度传感器信号和其他信号计算并输出一控制信号给大功率晶体管5基极，大功率晶体管根据基极电流的不同控制鼓风机使其产生不同的转速。空调处于制冷状态时，如果车内温度比所选定的温度高很多，鼓风机将高速运转；如果车内温度降低，鼓风机将低速运转。空调处于取暖状态时，如果车内温度比所选定的温度低，鼓风机将高速运转；如果车内温度上升，鼓风机将低速运转。

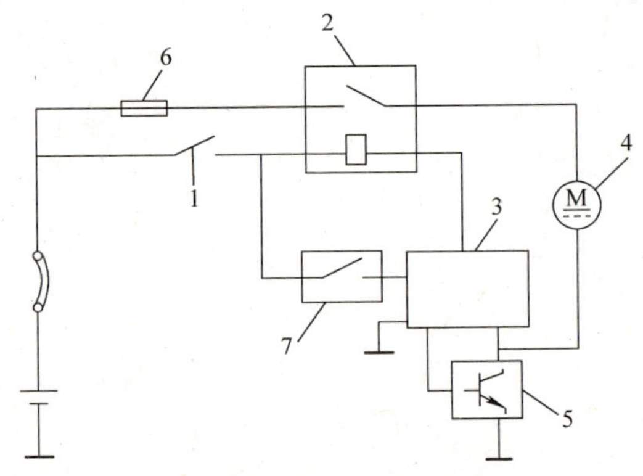


图4-6 晶体管控制

1—点火开关 2—继电器 3—空调ECU 4—鼓风机 5—大功率晶体管 6—熔丝 7—鼓风机挡位开关

3. 制冷剂压力传感器控制电路

制冷剂压力传感器安装在冷凝器和蒸发器之间的管路上，控制电路如图4-7所示。压力传感器向动力控制模块（PCM）输送管路中制冷剂压力的变化信号，动力控制模块根据此信号实现以下控制：当压力高于2.7MPa或低于0.285MPa时，分离电磁离合器；加强怠速控制，补偿空调的怠速负荷；控制冷却风扇的工作。

制冷剂压力传感器一般有三根引线：电源线（灰色线）、搭铁线（黑色线）、信号线（红/黑线），工作电压为5V，信号线的电压随着制冷系统压力的升高而增大。

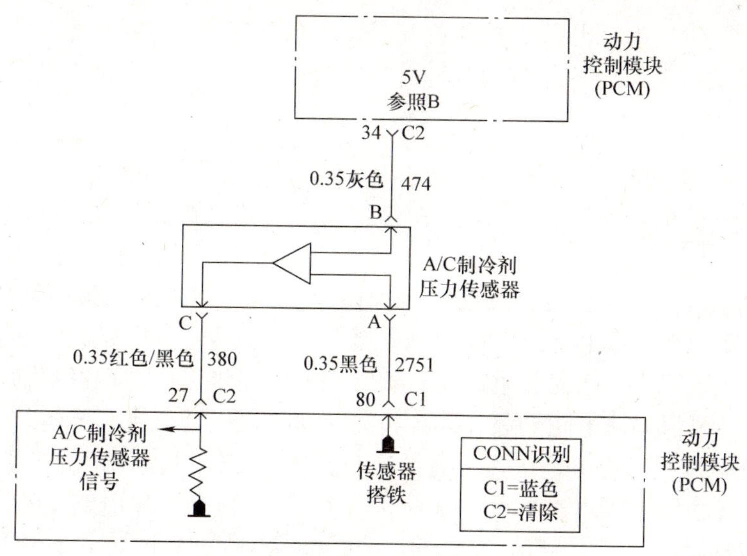


图 4-7　制冷剂压力传感器控制电路

4. 汽车空调的加热除霜电路

当车厢内玻璃上有霜、雾时，除可以采用加热器的热风吹向玻璃来除霜、雾外，还可以采用电加热的方法除霜、雾。

在冬季，前风窗玻璃可用暖风机除霜、雾，而后窗玻璃有时候暖风吹不到，这时便只有采用电热丝加热玻璃的方法除霜了。图 4-8 所示为除霜的加热电路，运行方式如下：

加热器 1 有开关 S，通过断电器 2 控制。S 接通时，加热器 1 通电，警告灯 4 亮，以提醒停车后关闭开关 S，3 为点火开关。

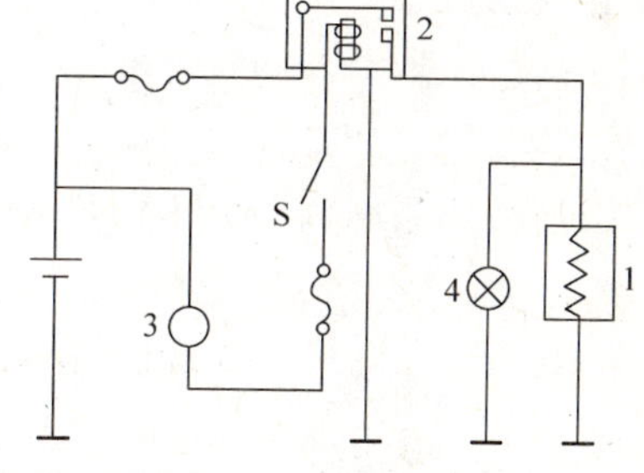


图 4-8　加热除霜电路

1—加热器　2—断电器　3—点火开关　4—警告灯

5. 压缩机双级控制电路

有些汽车为了提高车辆的燃油经济性，采用了压缩机双级控制，如图 4-9 所示。在空调上有两个开关：A/C 开关和 ECHO 开关。在接通 A/C 开关时，空调 ECU 根据蒸发器温度传感器的信号，在较低的温度控制压缩机电磁离合器的通断；在接通 ECHO 开关时，空调 ECU 便在较高的温度控制压缩机电磁离合器的通断，这样可以减少压缩机工作的时间，减少汽车的燃料消耗。

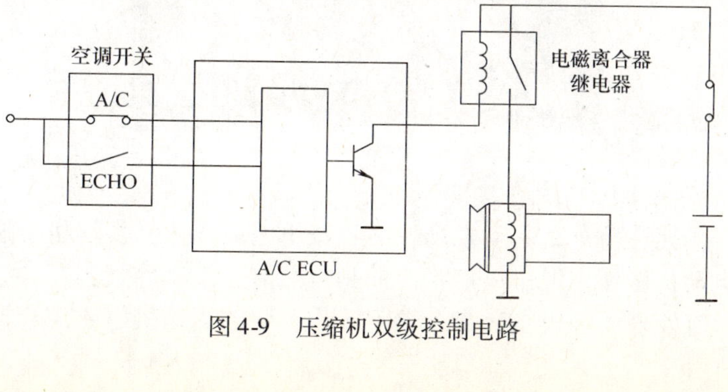

图 4-9　压缩机双级控制电路

## 任务工单

见任务工单9。

## 学习小结

1. 汽车空调系统的基本电路一般包括电源电路、鼓风机控制电路和电磁离合器控制电路。

2. 汽车空调系统工作过程是：接通空调及鼓风机开关，电流从蓄电池流经空调及鼓风机开关后分为两路，一路从上面经温度控制器至电磁离合器，使电磁离合器线圈通电，压缩机被发动机带动开始工作，同时与电磁离合器并联的压缩机工作指示灯也通电发亮；另一路从开关通过两个鼓风机调速电阻到鼓风电动机，这时鼓风电动机也开始运转。

3. 为了保证空调系统更好地工作，有的汽车空调系统还设置了发动机转速检测继电器，其作用是只有当发动机转速高于800～900r/min时，才能接通空调电路。

4. 控制风扇转速的方式有两种：利用一个电风扇串联电阻的方式调节风扇的转速，或利用两个电风扇以串联和并联的方式调节风扇的转速。

5. 制冷剂压力传感器向动力控制模块（PCM）输送管路中制冷剂压力的变化信号，动力控制模块根据此信号实现以下控制：当压力高于2.7MPa或低于0.285MPa时，分离电磁离合器；加强怠速控制，补偿空调的怠速负荷；控制冷却风扇的工作。

## 自我测试

1. 请叙述汽车空调基本电路的组成及工作过程。
2. 请叙述发动机转速检测电路的组成及工作过程。
3. 请叙述制冷剂压力传感器的作用。

# 任务4.2　空调系统保护电路

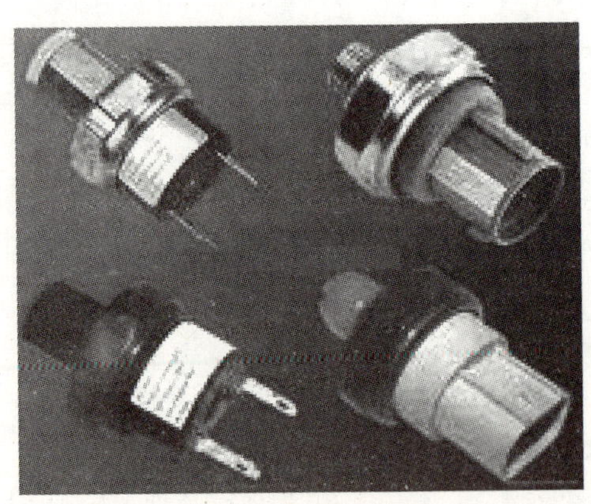

## 任务载体

**故障现象**：一辆捷达轿车，起动发动机后，按下空调开关，发动机怠速提升，鼓风机通风，散热器风扇电动机工作，但出风口吹出的是自然风，没有冷气。

**故障检查**：检查发现压缩机电磁离合器不工作。引起压缩机电磁离合器不工作的原因主要有电磁线圈断路、短路，高、低压开关断路或损坏，温度控制器故障等。经检查，空调传动带完好，管路没有油污漏氟现象。用高、低压力表分别接高、低压管测量压力，实测结果是高压侧的压力和低压侧的压力相等，都是0.75MPa，这说明空调系统不缺制冷剂。再测电磁离合器线圈电阻，其阻值也正常。从捷达汽车空调系统的电路图中可以看出，该捷达车空调压缩机电磁离合器是由低压开关、防霜开关通过继电器和空调开关控制的。轿车空调压缩机电磁离合器是由压力开关、外界温度开关和冷却液温度开关通过控制器控制的。因散热器风扇运转，说明空调开关继电器防霜开关都没有故障，故障在低压开关和压缩机电磁离合器之间。拔下压缩机电磁离合器线圈插头，直接给电磁离合器线圈通电，压缩机电磁离合器工作；用万用表欧姆档测低压开关，电阻值为无穷大，说明该开关此时为断路（低压开关在0.2MPa为通路）。

**故障排除：**更换低压开关，抽真空，加氟，开空调，空调正常。

**总结：**因为低压开关、防霜开关、空调继电器和压缩机电磁离合器是串联的，如果压缩机电磁离合器没有问题，就可断定是串联在电路中的开关及继电器的某一元件出了故障。如果制冷系统不能满足上述其中一个开关所限定的条件，空调压缩机继电器将切断压缩机电磁离合器，保护压缩机及制冷系统。当条件满足之后，空调压缩机继电器自动接通电磁离合器，制冷系统继续工作。

## 学习目标

1. 能通过与客户交流、查阅相关维修技术资料等方式获取车辆信息。
2. 能根据故障现象制订正确的维修计划。
3. 能正确选择诊断设备对压力开关故障进行诊断。
4. 能正确记录、分析各种检测结果并做出故障判断。
5. 能按照正确操作规范进行压力开关的更换。
6. 能根据环保要求，正确处理对环境和人体有害的废料和损坏的零部件。

## 理论知识

有些汽车为了使制冷系统运行正常，设有压力开关电路。压力开关也称压力继电器或压力控制器，分为高压开关和低压开关两种。当制冷系统由于某种原因而导致管路内制冷剂压力出现异常时，压力开关会自动切断电磁离合器电路而使压缩机停止工作，保护制冷系统不损坏。

### 4.2.1　压力保护

1. 高压压力开关

高压开关是用来防止制冷系统在异常的高压下工作，以保护冷凝器和高压管路不会爆裂，压缩机的排气阀不会折断以及压缩机其他零件和离合器不损坏。当冷凝器被污垢、杂物、碎纸或塑料薄膜阻挡冷却风道时，由于制冷剂无法冷却，制冷剂压力便会升高；当制冷系统制冷剂量过多时，系统压力也会增高；还有其他原因都会引起系统压力过高，这时高压压力开关会自动将压缩机电磁离合器电路切断，使压缩机停止运行，同时又将冷凝器风扇高速档电路接通，自动提高风扇转速，以便较快地降低冷凝器的温度和压力。

高压压力开关一般安装在制冷系统高压管路上或储液干燥器上，高压压力开关有触点常

闭型和触点常开型两种类型。

触点常闭型高压开关如图4-10所示，其触点串联在压缩机电磁离合器电路中，压力导入口则直接或通过毛细管连接在高压管路上。它直接装在储液干燥器上面，使高压制冷剂蒸气作用在膜片上。正常情况下，触头常闭，接通离合器电路，压缩机运行。当制冷系统压力异常，高至某一压力时，金属膜片的弹力小于蒸气压力，金属膜片便反弹变形，触点迅速脱离，将离合器电路断开，压缩机停止运行，从而保护了压缩机。当制冷剂压力下降到某一压力时，金属膜片会自动恢复原状，触点重新闭合，电路接通，压缩机又恢复运行。高压开关的切断压力和触点恢复闭合的压力因车型而异。一般触点断开压力在2.1~3.0MPa范围内，恢复闭合的压力为1.6~1.9MPa。如奥迪100型轿车高压开关的切断压力为（2.9±0.14）MPa，恢复压力为（1.4±0.3）MPa。

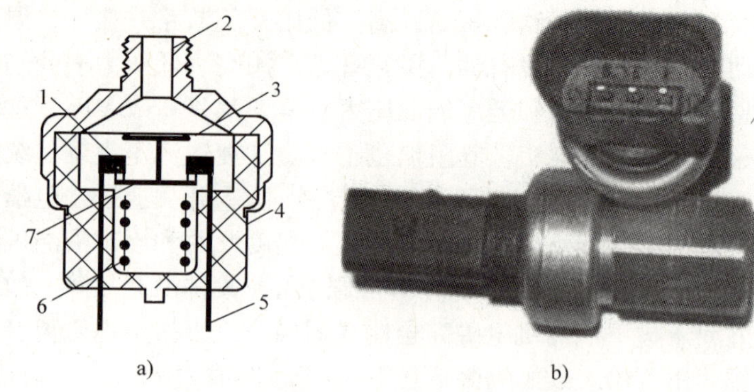


图4-10 高压开关

a）结构图 b）实物图

1—固定触点 2—接头 3—膜片 4—外壳 5—接线柱 6—弹簧 7—活动触点

触点常开型高压开关一般用来控制冷凝器冷却风扇的高速档电路。当压力超过某一规定值时，自动接通风扇高速档电路，使冷却风扇高速运转，以加强冷凝器的冷却能力，降低冷凝温度和压力；而当压力低于规定值时，则自动断开冷却风扇的高速档电路。奥迪100型轿车空调系统中装在冷凝器出口管路上的压力开关即为常开型高压开关，其闭合压力为1.58MPa，而触点断开压力则为（1.34±0.17）MPa。

2. 低压压力开关

低压压力开关的结构和高压开关一样，只是将动、定触点的位置调动一下，如图4-11所示。它也是用螺纹接头直接安装在储液干燥器上。

低压压力开关的功能是感测制冷系统高压侧的制冷剂压力是否正常。当压缩机排出的制冷剂压力过低时，低压压力开关会自动切断离合器电路，压缩机停止运行，以保护压缩机不会损坏。当制冷系统的制冷剂不足或泄漏时，冷冻油也有可能随着泄漏，这样系统的润滑油便会不足，压缩机继续运行，将导致严重损坏。所以当高压侧的压力低于0.423MPa时，低压开关便将离合器电

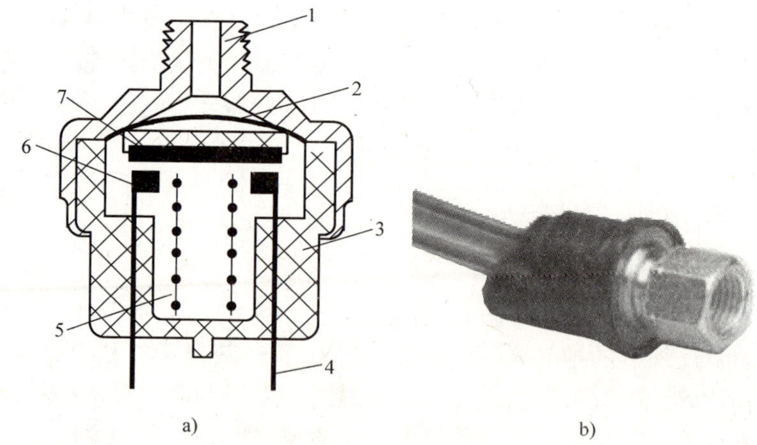


图4-11 低压开关

a）结构图 b）实物图

1—接头 2—膜片 3—外壳 4—接线柱 5—弹簧 6—固定触点 7—活动触点

路断开，保证压缩机不受损坏。

低压压力开关还有一个功能，即在环境温度较低时，自动切断离合器电路，使压缩机在低温下停止运行，这样可减少动力消耗，达到节能的目的。该功能的作用原理如下：当外面环境温度过低时，冷凝温度亦低，相应的压缩机排出的制冷剂的温度和压力也低。例如环境温度小于10℃时，其压力正好是0.423MPa，此压力正是低压开关切断离合器电源的数值，所以温度（环境）低于10℃时，低压开关使制冷系统自动停止工作。

还有一种低压开关安装在制冷系统的低压端，用来控制蒸发器的压力不致过低而结冰，保证制冷系统的工作。在孔管系统中，为控制压缩机工作循环，在旁通阀系统中，除了用恒温开关、热敏电阻来控制电磁旁通阀的通路外，还有采用低压开关控制的。这时，低压开关装在蒸发器的出口处，以测量其压力。当蒸发器压力在0.253～0.289MPa时，低压开关将电磁旁通道的电路接通，电磁旁通阀开始工作，让一部分高压热蒸气通过旁通阀流到压缩机吸气口，使蒸发器压力回升，以防止其结冰。当蒸发器压力上升到一定量值时，低压开关又切断其电路，制冷系统又恢复正常的制冷工作。这种用低压开关控制的旁通阀系统一般用在大、中型客车的空调系统中。

3. 高低压联动压力开关（双重压力开关）

由于高、低压力保护开关均安装在储液干燥器上，所以如果把高、低压力保护开关组合成一体，这样既可减少重量和接口数，又可减少制冷剂泄漏的可能性。

图4-12就是装在储液干燥器上的高、低压联动开关，其工作原理如下：当高压制冷剂的压力正常时，压力应在0.423～2.75MPa之间，金属膜片和弹簧力处在平衡位置，高压触

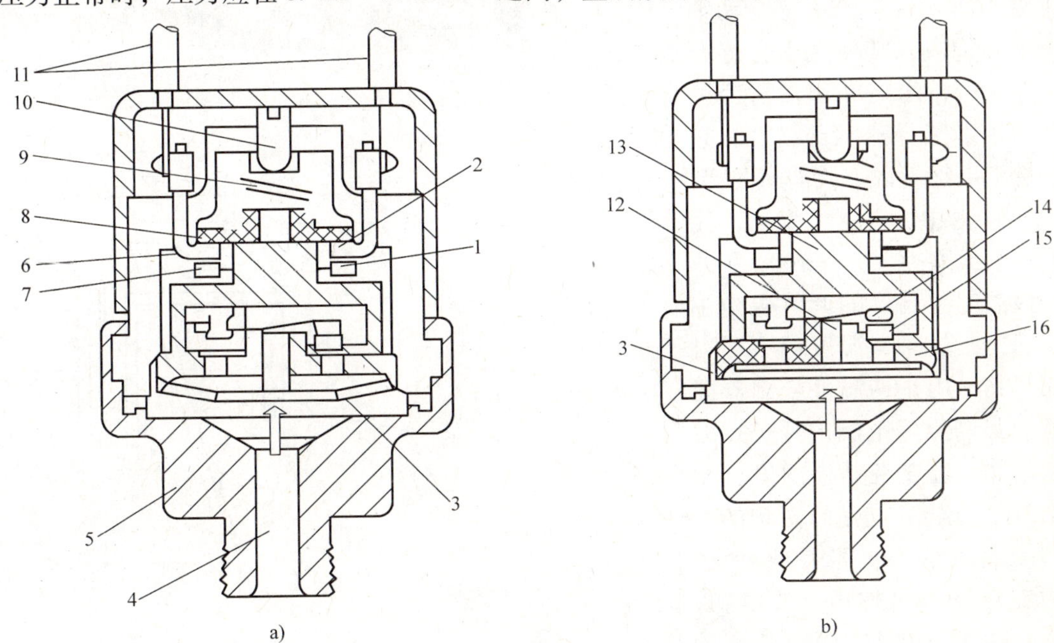


图4-12　高、低压联动开关（双重压力开关）

a）制冷压力低于0.423MPa时　b）制冷压力高于2.75MPa时

1、7—动低压触头　2、6—静低压触头　3—膜片　4—制冷剂压力通道　5—开关座　8—绝缘片　9—弹簧　10—调节螺钉　11—接线柱　12—顶销　13—阀座　14—动高压触头　15—静高压触头　16—膜片座

头14、15和低压触头1、2、6、7都闭合，电流从6、7触头到高压触头后再到1、2触头出来。当制冷剂压力降低到小于0.423MPa时，弹簧压力将大于制冷剂压力，推动低压触头7和3脱开，电流随即中断，压缩机停止运行，如图4-12a所示；反之，当压力大于2.75MPa时，蒸气压力将整个装置推到上止点。蒸气继续压迫金属膜片上移，并推动顶销将高压动触头14推开并与高压定触头15的接触，将离合器电路断开，压缩机停止运行。当高压端的压力小于2.17MPa时，金属膜片恢复正常位置，压缩机又开始运行，如图4-12b所示。

**拓展阅读**

### 4.2.2 温度保护

1. 温度控制器

温度控制器又称温度开关，是汽车空调系统中温度控制的一种开关元件，起调节车内温度、防止蒸发器因温度过低而结霜的作用。常用的温度控制器有波纹管式，又称压力式温度控制器。

（1）波纹管式温度控制器　波纹管式温度控制器主要是利用波纹管的伸长或缩短来接通或断开触点，从而切断汽车空调压缩机的动力。其感温受压元件主要由感温毛细管和波纹管构成，其内充填有感温工质，毛细管一端放在蒸发器冷风吹出处，用以感受蒸发器温度。它是通过感温毛细管内工质的温度变化，从而导致波纹管内压力变化，使波纹管伸长或缩短。

该温度控制器的调节机构主要由凸轮、凸轮轴、温度调节螺钉等组成，其作用是使温度控制器能在最低至最高温度范围内任一点温度控制动作。温度控制器的停点是根据调节轴的给定位置而变化的，开点和停点的温差基本上是恒定的。它的触点开闭机构，主要由触点、弹簧、杠杆等组成，通过触点的开闭，切断或接通压缩机上的电磁离合器电路。

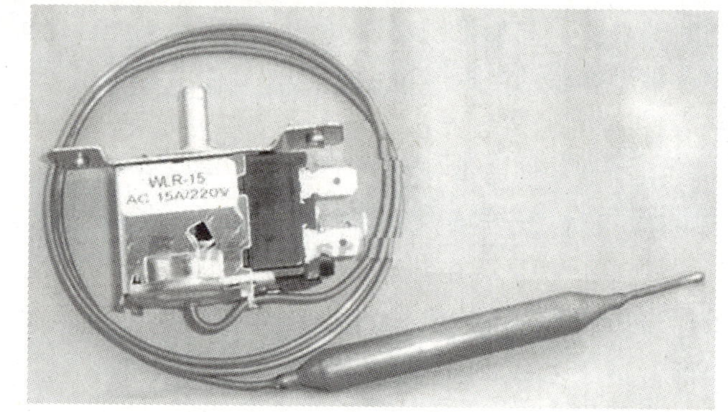


a)

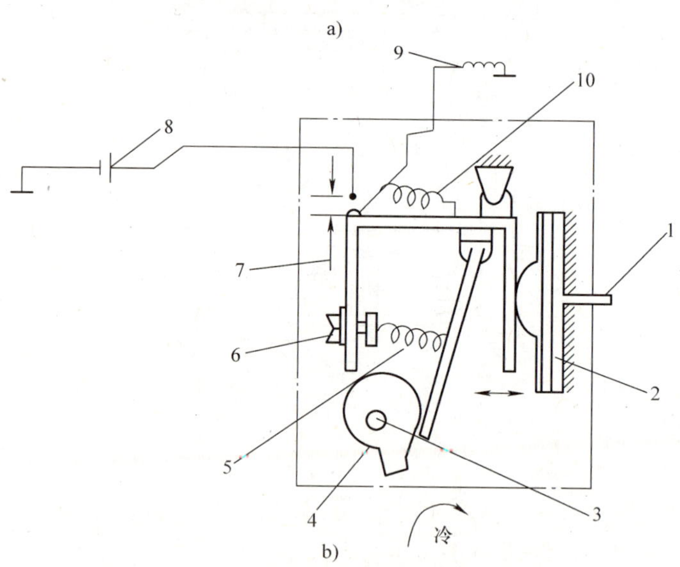


b)

图4-13　波纹管式温度控制器

a）实物图　b）结构图

1—感温毛细管　2—波纹管　3—凸轮轴　4—凸轮　5—调节弹簧　6—温度调节螺钉　7—触点　8—蓄电池　9—电磁离合器　10—支撑线圈

波纹管式温度控制器的工作原理如图4-13所示，在毛细管和波纹管内充有易挥发性感温介质，毛细管一端插在蒸发器翅片内约20～25cm，感受蒸发器表面的温度，另一端与波纹管相通。当吹过蒸发器的空气温度升高或降低时，感温毛细管内的气体便会膨胀或收缩，使波纹管伸长或缩短，推动与之相连的杠杆机构使触点闭合或断开，接通或切断电磁离合器线圈电路，从而控制压缩机的运转与停止，保证蒸发器的温度在某一设定范围之内。旋动调节凸轮可以改变弹簧的预紧力，从而改变冷气的温度范围。

（2）热敏电阻式温度控制器　热敏电阻式温度控制器的感温元件是热敏电阻，装在蒸发器的出风口位置，检测蒸发器出口的空气温度。热敏电阻具有负温度系数，即当温度升高时，其阻值下降；而当温度降低时，其阻值增加。

热敏电阻将温度变化转换成电阻变化，也就是转换成电压变化。热敏电阻的电压加在怠速稳定电路的空调放大器上，将热敏电阻的电变化的信号放大，便可带动控制电磁离合器的继电器动作，达到对车厢内温度的控制。

由于热敏电阻输出的不是“开关”信号，而是电阻信号，所以一般用于电子控制或放大器控制电路中，其控制电路如图4-14所示。

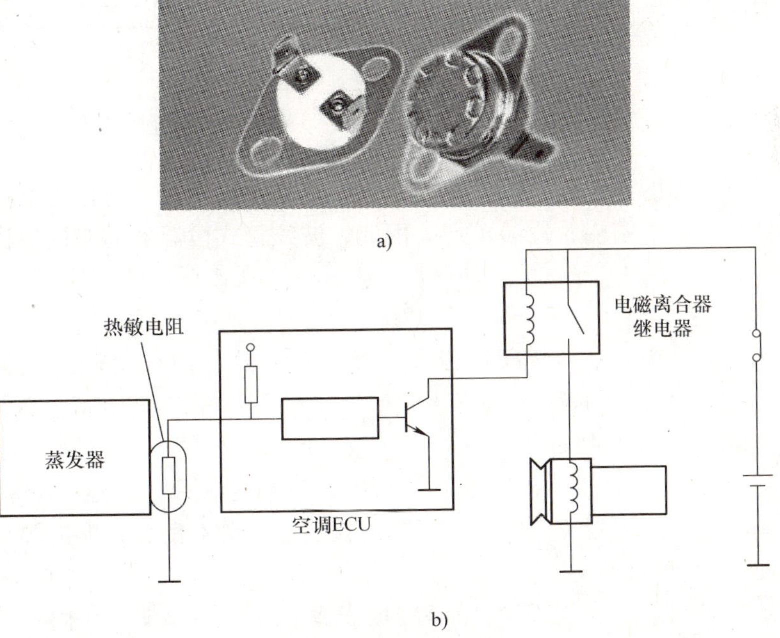


图4-14　热敏电阻控制电路

a）热敏开关　b）控制电路

该热敏电阻蒸发器出风温度控制过程如下：采用热敏电阻感受蒸发器出风温度，并通过检测和放大等控制电路控制输出的通断；当蒸发器出风温度降低至某一规定值（如奥拓轿车为（2.5±0.5）℃，（4.27±0.1）kΩ）时，放大器同时断开电路（怠速提升控制电磁阀和压缩机电磁离合器），空调切断，防止蒸发器表面结霜；当蒸发器出风温度回升到一个设定值（如奥托轿车回升值为（1.8±0.3）℃，（0.36±0.06）kΩ）时，真空电磁阀接通，延时（0.8±0.1）s后，压缩机电磁离合器恢复工作。不同的车型，其切断温度和接通温度值不一样。

（3）双金属片式恒温器　双金属片式恒温器的外形如图4-15所示，它由两种不同材料的金属片组成，两金属片的热膨胀系数相差较大。在双金属片的端部有一动触点，在壳体上有一定触点。这种恒温器没有毛细管和感温包，直接依据空气流过其表面感受温度而工作。其温度设定方法与波纹管式恒温器相同。

双金属片恒温器工作原理如图4-16所示。在设定温度范围内，双金属片平伸，两触点闭合。此时，电磁离合器电路接通，压缩机工作。当流过恒温器的空气温度低于所设定温度时，由于两种金属片的热膨胀系数不同，膨胀系数大的金属片收缩很多，导致双金属片弯曲，触点断开，电磁离合器分离，压缩机停止工作。当温度上升后，金属片受热后逐渐平伸，触点又闭合，从而接通电路。如此反复达到控温的目的。

图4-15　双金属片式恒温器外形

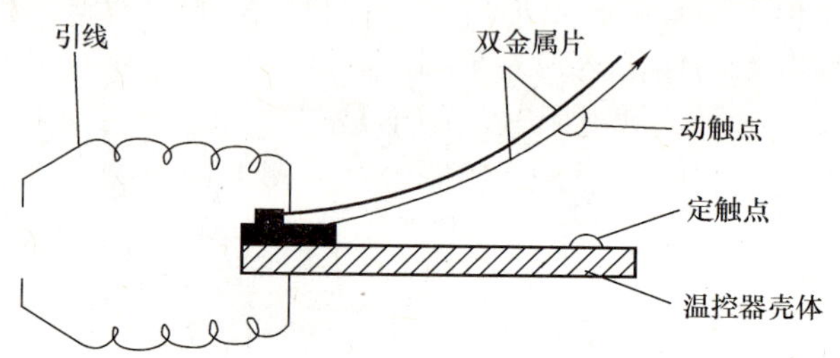


图4-16　双金属片式恒温器结构

双金属片式恒温器的特点是结构简单、不宜损坏且价格便宜。但作为直接感受温度的部件，必须整体放置在蒸发箱内，安装不便。因此，波纹管式恒温器的应用要比双金属片式恒温器广泛。

2. 环境温度开关

环境温度开关也是串联在压缩机电磁离合器电路中的一种温度开关，当环境温度高于4℃时，其触点闭合，而当环境温度低于4℃时，其触点将断开而切断电磁离合器的电路。也就是说，在环境温度低于4℃时是不宜开动空调制动系统的，其原因是当环境温度低于4℃时，由于温度较低，压缩机内冷冻油黏度较大，流动性很差，如这时启动压缩机，润滑油还没来得及循环流动并起润滑作用时，压缩机就已因润滑不良而磨损加剧甚至损坏。

3. 时间-温度延时继电器

在非独立式空调系统中，当车辆慢速爬坡发动机发出最大转矩时，发动机的冷却液温度会升得很高，这时由于车速较慢，正面冲刷的冷却风量减少，致使散热器中的冷却液温度超过127℃。这时为了保护发动机正常工作，时间-温度延时继电器将切断压缩机离合器的电路，压缩机停止运行，使发动机负荷减轻，让冷却液温度降低，冷凝器温度亦相应降低，从而保护了发动机的正常运行和冷却系统正常运行。这个装置还有一个功能便是在发动机第一次起动时，延迟空调压缩机起动约0.5～1min，以使发动机运转稳定后再驱动空调系统。

本装置是一个蜡式节温器上加装两对触点的电路，安装在空调开关的主电路上。石蜡式节温器安装在散热器进口处。当刚起动时，冷却液温度低，只在发动机水道内循环，此时由于发动机工作不稳定，动触点和定触点处分开位置，空调电路断开，空调压缩机不运行。当发动机工况稳定后，冷却液温度升高到82℃时，石蜡膨胀，迫使绝缘轴上移，两触点接触，空调压缩机开始运行。当发动机满负荷，汽车慢速行驶时，冷却液温度上升，迫使轴上移，动触点在定触点上滑动。当温度上升到127℃时，两触点再度断开，压缩机不运行，从而避免了发动机在长期超负荷下工作而引起润滑油和零件的损坏。

4. 过热限制器

过热限制器主要用在斜板式压缩机上，当制冷系统温度过高时，切断离合器的电路，使压缩机停止运行，防止压缩机受到损坏。过热限制器的构造如图4-17所示。它包括过热开关和熔断器两部分。过热开关装在压缩机后盖紧靠吸气腔的位置，是一种温度传感开关。

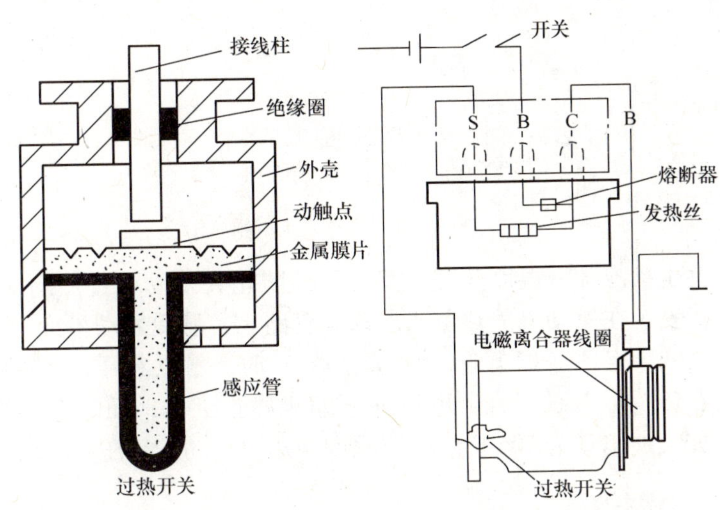


图4-17　过热限制器

当制冷系统的制冷剂泄漏量较多时，压力会下降，若这时压缩机继续工作，它就会产生过热现象。这时制冷剂的温度上升，但压力不增加，就会毁坏润滑油，进而损坏压缩机，压缩机内部将烧焦变成黑色。这时，过热开关的传感器内的制冷剂蒸气将感测到入口的温度升高而将电源接通，即过热开关平时是断开的，压缩机温度过热时才会闭合。

熔断器有三个接头，S连接过热开关，B连接外电源，C连接离合器，熔断器内部，B和C之间连接一个低熔点金属丝，S和C接通电热丝。正常情况下，电流通过空调开关与环境温度开关，经过熔断器低熔点金属丝到压缩机的电磁线圈。

当压缩机发生过热时，过热开关闭合，使电路接地，这时电流接通过热限制器上的电热丝。电热丝发热后熔化低熔点的金属丝，切断压缩机离合器电路和过热保护开关的短路电路，压缩机停止运行。当熔断器断路时，一定要仔细检查制冷系统是否因泄漏而缺少制冷剂。否则，接好易熔丝后，很快又会烧断。另外，如果仔细检查制冷系统后，确认不缺制冷剂，那么就可能是过热开关坏了，需要更换。过热限制器现在已大部分被低压保护开关所取代。

5. 制冷剂温度开关

在部分叶片式压缩机和斜盘式压缩机上装有制冷剂温度开关，防止压缩机因温度过高而损坏。如图4-18所示，当制冷剂的温度超过180℃时，该开关断开，切断压缩机电磁离合器的电路。

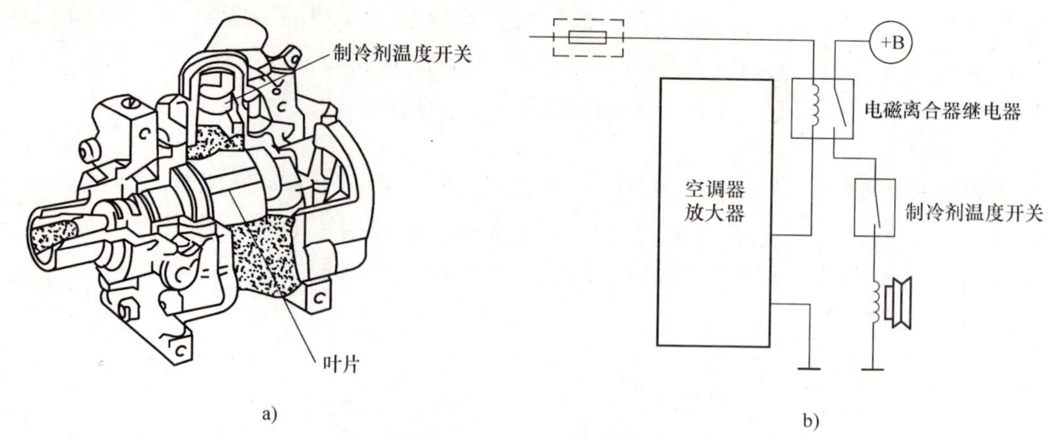


图 4-18 制冷剂温度开关

a）安装位置 b）工作电路

6. 冷却液过热开关

冷却液过热开关也称冷却液温度开关，其作用是防止在发动机过热的情况下使用空调。冷却液温度开关一般安装在发动机散热器或冷却液管路上，感受发动机冷却液温度。当发动机冷却液温度超过某一规定值（如奥迪 100 为 120℃）时，触点断开，直接切断（或触点闭合，通过空调放大器切断）电磁离合器电路使压缩机停止工作；而当发动机冷却液温度下降至某一规定值（如奥迪 100 为 106℃）时，触点动作，自动恢复压缩机的正常工作。

### 4.2.3 发动机工况保护

1. 怠速保护

（1）空气旁通式怠速控制器 空气旁通式怠速控制器适用于电控燃油喷射式（EFI）发动机，其控制原理如 4-19 所示。

当空调开关打开，怠速提升控制电磁阀通电，从而使一股空气不需经过节气门阀体而旁通到稳压箱内，此时发动机电控单元（ECU）会根据旁通空气流量的大小增加燃油喷射量，使发动机怠速转速提高。

如果是节气门直动式怠速控制机构，ECU 便直接控制电动机将节气门开大，提高怠速转速。

（2）怠速继电器 怠速继电器的功能是当发动机处于怠速工况时，自动切断电磁离合器电路，停止发动机驱动压缩机来稳定发动机怠速工况的装置。这种装置是利用点火线圈的脉冲数作为转速控制信号，并将信号输入到怠速继电器的电路中。汽车空调系统的怠速继电器在点火线圈的初级低压负极上。

怠速继电器的工作原理图如图 4-20 所示。该怠速继电器具有“手动”和“自动”两个控制档位，接到 OFF 位置，则继电器直接通电源，处于接合状态，只要空调器接上电流，压缩机就处于运行状态。它不再受怠速控制器制约。在怠速时，只有用手动闭合电源开关来停止压缩机运行。当“自动”控制档位出现故障时，可将开关 K 拨到“手动”控制档位以应急使用，此时，继电器线圈的电流经手动开关搭铁而构成回路，压缩机的工作状态将不再受发动机转速的控制。

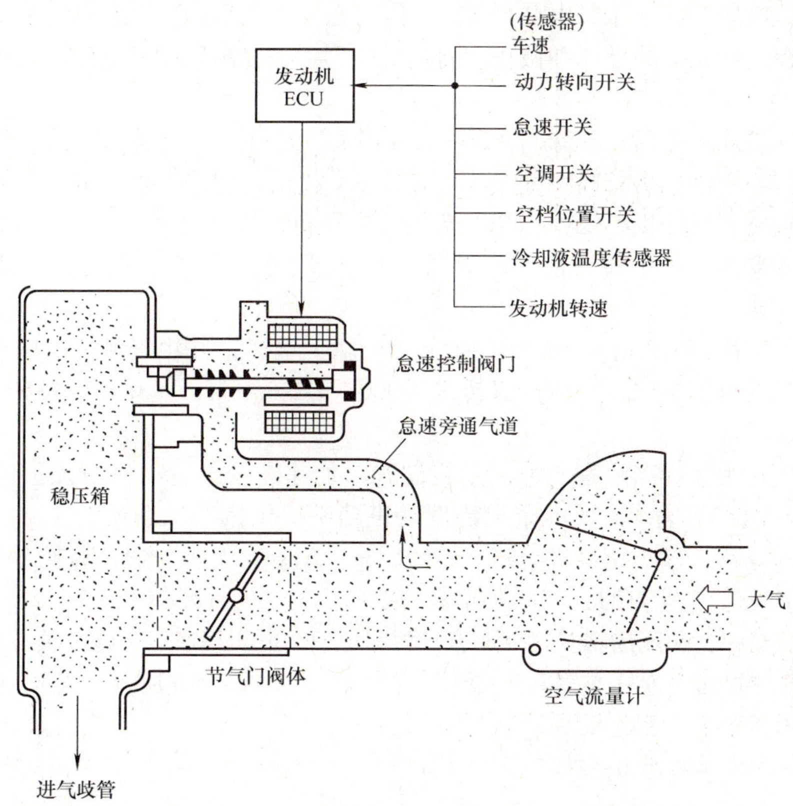


图 4-19　空气旁通式结构

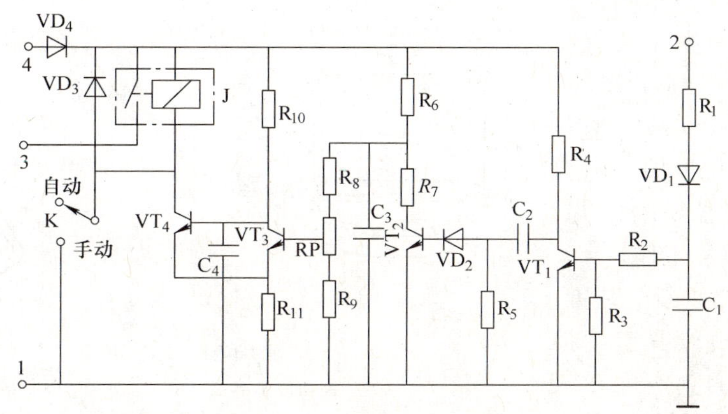


图 4-20　怠速继电器的电路

1—接电源负极（搭铁）　2—接点火线圈负接柱　3—接电磁离合器　4—接电源正极

怠速继电器的工作过程如下：发动机转速信号由接线柱 2 送入怠速继电器电路，电路中 $VT_1$、$VT_2$ 及相应的阻容元件组成一频率/电压转换电路，送入的发动机转速信号经电阻 $R_1$、$R_2$、电容 $C_1$ 衰减、滤波后由晶体管 $VT_1$ 放大，放大后的脉冲电压又被由电容 $C_2$、电阻 $R_5$ 和二极管 $VD_2$ 组成的微分电路微分，使其脉冲宽度为一固定值，再经晶体管 $VT_2$ 放大整形，经 $R_7$、$C_3$ 滤波后便在由 $R_8$、RP 和 $R_9$ 组成的分压电路两端得到一电压幅值与输入脉冲的频率成反比的直流电压，该电压经电位器 RP 分压后送入由 $VT_3$、$VT_4$ 组成的施密特触发器的输入端，用来控制触发器的导通和截止，通过继电器 J 来控制压缩机电磁离合器线圈电路的接通和断开。

当发动机在怠速运转时，点火频率较低，经频率/电压变换电路得到的直流电压较高，施密特触发器的输入电压也较高，则 $VT_3$ 导通，$TT_4$ 截止，使继电器 J 触点张开，切断了电磁离合器线圈电路，压缩机不工作。当发动机转速升高到某一值时，点火信号频率增加，输入到施密特触发器的电压下降，使 $VT_4$ 导通，继电器 J 触点闭合，接通电磁离合器线圈电路，使压缩机工作。

电位器 RP 可用于调节输入到施密特触发器的输入电压，并用来调节电磁离合器开始接通和断开时的发动机转速值，一般接通转速为 900～1100r/min，断开转速为 600～700r/min。

2. 加速控制器

早期高级轿车为了提高超车能力，常装设汽车加速断开装置。汽车加速时（从低速到高速）或者汽车超车加速，需要尽量大的发动机功率提供汽车加速所需，此时便切断通向压缩机离合器的电路，停止压缩机运行。新款轿车取消这个开关，通过监控节气门位置传感器，在节气门开度超过 90% 时，切断压缩机的工作。

在大多数汽车中，加速控制装置由加速开关和延迟继电器组成。加速开关一般装在加速踏板下或装在其他位置通过连杆或钢索来操纵，其外观图如图 4-21a 所示，安装位置如图 4-21b 所示。当加速踏板踏下行程达到最大行程的 90% 时，加速开关及延迟继电器切断电磁离合器线圈电路，使压缩机停止工作，解除了压缩机的动力负荷，发动机的全部输出功率用来克服加速时的阻力，提高了车速。当踏板行程小于 90% 或加速开关打开后延时十几秒后，则自动接通电磁离合器线圈电路，使压缩机又自动恢复工作。

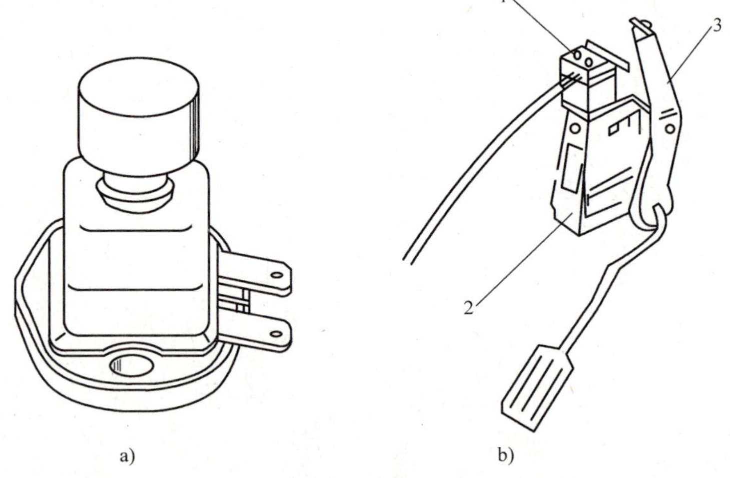

图 4-21 超速开关

a）超速开关外形 b）超速开关安装位置

1—加速切断器 2—油门踏板托架 3—加速踏板总成

有一种汽车加速断开装置，是用发动机的进气管真空度控制的。当发动机的真空度在较低的某一范围时，汽车处在匀速或轻微加速行驶时，开关闭合，压缩机和空调系统正常运行。在迅速加速时，发动机进气歧管的真空度迅速增大，真空断开装置内的膜片断开触点，切断压缩机离合器电路中的电流，使压缩机停止运行。当加速变缓时，真空度下降，弹簧推动膜片将触点闭合，离合器接通空调制冷系统又进入正常工作状态。这种结构设计，允许离合器的切断次数比加速踏板开关频繁。很明显，这种真空切断装置还可以在怠速时切断离合器电路，使压缩机不运行。因此它可以广泛地应用在任何一种发动机的空调系统上，用来改善汽车的加速性和燃油经济性。

## 实践技能

### 4.2.4 空调压力保护开关的故障诊断

压力保护开关分为高压和低压两种。压力开关性能检测，应在冷气系统完好的情况下进行。

1）将歧管压力计和软管接到高、低压检修阀上，当系统中制冷剂压力高于210kPa时，低压开关就应接通；否则为性能不良，应予以更换。

2）在制冷系统工作时，用纸板或其他板挡住冷凝器的散热，以恶化其冷却效果，这时冷凝器的温度会逐渐升高，当高压表压力达到2.1～2.5MPa时，电磁离合器应立即断电；然后拿开纸板，待高压表压力降低到1.9MPa时，电磁离合器应立即通电，使压缩机工作，否则为性能不良。

3）高压压力开关的触点是常闭式。用万用表的电阻档测量其两个接线端：如果是断路，说明已损坏；如果电阻为零，则说明性能正常。

4）低压开关的触点，在没有压力的作用下是常开的。用万用表的电阻档测量其两个接线端，如果性能正常，应该是断路；否则为性能不良。

5）在有压力的情况下检测压力开关较为可靠：低压开关一般在200kPa左右触点闭合；高压开关在2650kPa左右触点断开。

### 4.2.5 波纹管式温度控制器故障诊断

（1）温度控制器触点常见故障　触点接触不良或烧毁，引起电路不能接通；触点频繁动作起弧粘连，引起电路不能断；感温腔内的感温剂泄漏，引起触点不能动作而失去控制作用等。

将空调温度控制器旋钮正、反方向转动几次后，用万用表R×1档测量温度控制器接通状态的两个接线端子，若电阻值很小，表明触点正常；若电阻很大，表明触点接触不良；若不通，则可能是感温剂泄漏。是否泄漏可首先进行外观检查，观测感温头封焊头是否破裂、感温包是否有损伤和裂纹、感温管有无弯折痕迹等，然后把感温包放入30～40℃的温水中，测试触点是否闭合。若触点仍不闭合，表明感温包内的感温剂已漏完；若触点能够闭合，再把感温包从水中取出，在低温环境中放置一段时间后触点又断开，说明温度控制器的调温范围不当，可通过调节温度范围的调节螺钉加以矫正，逆时针方向转动1～2圈后再试。

（2）空调温度控制器触点不能自动跳开　把感温包放在冷藏室（5～10℃）内，测量温度控制器两线端子是否断开。若不断开，表明触点粘连，可用平口螺钉旋具拨动机械强迫触点断开；若触点能够跳开，表明温度控制器的控温范围偏低，可顺时针调整温控范围调节螺钉。

（3）感温剂泄漏　用热毛巾给感温管加热，并将旋钮调到最低温度，用万用表测量温度控制器的开关是否接通。若开关不通，则表明感温剂已泄漏，此时应更换新的温度控制器。

### 4.2.6 通过压力与温度诊断制冷系统故障的方法

空调制冷系统发生故障时，可以通过测量各有关部件的压力与温度，判断故障发生原因，从而进行修复。因此，各有关部件在制冷系统正常时的压力与温度数据对检修工作有很大的参考价值。

桑塔纳轿车空调制冷系统正常时，各有关部件压力与温度值见表4-1。

**表4-1 桑塔纳轿车空调制冷系统有关部件压力与温度**

| 测量位置 | 制冷剂状态 | 在怠速（950r/min）和环境温度20℃时测量 | | 测量方式 |
|---|---|---|---|---|
| | | 压力/MPa | 温度/℃ | |
| 1 压缩机高压端 | 气体 | 约1.1～1.4 | 约60～66 | 压力：在压缩机处用高压表<br>温度：在冷凝器口处用温度计 |
| 2、3 冷凝器 | 气体、液体 | 约1.1～1.4 | 约50～58 | 压力：在压缩机处用高压表<br>温度：在冷凝器出口处用温度计 |
| 4 储液干燥器 | 液体 | 约1.1～1.4 | 约50～58 | 压力：在压缩机出口处用高压表<br>温度：在高压表处 |
| 5 蒸发器 | 液体 | 约0.15 | 约6 | 压力、温度：在压缩机处用低压表、温度计 |
| 6 蒸发器出口、压缩机低压端 | 气体 | 0.15 | 0～4 | 压力：在压缩机处用高压表<br>温度：在膨胀阀感温包处用温度计 |

## 任务工单

见任务工单10。

## 学习小结

1. 高压开关是用来防止制冷系统在异常的高压下工作的，以保护冷凝器和高压管路不会爆裂，压缩机的排气阀不会折断以及压缩机其他零件和离合器不损坏。

2. 高压开关一般安装在制冷系统高压管路上或储液干燥器上，高压开关有触点常闭型和触点常开型两种类型。

3. 触点常闭型高压开关其触点串联在压缩机电磁离合器电路中，压力导入口则直接或通过毛细管连接在高压管路上。它直接装在储液器上面，使高压制冷剂蒸气作用在膜片上。正常情况下，触头常闭，接通离合器电路，压缩机运行。

4. 触点常开型高压开关一般用来控制冷凝器冷却风扇的高速档电路。当压力超过某一规定值时，自动接通风扇高速档电路，使冷却风扇高速运转，以加强冷凝器的冷却能力。

5. 低压开关的功能是感测制冷系统高压侧的制冷剂压力是否正常。当压缩机排出的制冷剂压力过低时，低压开关会自动切断离合器电路，压缩机停止运行，以保护压缩机不会损坏。低压开关还有一个功能，即在环境温度较低时，自动切断离合器电路，使压缩机在低温下停止运行，这样可减少动力消耗，达到节能的目的。

6. 有一种低压开关安装在制冷系统的低压端，用来控制蒸发器的压力不致过低而结冰，保证制冷系统的工作。在孔管系统中，为控制压缩机工作循环，在旁通阀系统中，除了用恒温开关、热敏电阻来控制电磁旁通阀的通路外，还有采用低压开关控制的。

7. 温度控制器又称温度开关，是汽车空调系统中控制温度的一种开关元件，起调节车内温度、防止蒸发器因温度过低而结霜的作用。常用的温度控制器有波纹管式和热敏电阻式两种。

8. 波纹管式温度控制器主要是利用波纹管的伸长或缩短来接通或断开触点，从而切断汽车空调压缩机的动力。其感温受压元件主要由感温毛细管和波纹管构成，其内充填有感温工质，毛细管一端放在蒸发器冷风吹出处，用以感受蒸发器温度。它是通过感温毛细管内工质的温度变化，从而导致波纹管内压力变化，使波纹管伸长或缩短。

9. 过热限制器主要用在斜板式压缩机上，当制冷系统温度过高时，切断离合器的电路，使压缩机停止运行，防止压缩机受到损坏。

10. 时间-温度延时继电器切断压缩机离合器的电路，使发动机负荷减轻，让冷却液温度降低，冷凝器温度亦相应降低，从而保护发动机及冷却系统的正常运行。

11. 冷却液过热开关也称冷却液温度开关，其作用是防止在发动机过热的情况下使用空调。

12. 环境温度开关也是串联在压缩机电磁离合器电路中的一种温度开关，当环境温度高于4℃时，其触点闭合，而当环境温度低于4℃时，其触点将断开而切断电磁离合器的电路。

13. 发动机怠速控制器有两种类型：一种是自动切断压缩机的离合器电路，使制冷系统停止工作，减轻发动机负荷，稳定发动机的怠速性能；另一种是当发动机怠速时，发动机能自动加大节气门开度，使发动机在怠速时转速提高，既保证有足够的动力维持制冷系统工作，又保证自身正常运转。

14. 汽车加速时（从低速到高速）或者汽车超车加速，需要尽量大的发动机功率来提供汽车加速所需，此时应切断通向压缩机离合器的电路，停止压缩机运行。

## 自我测试

### 思　考　题

若高压压力开关出现故障，对汽车空调有何影响？

### 复　习　题

1. 请叙述高压开关的安装位置及作用。
2. 请叙述高压开关的分类。
3. 请叙述低压开关的安装位置及作用。
4. 请叙述压力开关性能检测方法。
5. 请叙述波纹管式温度控制器机构组成及工作原理。
6. 请叙述热敏电阻式温度控制器机构工作原理。
7. 请叙述其他类温度传感器的作用。
8. 如何进行波纹管式温度控制器的故障诊断？

# 任务4.3 典型电路

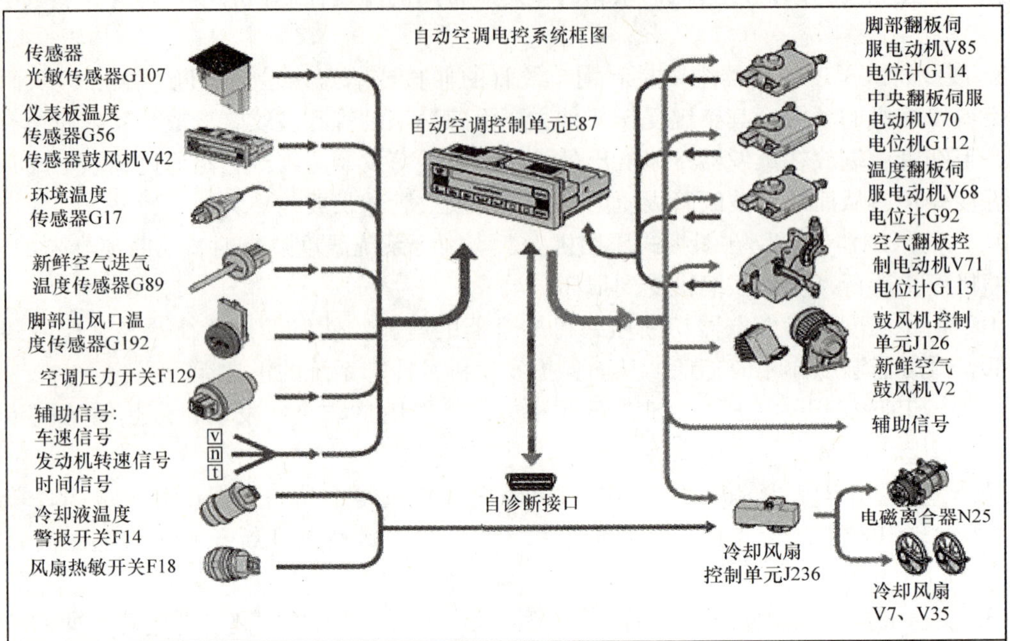

自动空调电控系统框图

传感器
光敏传感器G107
仪表板温度
传感器G56
传感器鼓风机V42
环境温度
传感器G17
新鲜空气进气
温度传感器G89
脚部出风口温
度传感器G192
空调压力开关F129
辅助信号:
车速信号
发动机转速信号
时间信号
冷却液温度
警报开关F14
风扇热敏开关F18
自动空调控制单元E87
自诊断接口
脚部翻板伺
服电动机V85
电位计G114
中央翻板伺服
电动机V70
电位机G112
温度翻板伺
服电动机V68
电位计G92
空气翻板控
制电动机V71
电位计G113
鼓风机控制
单元J126
新鲜空气
鼓风机V2
辅助信号
冷却风扇
控制单元J236
电磁离合器N25
冷却风扇
V7、V35

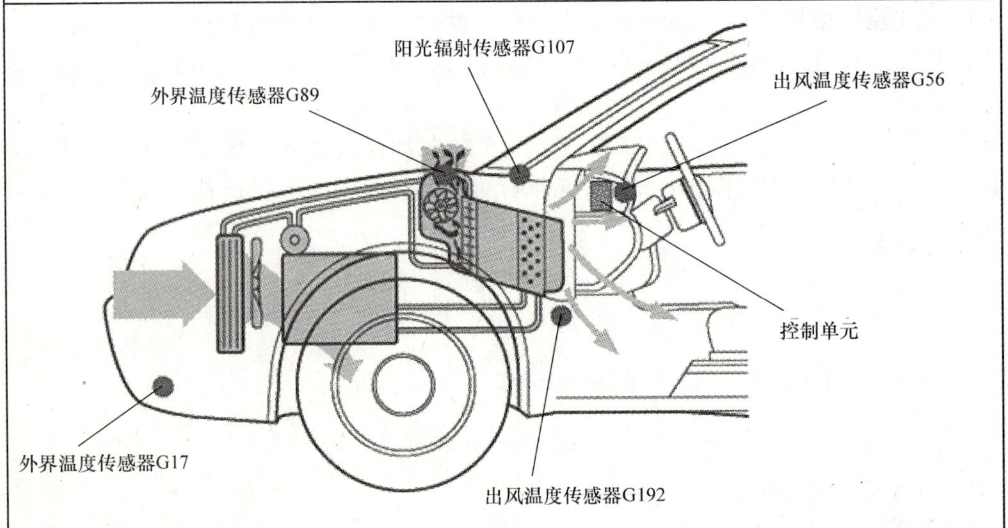

阳光辐射传感器G107
外界温度传感器G89
出风温度传感器G56
控制单元
外界温度传感器G17
出风温度传感器G192

## 任务载体

**故障现象**：一辆三菱帕杰罗（PAJERO）越野车在使用空调时，有时制冷正常，出风口吹冷风；有时无法制冷，出风口出热风。空调失效时，关闭空调开关，过一段时间再接通，空调系统还能恢复正常工作。总之空调作用时好时坏，好与坏的时间长短毫无规律。

**故障诊断**：首先，在空调系统正常工作时，用空调压力表检查空调系统制冷剂（134a）的工作压力，检查结果高、低压力均正常。根据故障现象，初步判断是制冷剂中含有水份，空调工作时形成“冰堵”，所以产生上述异常现象。接着放掉全部制冷剂（134a），反复抽真空后，又充入新的制冷剂（134a）。当开启空调后，系统制冷正常。交车后不久又返修，故障依旧。

由于故障检修多次，并没有彻底排除，因此采用跟车检查方式，这样可以在空调系统发生故障时，马上下车检修。终于发现在空调系统不制冷时，空调压缩机的电磁离合器不吸合，但空调散热电扇运转正常。根据电路原理图得知，空调系统正常工作时，空调放大器的输出一方面控制着电扇继电器；另一方面经过双重压力开关和冷却液温控开关，控制着空调压缩机电磁离合器继电器。这样首先检查双重压力开关，压力开关正常；然后检查冷却液温控开关，在发动机冷却液温度正常的情况下，测得其阻值为无穷大，证明已经失效。

更换冷却液温控开关，故障现象消除。

## 学习目标

1. 能通过与客户交流、查阅相关维修技术资料等方式获取车辆信息。
2. 能根据故障现象制订正确的维修计划。
3. 能正确选择诊断设备对空调电路系统故障进行诊断。
4. 能正确记录、分析各种检测结果并做出故障判断。
5. 能按照正确操作规范进行电路元件的更换。
6. 能根据环保要求，正确处理对环境和人体有害的废料和损坏的零部件。

## 理论知识

### 4.3.1　桑塔纳轿车空调电路

图4-22所示为上海桑塔纳轿车空调电路。当外界气温高于10℃时，才允许使用空调。

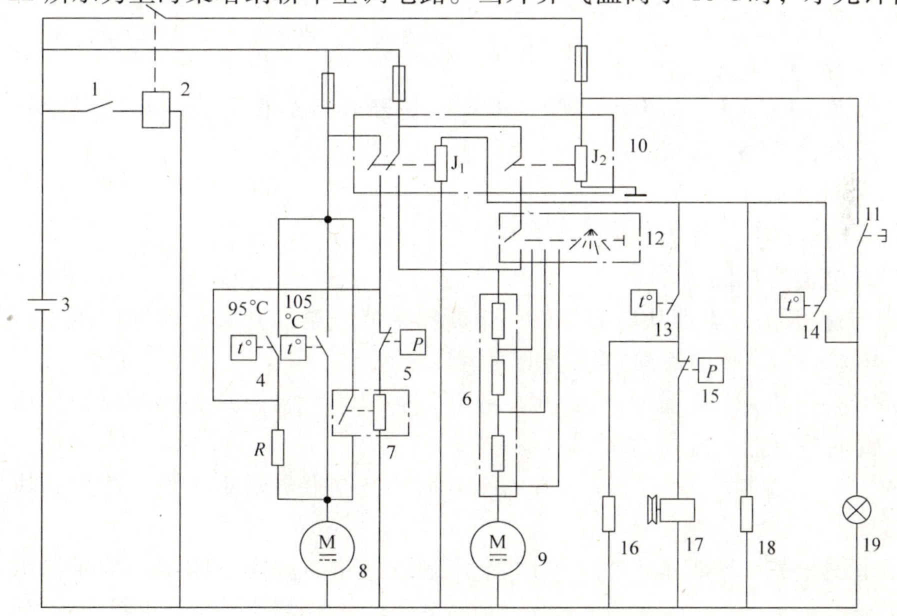


图4-22　上海桑塔纳轿车空调电路

1—点火开关　2—减负荷继电器　3—蓄电池　4—冷却液温控开关　5—高压保护开关　6—鼓风机调速电阻　7—冷却风扇继电器　8—冷却风扇电动机　9—鼓风机　10—空调继电器　11—空调开关A/C　12—鼓风机开关　13—蒸发器温控开关　14—环境温度开关　15—低压保护开关　16—怠速提升真空转换阀　17—电磁离合器　18—新鲜空气翻板电磁阀　19—空调开关指示灯

当需要制冷系统工作时，接通空调开关 A/C，空调开关 A/C 的指示灯亮，表示空调开关已经接通。此时电源经空调开关 A/C、环境温度开关可接通下列电路：

1）新鲜空气翻板电磁阀电路接通，该阀动作接通新鲜空气翻板控制电磁阀的真空通路，使新鲜空气进口关闭，制冷系统进入车内空气内循环。

2）经蒸发器温控开关、低压保护开关对电磁离合器线圈供电，同时电源还经蒸发器温控开关接通怠速提升真空转换阀，提高发动机的转速，以满足空调动力源的需要。

3）对空调继电器中的线圈供电，使两对触点同时闭合，其中一对触点接通冷凝器冷却风扇继电器线圈电路；另一对触点接通鼓风机电路。

低压保护开关串联在蒸发器温控开关和电磁离合器之间，当制冷系统因缺少制冷剂使制冷系统压力过低时，开关断开，压缩机停止工作。

高压保护开关串联在冷却风扇继电器和空调继电器 $J_1$ 的一对触点之间，当制冷系统高压值正常时，触点张开，将电阻 R 串接入冷却风扇电动机电路中，使风扇电动机低速运转。当制冷系统高压超过规定值时，高压保护开关触点闭合，接通冷却风扇继电器线圈电路，冷却风扇继电器的触点闭合，将电阻 R 短路，使风扇电动机高速运转，以增强冷凝器的冷却能力。同时，冷却风扇电动机还直接受发动机冷却液温控开关的控制，当不开空调开关 A/C 时，若发动机冷却液温度低于 95℃时，风扇电动机不转动，高于 95℃时，冷却风扇电动机低速转动。当冷却液温度达到 105℃时，则风扇电动机将高速转动。

空调继电器中的 $J_1$ 触点在空调开关 A/C 一接通时即可闭合，使鼓风机低速运转，以防止蒸发器因表面温度过低而结冰。

桑塔纳轿车空调电路由电源电路、电磁离合器控制电路、鼓风机控制电路和冷凝器风扇电动机控制电路组成。

1. 电源电路

电流从电源正极→减负荷继电器触点电路→熔断器→A/C 开关→环境温度开关→空调继电器 $J_1$ 线圈电路→电源负极。

2. 冷凝器风扇电路

冷凝器风扇电路有三种控制方式。

（1）冷却液温度控制电路

1）95℃温控开关。电流从电源正极→熔断器→95℃温控开关→调速电阻 R→冷凝器风扇电动机→电源负极。此时冷凝器风扇低速运转。

2）105℃温控开关。电流从电源正极→熔断器→105℃温控开关→冷凝器风扇电动机→电源负极。此时冷凝器风扇高速运转。

（2）A/C 开关控制电路　当 A/C 开关闭合后，空调继电器 $J_1$ 工作，冷凝器风扇自动进入低速运转。

电流从电源正极→熔断器→空调继电器 $J_1$ 触点电路→调速电阻 R→冷凝器风扇电动机→电源负极。

（3）高压开关控制电路　当 A/C 开关闭合后，空调继电器 $J_1$ 工作。若高压开关闭合，冷凝器风扇继电器工作，此时冷凝器风扇进入高速运转。

电流从电源正极→熔断器→冷凝器风扇继电器触点电路→冷凝器风扇电动机→电源负极。

3. 鼓风机电路

鼓风机电路有三种控制方式。

（1）A/C 开关控制电路　当点火开关闭合后，空调继电器 $J_1$ 工作。若 A/C 开关闭合，此时鼓风机自动进入低速运转。

电流从电源正极→熔断器→空调继电器 $J_1$ 触点电路→鼓风机调速电阻（三个）→鼓风机电动机→电源负极。

（2）鼓风机开关控制电路　当点火开关闭合后，空调继电器 $J_2$ 工作。若鼓风机接入不同档位，此时在通风工况下，鼓风机可以以不同转速运转。

电流从电源正极→保险→空调继电器 $J_2$ 触点电路→鼓风机开关→调速电阻（三个）→鼓风机电动机→电源负极。

（3）A/C 开关＋鼓风机开关联合控制电路　当点火开关闭合后，空调继电器 $J_2$ 工作。若 A/C 开关闭合，并且鼓风机接入不同档位，此时在制冷工况下，鼓风机可以以不同转速运转。

最低速度：电流从电源正极→熔断器→空调继电器 $J_1$ 触点电路/（空调继电器 $J_2$ 触点电路→鼓风机开关）→鼓风机调速电阻（三个）→鼓风机电动机→电源负极。

其他速度：电流从电源正极→熔断器→空调继电器 $J_2$ 触点电路→鼓风机开关→调速电阻（三个）→鼓风机电动机→电源负极。

4. 发动机怠速提升电路

当点火开关闭合后，减负荷继电器 2 工作。若 A/C 开关闭合、发动机处于怠速工况，此时发动机怠速提升电路工作。

电流从电源正极→减负荷继电器 2 触点电路→熔断器→A/C 开关→环境温度开关→蒸发器温控开关→怠速提升电磁阀→电源负极。

5. 电磁离合器电路

当点火开关闭合后，减负荷继电器 2 工作。若 A/C 开关闭合，此时电磁离合器电路可以接通。

电流从电源正极→减负荷继电器 2 触点电路→熔断器→A/C 开关→环境温度开关→蒸发器温控开关→低压开关→电磁离合器→电源负极。

6. 新鲜空气翻板电路

当点火开关闭合后，减负荷继电器 2 工作。若 A/C 开关闭合，此时新鲜空气翻板电路可以接通。

电流从电源正极→减负荷继电器 2 触点电路→熔断器→A/C 开关→环境温度开关→新鲜空气翻板电磁阀→电源负极。

**拓展阅读**

## 4.3.2　夏利轿车空调电路

夏利轿车空调电路主要由蓄电池、点火开关、空调开关、电磁离合器、空调放大器、散热器风扇电动机继电器、鼓风机及其开关、压力开关、热敏电阻等组成，其控制电路如图 4-23所示。

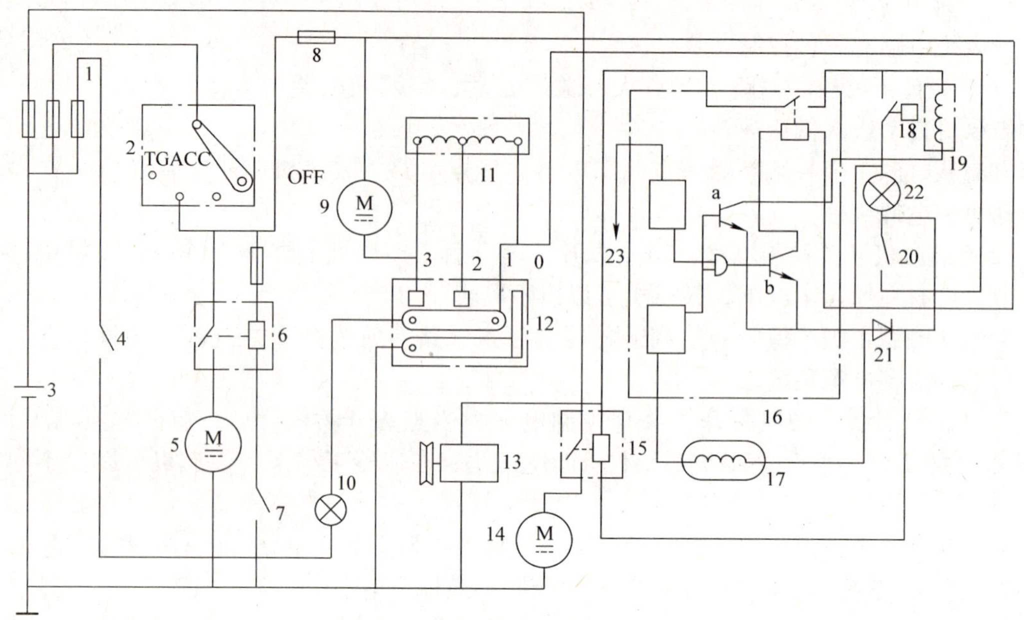


图 4-23 夏利轿车空调系统电路

1、8—熔断器 2—点火开关 3—蓄电池 4—小灯开关 5—散热器风扇电动机 6—散热器风扇电动机继电器 7—温控开关 9—鼓风机电动机 10—指示灯 11—鼓风机变速电阻 12—鼓风机变速开关 13—电磁离合器 14—冷凝器风扇电动机 15—冷凝器风扇电动机继电器 16—空调放大器 17—热敏电阻 18—压力开关 19—电磁阀 20—空调开关 21—二极管 22—空调指示灯 23—到点火线圈负极

1. 电源控制电路

电流从蓄电池正极→熔断器 1→点火开关→散热器风扇电动机继电器的控制线圈→温控开关→搭铁→蓄电池负极。其中温控开关由发动机散热器中的冷却液温度来控制。当冷却液温度在 83 ~90℃以下时，温控开关断开，90℃以上时闭合，当温控开关闭合时，该电路形成通路。

2. 散热器风扇电动机电路

上述电源电路形成通路时，散热器风扇电动机继电器中的触点闭合，电流从蓄电池正极→熔断器 1→点火开关的 IG 档→散热器风扇电动机继电器中的触点→散热器风扇电动机→搭铁→蓄电池负极，散热器风扇电动机开始运转。

3. 鼓风机变速电路

电流从蓄电池正极→熔断器 1→点火开关的 IG 档→熔断器 8→鼓风机电动机 9→鼓风机变速开关→搭铁→蓄电池负极。

鼓风机变速开关有三个位置：

1） 当鼓风机变速开关放在空档位置时，电路不通。

2） 当鼓风机变速开关放在 1 档位置，电流从鼓风机电动机至鼓风机变速电阻 11，再至鼓风机变速开关搭铁。因电流通过变速电阻 12 的全部电阻，因此，这时鼓风机电动机以最低转速运转。

3）当变速开关推到2档时，则电流流过变换电阻的1/2电阻，电动机转速提高。

4）当变速开关推到3档时，电流不经过变速电阻，直接连到开关搭铁一端搭铁，这时转速最高。

夏利轿车的鼓风机在工作时，可以吹出暖风，也可以吹出冷风，也可以吹出不冷不暖的同环境温度一样的空气，其关键在于制冷、供暖哪一部分在工作。所以在夏利轿车的空调中，鼓风机是独立工作的，但只有鼓风机工作时，空调开关才能作用。

4. 指示灯电路

电流从蓄电池正极→熔断器1→点火开关的IG档→熔断器8→空调指示灯→空调开关（闭合）→鼓风机变速开关→搭铁→蓄电池负极，这时指示灯亮。

5. 空调放大器电路

电流从蓄电池正极→熔断器1→点火开关的IG档→熔断器8→空调放大器的控制线圈→空调放大器的晶体管→二极管→空调开关→鼓风机变速开关→搭铁→蓄电池负极。因空调放大器中的控制线圈有电流流过，所以空调放大器内部继电器的触点闭合。

6. 电磁离合器电路

由于上述空调放大器内部继电器触点闭合，电流从蓄电池正极→熔断器1→点火开关的IG档→熔断器8→压力开关→空调放大器的触点→电磁离合器→搭铁→蓄电池负极，这时制冷压缩机运转。

7. 冷凝器风扇电路

电流从蓄电池正极→熔断器1→点火开关的IG档→熔断器8→调放大器触点→冷凝器电动机继电器的控制线圈→空调开关→鼓风机变速开关→搭铁→蓄电池负极，这时冷凝器风扇电动机继电器的控制线圈通电，触点闭合。从蓄电池来的电流不经点火开关，直接通过熔断器至冷凝器风扇电动机继电器的主触点，再经冷凝器风扇电动机搭铁，冷凝器风扇也开始工作。

8. 电磁阀电路

电流从蓄电池正极→熔断器1→点火开关的IG档→熔断器8→压力开关→电磁阀→空调放大器的晶体管→二极管→空调开关→鼓风机变速开关→搭铁→蓄电池负极。这时电磁阀通电，阀门打开，表示整个空调制冷系统正常，制冷剂可以在压缩机作用下在整个系统中循环。

夏利轿车空调控制电路中还有：

1）热敏电阻。一般安装在蒸发器外侧，以检测蒸发器出口温度将热敏电阻的阻值变化转化成电压的变化，将此电压加到空调放大器中，经放大、整形后控制压缩机电磁离合器工作。

2）转速检测装置。空调放大器可以根据取自发动机点火线圈的信号来检测发动机转速。当转速太低时，自动关闭压缩机电磁离合器电源，使压缩机和发动机分离，以减少汽车发动机的负荷，保证发动机不熄火。

### 4.3.3　丰田佳美汽车空调电路

丰田佳美汽车空调电路如图4-24所示。

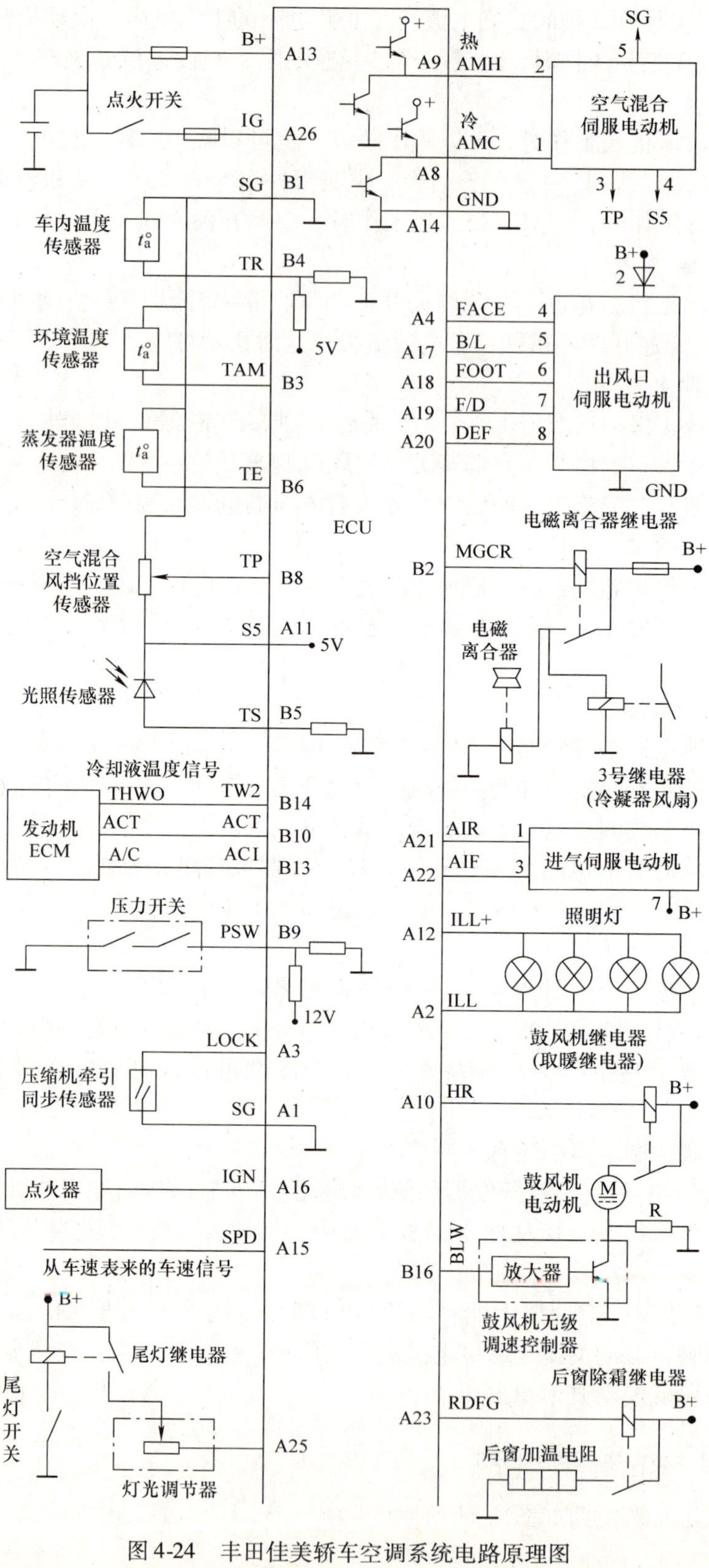

B+ A13
点火开关
IG A26
SG B1
车内温度传感器
TR B4
5V
环境温度传感器
TAM B3
蒸发器温度传感器
TE B6
ECU
空气混合风挡位置传感器
TP B8
S5 A11
5V
光照传感器
TS B5
冷却液温度信号
发动机ECM
THWO TW2 B14
ACT ACT B10
A/C ACI B13
压力开关
PSW B9
12V
LOCK A3
压缩机牵引同步传感器
SG A1
点火器
IGN A16
SPD A15
从车速表来的车速信号
B+
尾灯继电器
尾灯开关
A25
灯光调节器
热 A9 AMH
冷 AMC
A8
GND A14
SG
空气混合伺服电动机
TP S5
B+
A4 FACE
A17 B/L
A18 FOOT
A19 F/D
A20 DEF
出风口伺服电动机
GND
电磁离合器继电器
B2 MGCR
B+
电磁离合器
3号继电器(冷凝器风扇)
A21 AIR
A22 AIF
进气伺服电动机
B+
A12 ILL+
照明灯
A2 ILL
鼓风机继电器(取暖继电器)
A10 HR
B+
鼓风机电动机
M
R
B16 BLW
放大器
鼓风机无级调速控制器
后窗除霜继电器
A23 RDFG
B+
后窗加温电阻

图4-24 丰田佳美轿车空调系统电路原理图

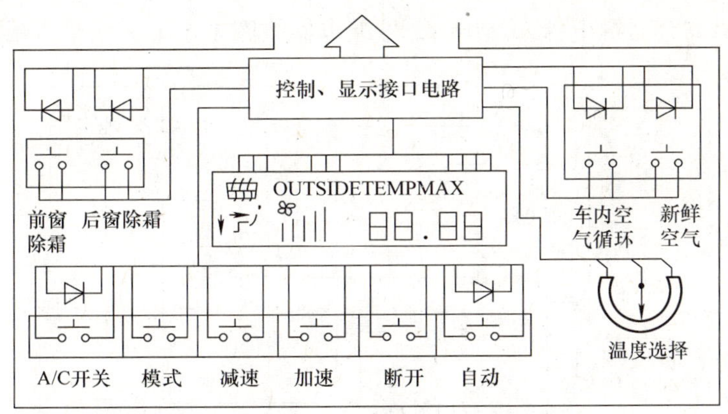


图4-24　丰田佳美轿车空调系统电路原理图（续）

1. 电源电路

（1）常供电电路　此电路为中央处理器和只读存储器供电，电流由蓄电池→熔断器→B +（A13）→空调控制盒→搭铁（A14）。

（2）正常工作供电电路　点火开关放在点火位置（IG 档），电源通过点火开关 IG 端子向空调控制盒和伺服电动机供电。大多数车辆是通过点火开关的 ACC 端子而不是 IG 端子将电流送入空调控制盒的。

2. 压缩机电磁离合器的控制

电磁离合器由电磁离合器继电器控制。继电器的线圈由空调控制盒 MGCR（B2）端子内的一个开关管控制。开关管导通，继电器吸合，离合器接合；开关管截止，继电器断开，离合器脱开。

开关管的导通或截止由一套逻辑电路决定。参与逻辑电路运算的信号有：A/C 开关信号、发动机 ECM 允准信号、压力开关信号、冷却液温度信号、蒸发器温度信号、压缩机卡滞（压缩机同步）信号。

3. 鼓风机的控制

按下 A/C 或 FRONT 开关，向 ECU 输送一个使用空调或暖风信号，ECU 则使 HR（A10）端子内的开关管饱和导通，鼓风机继电器通电，常开触点吸合，鼓风机电路因串联固定电阻 R（约 3Ω）而低速转动，显示屏中部的低速显示竖条点亮。此时，BLW（B16）端子电压为 0V，晶体管截止。如需增大风量，按动鼓风机开关的右侧，则向 ECU 输送一个增速信号，ECU 则使 BLW（B16）端子的电压逐步增加。晶体管的基极电流和集电极电流相应增加，鼓风机的转速逐步升高。晶体管饱和导通时，鼓风机转速最高。与之相反，按动鼓风机开关的左侧，则向 ECU 输送减速信号，ECU 使 BLW 端子的电压逐步下降，鼓风机转速逐步下降到低速运转。

4. 冷凝器散热风扇控制电路

冷凝器散热风扇控制电路如图 4-25 所示。

（1）不工作状态　断开点火开关，2 个风扇的正负两端都搭铁而相通，电动机处于动力阻尼状态，扇叶不会因迎风而转动。接通点火开关，发动机主继电器常开触点吸合，2 个 30A 熔断器与蓄电池相接。由于冷却液温度低于 93℃，冷却液温度开关接通；A/C 高压管路压力低于 1520kPa，高压开关接通。1 号、2 号继电器线圈通电，常闭触点被吸断。在未

使用空调时，电磁离合器继电器未通电，3号继电器线圈未通电，两个风扇均不转动。

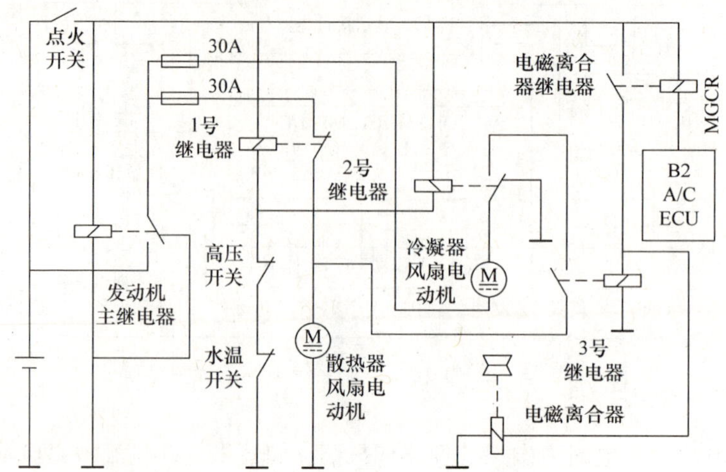


高压开关特性：高压管路压力高于1520kPa开关断开，低于1226kPa开关接通。

冷却液温度开关特性：常温时接通，冷却液温度上升到93℃时断开。冷却液温度开始下降，下降到83℃时接通。

图4-25　冷凝器散热风扇控制电路

（2）工作状态　使用空调时，电磁离合器继电器通电，3号继电器通电，常开触点吸合，风扇慢速转动。当鼓风机在高转速时，制冷量增加，高压管路压力上升。当上升到1520kPa时，高压开关断开，1号和2号继电器线圈断电，常闭触点接通，风扇电动机转速上升到最大转速。此时，高压管路的压力开始下降，当下降到1226kPa时，高压开关又接通，1号、2号继电器通电，常闭触点吸断，常开触点吸合，两个风扇电动机又串联起来接在电源上，以慢速运转。如果高压管路的压力处于1520～1226kPa之间，两个风扇电动机则保持高速运转。

不使用空调时，发动机长时间大负荷运转。冷却液温度超过93℃时，冷却液温度开关断开，1号、2号继电器断电，常闭触点接通，2个风扇电动机并联通电而高速运转，使冷却液温度下降。当冷却液温度降到83℃时，冷却液温度开关接通，1号、2号继电器通电，常闭触点断开，2个风扇电动机停转。断开点火开关，主继电器断开，1、2号继电器断开，2个电动机立即停转。

5. 后窗除霜

后窗除霜是靠电阻加热实现的。按下REAR（后窗除霜）开关，ECU使RDFG（A23）端子内的开关管饱和导通，后窗除霜继电器吸合，加温电阻通电，REAR开关旁的除霜符号点亮。再按REAR开关，RDFG（A23）端子内的开关管截止，后窗除霜继电器断开，后窗加温电阻断电，除霜符号熄灭。

6. 空调系统的自动工作过程

按下AUTO（自动）开关，ECU则启用自动工作程序。ECU根据5个传感器（$T_R$、$T_{AM}$、$T_E$、$T_S$、$T_P$）送来的信号和设定温度信号再与存储器中的数据进行运算，然后决定鼓风机电动机、出风模式伺服电动机、进气风挡伺服电动机、空气混合伺服电动机的工作状况。

（1）出风模式伺服电动机的工作状况　当设定温度低于车内温度，出风模式则处于脸部，将低温空气引入车内顶部；当设定温度高于车内温度，出风模式则处于足部，将较热的空气引入车内底部。

（2）鼓风机电动机的工作状况　设定温度与车内温度相差较大时，鼓风机则处于高速运转，增加出风口的流量。设定温度与车内温度相差较小时，鼓风机的转速则处于中速。

（3）空气混合伺服电动机的工作状况　当设定温度低于车内温度且相差较大时，空气混合风挡迅速移动，使热风侧流量减小，冷风侧流量增加，出风口温度变低；随后，车内温度逐渐下降，空气混合风挡移动减缓，出风口温度达到设定温度时，空气混合风挡则稳定在相应的位置。

当设定温度高于车内温度且相差较大时，空气混合风挡迅速移动，使冷风侧流量减小，热风侧流量增大，出风口温度上升。随后，车内温度逐渐上升，空气混合风挡移动减缓，出风口温度接近设定温度时，空气混合风挡则稳定在相应的位置。

## 任务工单

见任务工单11。

## 学习小结

1. 上海桑塔纳轿车空调电路主要由电源电路、电磁离合器控制电路、鼓风机控制电路和冷凝器风扇电动机控制电路组成。

2. 夏利轿车空调电路主要由蓄电池、点火开关、空调开关、电磁离合器、空调放大器、散热器风扇电动机继电器、鼓风机及其开关、压力开关、热敏电阻等组成。

3. 丰田佳美轿车空调系统由电源电路、压缩机电磁离合器控制电路、鼓风机控制电路、冷凝器散热风扇控制电路、后窗除霜电路等组成。

## 自我测试

### 思　考　题

1. 对于桑塔纳轿车空调系统电路，起动发动机后，若是闭合A/C开关，空调系统的鼓风机、冷凝风扇能否自动运转？

2. 对于桑塔纳轿车空调系统电路，关闭发动机后，空调系统的冷凝风扇有无可能继续运转？

3. 对于夏利轿车空调系统电路，起动发动机后，若是闭合A/C开关，空调系统的鼓风机、冷凝风扇能否自动运转？

4. 对于桑塔纳轿车空调系统电路，关闭发动机后，空调系统的冷凝风扇有无可能继续运转？

5. 桑塔纳轿车空调系统电路与夏利轿车空调系统电路的异同点是什么？

### 复　习　题

1. 请分析桑塔纳轿车空调系统电路。

2. 请分析夏利轿车空调系统电路。

3. 请分析佳美轿车空调系统电路。

# 学习情境5

# 汽车空调控制系统的故障诊断和排除

## 任务5.1　手动空调控制系统

### 任务载体

**故障现象**：一辆捷达轿车慢速行驶时，空调输出的冷气正常。加速时，出风口没有冷气，松开油门空挡滑行时，前出风口又有冷气吹出。

故障诊断：停车检查，由于怠速时空调系统正常，于是原地将发动机加速至2500r/min，此时前出风口没有冷气吹出，但风挡侧的出风口有风吹出。因为这辆捷达的风道有真空机构控制，据此判定是真空控制机构有问题。拔下真空单向阀，用嘴吸吮，单向阀两孔均通气，说明真空单向阀已不起作用。更换新的真空控制单向阀，开启空调开关，发动机在各工况下空调制冷及通风效果均良好。

**故障分析**：从捷达轿车空调控制机构可知，当发动机转速高、节气门开度大时，进气管道的真空度就小，真空控制机构在弹簧的作用下关闭前出风口、风道和内循环；怠速时节气门开度小，进气道内的真空度大，真空的吸力克服真空控制机构弹簧的作用，打开前出风口风道和内循环，所以怠速时有冷气吹出，加速时则没有冷风吹出。

### 学习目标

1. 能通过与客户交流、查阅相关维修技术资料等方式获取车辆信息。
2. 能根据故障现象制订正确的维修计划。
3. 能正确选择诊断设备对手动空调控制系统故障进行诊断。
4. 能正确记录、分析各种检测结果并做出故障判断。
5. 能按照正确操作规范进行手动空调控制系统的更换。
6. 能根据环保要求，正确处理对环境和人体有害的废料和损坏的零部件。

**理论知识**

## 5.1.1 手动汽车空调系统工作原理

目前，大多数中级轿车都采用手动调节的汽车空调系统。该系统是依靠驾驶人拨动控制板上的各种功能键实现对温度、通风机构和风向、风速的控制。下面以 BJ2021 型汽车为例介绍手动调节的汽车空调控制系统。

1. 控制面板

空调控制板安装在驾驶室前壁，由驾驶员操纵，板面布局如图 5-1 所示。空调控制板上设有三个控制开关，分别是风机开关、空调方式选择开关和温度选择开关。

（1）风机开关 风机开关设有四个不同的转速档位，以控制风机四种不同的转速。风机为直流电动机，其转速的改变是通过调整串入风机电路的电阻值来实现的。

风机调速电阻安装在风机罩的左前方，裸露在风道内，与它串联的还有一个限温开关，当温度超过某一值时，开关断开。风机调速电阻如图 5-2 所示。

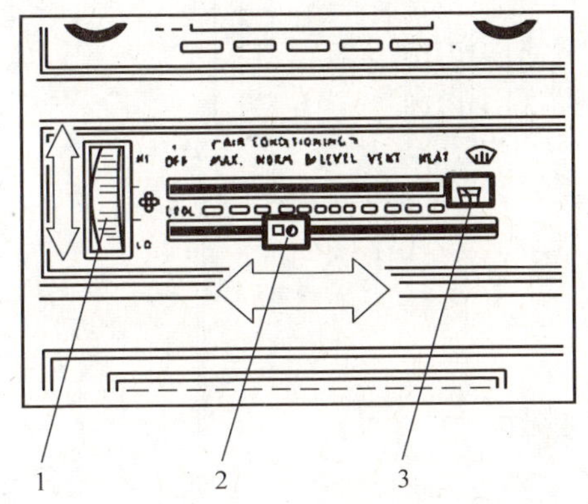


图 5-1 空调控制板

1—风机开关 2—空调方式选择开关 3—温度选择开关

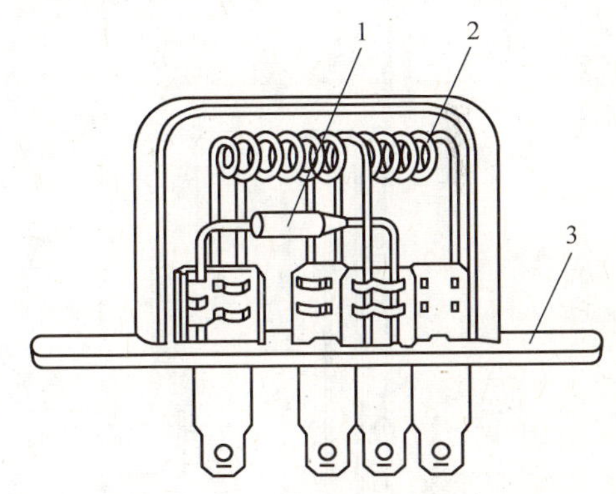


图 5-2 风机调速电阻

1—限温开关 2—调速电阻 3—安装板

风机除在停用状态不工作外，在制冷、取暖及通风状态下均可工作。

（2）空调方式选择开关 空调方式选择开关用于确定空调系统的功能，即要求空调是制冷、取暖、通风还是除霜。通过驾驶人拨动开关可处在七个不同的位置，分别是：OFF—停止位置；MAX—最冷位置；NORM—中冷位置；BILEV—微冷位置；HEAT—取暖位置；VENT—通风位置；[除霜符号]—除霜位置。

另外，在控制板的后面，设有真空控制开关。当驾驶人操纵空调方式选择开关时，真空控制开关随之联动，通过改变真空通路控制真空驱动器来调节各通风门的状态及热水阀的开度。

（3）温度选择开关 温度选择开关是控制温度门的开关，用钢丝和温度门连接。当开关处于左半区时，温度门关闭通向加热器的风道，出来的空气是未经加热的空气，称之为冷风区。当开关处于右半区时，温度门打开通向加热器的风道，送入车内的空气是经过除湿后的暖空气，称之为热风区。开关可在左右两半区无级连续调节，可停在任意位置，对应温度门也有确定的位置。

2. 真空控制系统

图5-3所示为BJ2021型汽车空调真空控制系统。在该系统中，各风道由风门控制，风门由空调方式选择开关操纵真空开关通过真空驱动器来控制。除控制除霜风门的真空驱动器采用双膜片式以外，控制其他风门的真空驱动器均采用单膜片式。

真空控制开关设置在控制板的后面，由空调方式选择开关驱动。真空控制开关由滑块和底座组成。底座上有真空接口，接口⑪和②同时通向真空罐，接口⑩和①仅彼此相通，接口③和④均通向真空驱动器控制除霜风门，接口⑥通真空驱动器控制地板风门，接口⑦通真空驱动器控制循环风门，接口⑨通热水阀控制其真空度。滑块上设有通气道，被状态开关驱动时，调整各接口与真空源之间的联系。

3. 真空系统执行元件

汽车空调系统的风门及热水阀一般都是由真空系统通过真空执行元件来进行控制。采用的执行元件有真空罐和真空驱动器。

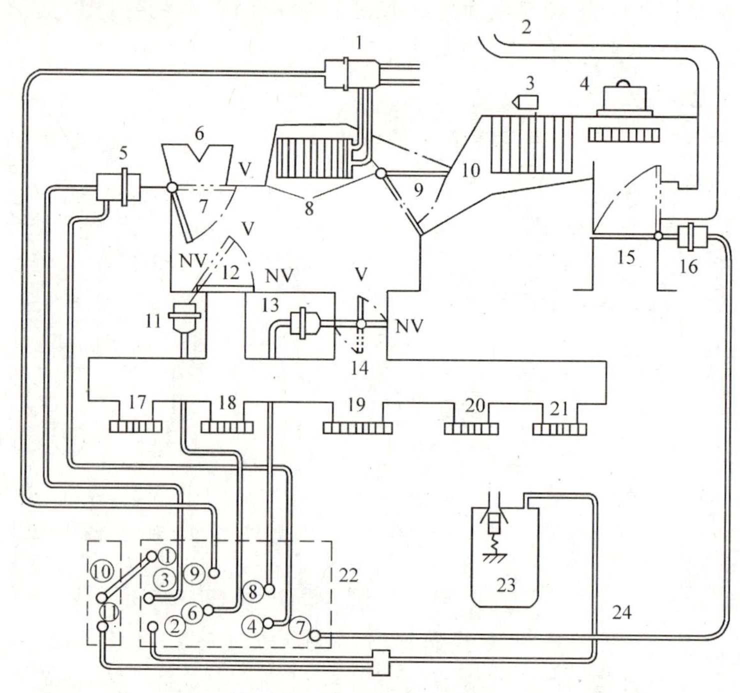


图5-3 汽车空调真空控制系统

1—热水阀 2—外界通风口 3—感温包 4—风机 5、11、13、16—真空驱动器 6、7—除霜风门 8—加热器 9—温度门 10—蒸发器 12—地板风门 14—仪表板风门 15—循环风门 17—左可调风口 18—左下可调风口 19—左中可调风口 20—右中可调风口 21—右可调风口 22—真空控制开关 23—真空罐 24—真空管路 NV—真空驱动器不通真空风门位置 V—真空驱动器通真空风门位置

（1）真空罐 真空系统的真空源是来自发动机的进气歧管。随发动机的运行工况不同，进气歧管的真空度也相应不同。当怠速时，真空度最大；而上坡最大转矩时，真空度将最小。其真空的绝对压力在101～33.7kPa之间变化。真空度的这种变化，将会影响真空系统的调控工作。所以，设定一个真空罐，其作用是向系统提供稳定的真空压力，其次是储存真空，使真空系统即使在发动机停止运行时，仍能保持一定的真空度。

真空罐的构造如图5-4所示，由真空罐和真空保持器两部分组成。真空罐是一个金属罐，里面安装一个真空保持器，其工作原理如下：真空罐内有一个空心膜阀和膜片，将其分成三个腔室，中腔与发动机进气歧管相连，另一个腔与真空执行系统相连。当发动机的真空度较高时，将膜片6推开。由于发动机的真空度大于真空罐，空心膜阀9膨胀开时，气孔4被打开，则真空系统成一开口通路，真空度提高。当发动机歧管的真空度比真空罐的真空度小时，空心膜阀外面压力将其压扁，封闭气孔4，保持罐内真空度。同时膜片6右移，封闭发动机歧管接口2，将真空系统和真空源分开，保持真空系统和真空罐的真空度，并保持真空系统原来的工作状态。

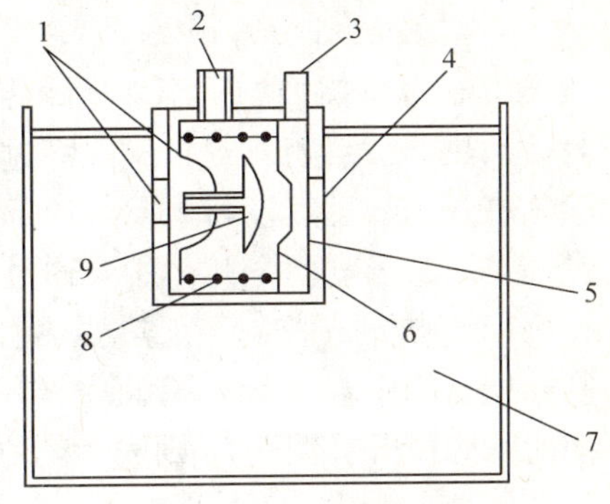


图5-4　真空罐的构造

1、4—气孔　2—发动机歧管接口　3—真空出口　5—真空保持器　6—膜片　7—真空罐　8—弹簧　9—空心膜阀

（2）真空驱动器　真空驱动器的作用是根据真空度的变化进行机械动作，控制风门和热水阀。目前，汽车空调系统中常采用的真空驱动器有两种：单膜片式真空驱动器和双膜片式真空驱动器。

1）单膜片式真空驱动器。这类真空驱动器的内部结构和外形如图5-5所示。

真空接口通过胶管引进真空气源，连杆连接风门。当接通真空源时，膜片压缩弹簧提起连杆；当断开真空源时，弹簧伸张迫使膜片带动连杆复位。这类真空驱动器通常用来控制全开或全闭的风门。

2）双膜片式真空驱动器。双膜片式真空驱动器的内部结构和外形如图5-6所示。

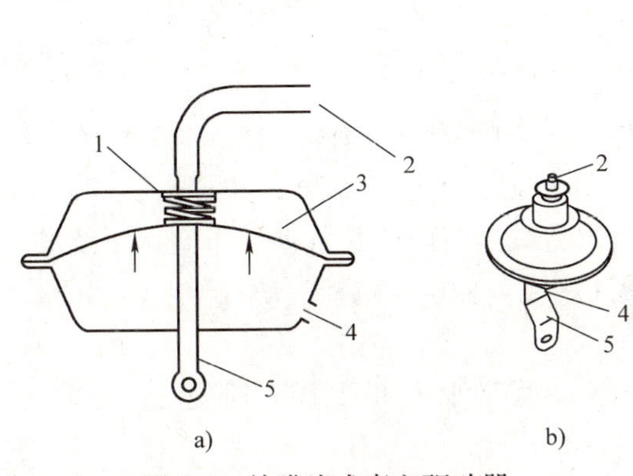


图5-5　单膜片式真空驱动器

a）内部结构　b）外形

1—复位弹簧　2—真空接口　3—膜片　4—通气孔　5—连杆

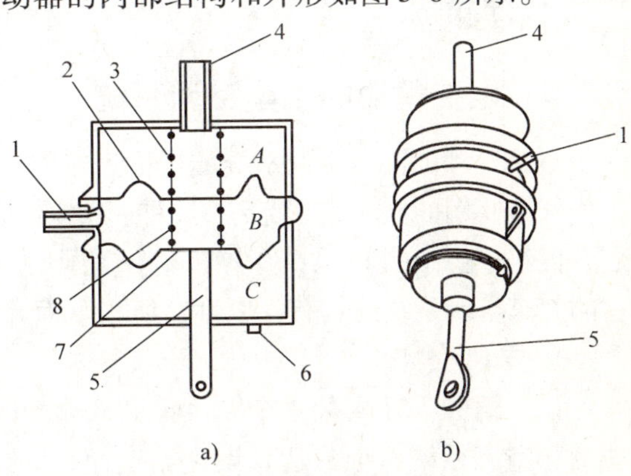


图5-6　双膜片式真空驱动器

a）内部结构　b）外形

1—*B*室真空接口　2—*A*室膜片　3—*A*室弹簧　4—*A*室真空接口　5—连杆　6—通气孔　7—*B*室膜片　8—*B*室弹簧

当A室仅有真空作用时，膜片带动连杆只提到一半位置。若A和B两室同时有真空作用时，连杆才被提到极限位置。若A、B两室均无真空作用，连杆处于最下端。所以，采用双膜片式真空驱动器控制的风门的三个位置：全开、全闭和半开。也可以同时控制两个风门，一个开一个关，或者两个同时半开。

4. 其他控制系统

（1）温度门控制 温度门由温度选择开关通过一根钢丝控制。当开关置于温度最低点时，加热器被封闭，空气仅能穿过蒸发器送到各通风门。随着开关向高温方向拨动，温度门逐渐打开，通过蒸发器的空气流部分地通过加热器加热后再送到各通风门。当开关置于温度最高点时，温度门全开，所有通过蒸发器的空气均通过加热器加热后再送到各通风门。

（2）热水阀控制 加热器热水流量的控制有真空控制和绳索控制两种，图5-7为真空控制结构。图5-7a表示没有真空作用时，在弹簧作用下水阀关闭；图5-7b表示有部分真空作用时水阀微开；图5-7c则表示全真空作用时，热水流量最大。

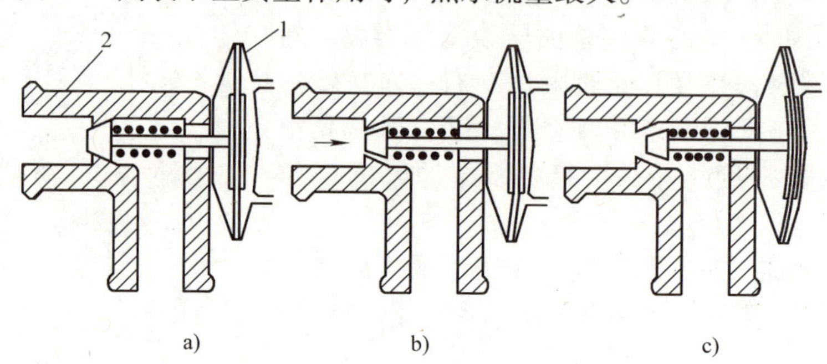


图5-7 加热器热水阀控制（真空）

1—真空作动器 2—水道

用真空控制热水阀的开闭还有一种结构，它依靠真空膜泵转动阀片，控制发动机冷却液进入加热器，或直接进入水泵。

**拓展阅读**

## 5.1.2 电控气动的汽车空调系统

电控气动的汽车空调系统的全称为电子控制的真空回路操纵汽车空调系统，是20世纪70年代开始使用的汽车空调系统，目前仍然广泛应用在许多中、高级轿车上，如日本的部分皇冠、世纪，德国的Benz-380等轿车。美国通用汽车公司是最早使用电控气动汽车空调系统的，它的汽车空调系统最具有代表性，所以下面介绍美国通用汽车公司的电控气动汽车空调系统。

1. 空调控制板

只要驾驶人输入某一个温度值和决定空调的功能，不管车内外的气候如何变化，电控气动汽车空调系统即会为达到设定温度而自动地工作。

图5-8所示是通用汽车公司电控气动汽车空调的控制板。控制板左侧是温度选择键，中

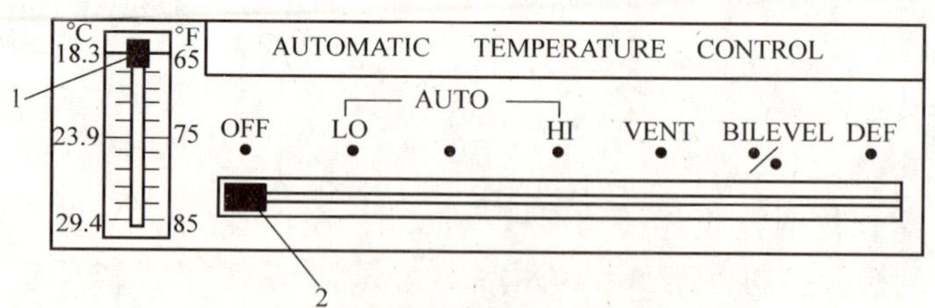


图5-8 电控气动汽车空调的控制板

1—温度选择键 2—功能选择键

间是空调功能选择键，这些功能键的控制形式与手动调节的略有不同。

（1）温度选择键　温度选择键可在18.3℃（65 ℉）到29.4℃（85 ℉）之间任意选择，只要选定一个温度以及功能键，空调器即会为达到这个设定温度而自动地工作。

（2）功能选择键　功能选择键可处在七个不同的位置，控制空调系统的工作。

1）OFF（停止）。功能键处在此位置时，若不接通点火开关，空调系统不工作。若接通点火开关，压缩机不工作，但当车内温度高于26.7℃时，空调器的风扇会自动地低速运转吹入微风；当车内温度低于26.7℃且发动机冷却液温度高于82℃时，空调器的风扇也会自动吹入自然风。

2）LO-AUTO（低速—自动）。功能键置于此位置时，风扇低速运行。当发动机冷却液温度高于82℃，车内温度低于设定温度时，空气先经蒸发器再经加热器送出暖风。若车内温度高于设定温度时，空气经蒸发器冷却后不通过或部分通过加热器。冷空气从中间门吹出，而加热空气从下风口吹出，形成头冷脚暖的环境。

3）AUTO（自动）。功能键置于此位置时，空调器的工作情况与LO—AUTO位置相同，只是风机不限于低速运行，而是根据车内的温度自动选择转速。若车内温度比设定温度高出较多，需要最快降温时，风机会自动进入高速运行，将蒸发器冷却后的冷空气尽快送到车内，同时促使蒸发器最大限度制冷。若车内温度与设定温度相差不多，风机自动降低其转速。

4）HI—AUTO（高速—自动）。功能键置于此位置时，空调器的工作情况与LO—AUTO和AUTO位置相同，只是风机在高速运转。如果车内温度达到设定温度，风机会自动降低转速。但在此位置时，热水阀关闭，加热器不工作，从各风口吹出的是冷空气。

5）VENT。功能键置于此位置时，是自然通风。风机低速运行，车外的空气经中风门吸入车内。此时，取暖、制冷系统不工作，因此吹进来的风是未经加热和冷却的自然风。若车内温度高，风机高速运转；温度低，风机自动转入低速运转。

6）BI—LEVEL（双向）。功能键置于此位置时，风机可以在任意一个转速工作，自动控制系统能按照设定温度和车内温度分别从中风口吹出冷风，从上、下风口吹出暖风，用于暖脚和除霜。

7）DEF（除霜）。功能键置于此位置时，风机高速运转，大部分暖风从上风口吹出，小部分从下风口吹出。

2. 执行器

自动空调真空系统内的真空罐、真空控制器和真空电动机、热水开关与手动空调的真空系统相同，增加的真空元件包括真空换能器、真空保持阀和真空伺服电动机。

真空伺服电动机的连杆位置可以在全伸长和全收缩之间的任何位置上。它由真空换能器来控制其供给的真空度大小并决定连杆的伸缩位置。真空伺服电动机得到的真空度大，则其连杆的位置收缩量大；真空度小，则其连杆的位置伸长量大。

（1）真空换能器　真空换能器的种类有几种，原理都大同小异，图5-9所示是其中常用的一种。在换能器的支架上，有一个双通针阀，一头控制真空源的通路，一头控制铁心上的大气阀门。铁心下端通大气，外部有

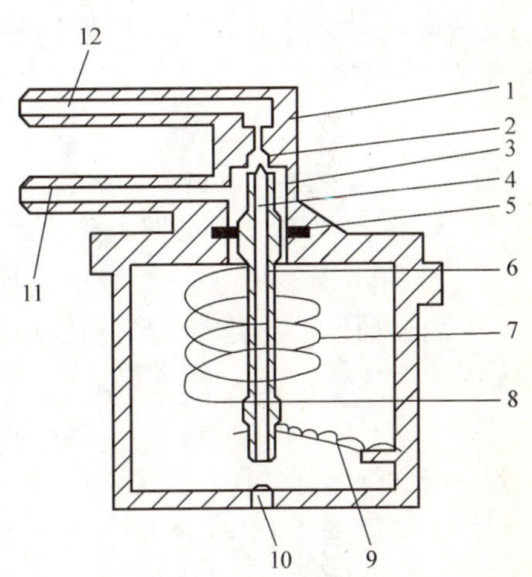


图5-9　真空换能器

1—换能器外壳　2—双通针阀　3—大气通道　4—铁心　5—橡胶膜片　6、8—来自直流放大器　7—电磁线圈　9—弹簧　10—大气孔　11—接真空伺服电动机　12—接真空罐

一个电磁线圈。线圈的电压是12V，而电流大小由自动空调的恒温放大器来控制。由于橡胶膜片的密封作用，外面的大气只能通过柱塞阀门和真空系统串气。

真空换能器的作用是利用一种能量的变化来操纵另一种能量工作的装置。它是利用从电路中检测到的温度变化值放大为电流信号的变化值，在电磁线圈内产生不同值的磁场决定铁心的升降，从而决定针阀的开度。电流信号越强，所产生的电磁场越强，向下推动铁心的位移越多，针阀和铁心上的双通针阀口开得越大，外部空气渗入量越多，则进入真空伺服电动机的真空度越小，其连杆的位置收缩量就小。当从放大器里传出的电流信号下降，弹簧就推动铁心向上，双通针阀的阀口开度减小，甚至关闭大气与真空系统的通路。这时，系统的真空度增大，真空伺服电动机的连杆位置收缩量增大，甚至达到最大值。

（2）真空保持器　真空保持器的结构如图5-10所示。当发动机进气歧管中的真空度高于真空罐中的真空度时，单向阀打开，即单向阀是靠发动机真空度打开的。此时，单向阀把真空源与真空罐连通。正常的发动机真空度能打开真空膜盒，允许控制系中的真空到达真空作动器。若发动机的进气真空度降低到真空罐的压力之下，单向阀关闭，真空膜盒也关闭，控制器到真空作动器的回路中断，这样真空罐中的真空度不会下降。它的作用是当发动机真空度降低时，真空保持器关闭发动机的真空源，同时，膜片关闭真空换能器和伺服真空电动机之间的真空气路，保持系统的原来工作状态。

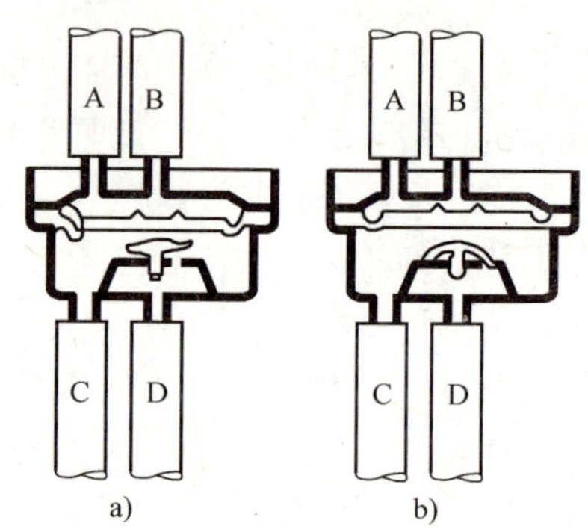

图5-10　真空保持器

a）发动真空度增大　b）发动真空度降低
A—到真空驱动器　B—来自真空换能器的真空　C—发动机真空　D—单向阀真空

图5-10a表示由于发动机真空度使单向阀打开，来自真空换能器的真空信号到达真空作动器。图5-10b表示发动机真空度下降时，气压增大使膜片上抬，使真空作动器保持一定的真空度。

在加速或发动机停转时，发动机进气歧管中的真空度下降，真空罐被用来驱动空调系统及汽车上其他附属设备中的真空元件的动作。

3. 电控气动汽车空调工作原理

图5-11所示是电控气动汽车空调工作原理。当选好空调功能键后，空调系统就能在指定温度内自动地控制温度和风量，其控制过程如下：将设定温度的电阻、车外环境温度传感器、车内温度传感器提供的信号输送到温度控制放大器，放大器即产生一个电流信号输入真空换能器转换成对应的真空度信号，输送到真空驱动器，使控制杆位移，温度门控制曲柄、风机转速和反馈电位器都处在一个相应位置，从而输送一定温度和风量的空气。例如，功能键在自动空调位置（即处于LO—AUTO、AUTO、HI—AUTO位置）时，当设定温度电阻与车内温度电阻相比较，差值较大，则放大器输入到换能器的电流信号就大，换能器输出真空度就大，真空驱动器迫使控制杆伸长，甚至到极限位置。这时控制杆驱使温度门关闭通向加热器的风道，使风机处在最高转速的位置，使真空选择器切断通向热水阀的真空气路，从而保证空调器输出最冷的、风量最大的空气到车内。当车内温度下降后，放大器的输出电流信号减弱，换能器输出真空度减小，真空驱动器的控制杆缩短，温度门打开通向加热器的风道，风机转速下降，使吹进车内空气的温度和风量都减小。这个过程一直进行到车内温度在设定温度范围之内。

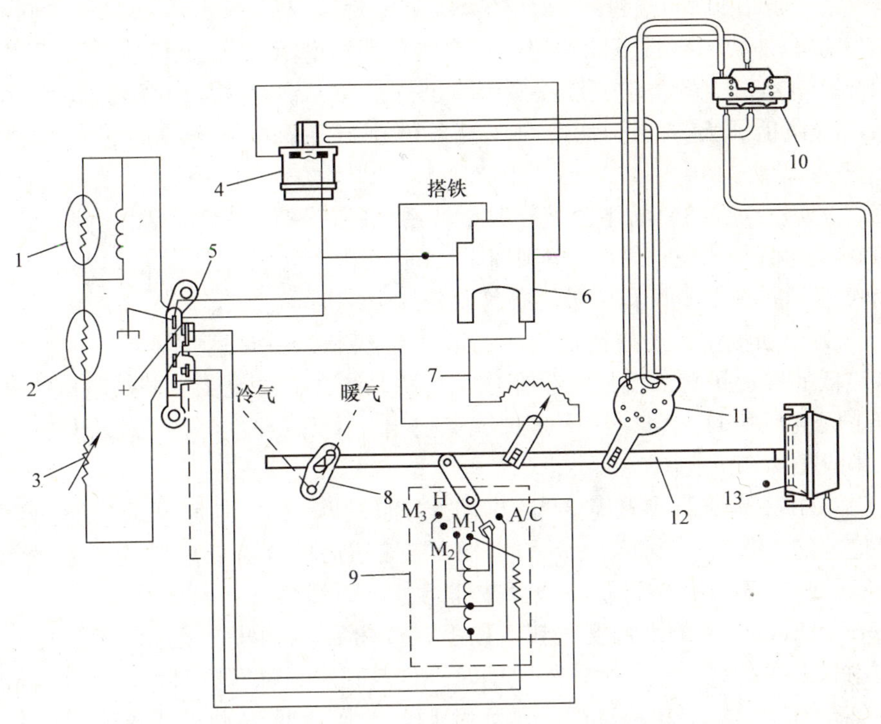


图 5-11　电控气动汽车空调工作原理

1—车外环境温度传感器　2—车内温度传感器　3—温度选择电阻（调温键）　4—真空换能器　5—功能选择键　6—温度控制放大器　7—反馈电位器　8—温度门控制曲柄　9—风机调速电路板　10—真空保持器　11—真空选择器　12—控制杆　13—主控制真空驱动器

电控气动的汽车空调系统，实质上是半自动化的。由于这种空调的成本比手动调节汽车空调系统的成本增加不多，而且又能提高车内空调的舒适性，所以，许多中、高级轿车上仍采用这一形式的空调系统。

## 5.1.3　全自动汽车空调系统

目前，大量进入中国市场的日、美、德等国家的轿车，如凯迪拉克、宝马等轿车都采用全自动的汽车空调系统，它比前面介绍的电控气动的汽车空调的控制要可靠、准确得多，而且控制面板也简单。

1. 全自动空调的控制面板

全自动空调系统控制面板如图 5-12 所示。“WARMER”（暖）和“COOLER”（冷）用于选择车内温度，WARMER 用于较高温度，COOLER 用于较低温度。用这 2 个按钮可在 18 ~29℃进行温度自动调节。当所选择的温度低于 18℃时，在显示板上显示“LO”；当温度超过 29℃时，则显示“HI”。在这 2 个极端温度上，空调系统提供最冷或最热的温度，不再调节温度。

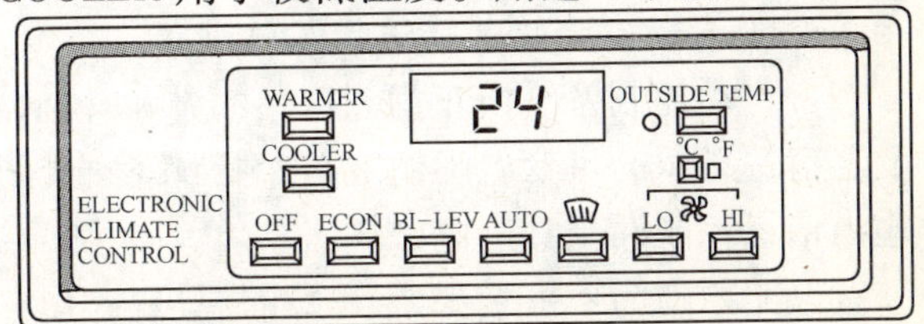


图 5-12　全自动空调系统控制面板

“OFF”表示空调系统停止工作，同时

阻止新鲜空气的供给，以防止被废气和灰尘污染的空气进入车内。

“ECON”是经济按钮，按下此按钮后，车内的空气温度、鼓风机速度、暖风分配和新鲜空气分配都是自动调节的；空调压缩机停止工作，只有新鲜空气或暖风通过鼓风机进入车内。按下除霜按钮后，大部分空气通向风窗玻璃进行除霜、除雾。此时空调鼓风机高速运转。

“BI-LEV”为双层按钮，按下该按钮时空调系统的工作状态、温度和空调鼓风机转速的调节与AUTO方式相同，但空气的分配则不同，暖风和冷风按给定的路线以相同的流量从中央出风口和吹脚风道吹出，只有少量的空气吹到风窗玻璃上。

“AUTO”为自动按钮，此按钮适用于所有气候状态，一旦达到显示的内部温度，空调鼓风机将以最低的转速运转。温度发生变化时空调系统会通过改变空调鼓风机速度和调节风门进行调节。天气寒冷时，暖空气从吹脚风道吹出，少部分暖空气吹到风窗玻璃上。天热时，冷风从中央出风口吹出。

“LO”和“HI”为降低或提高空调鼓风机转速按钮。它们是起辅助功能的按钮，当空调系统以其他功能工作时，按下“LO”或“HI”按钮后，空调鼓风机的转速就会下降；如果要使“LO”，或“HI”按钮回位，只要按任意按钮即可。

“OUTSIDE TEMP”为外部温度按钮，按下该按钮后，操纵面板上即显示外界温度，此时紧靠按钮左侧的指示灯，在显示外界温度时一直点亮。天气寒冷时，空调鼓风机电动机不接通电源，只有当发动机冷却液温度升至50℃时，为了保证发动机能迅速暖机，空调鼓风机电动机开始工作。如果点火开关接通后，“OUTSIDE TEMP”左边的指示灯亮1min，说明空调系统有故障。如行驶过程中有故障，该指示灯也会点亮。“℃”和“℉”是用于选择显示摄氏温度和华氏温度的按钮。

2. 全自动空调的工作原理

在全自动空调系统中，有一套计算比较电路，通过对传感器信号和预调信号的处理、计算、比较，输出不同的电信号指挥控制机构的工作，使温度门的位置不断改变以调节车内空气温度，并使风机的转速随着空调参数的改变而改变。空调风向的控制和各风门的开、关是用驱动器控制的。

图5-13是全自动汽车空调系统的工作原理。由图可见，全自动空调系统主要由电桥、比较器、真空驱动器等组成。控制系统由车外温度传感器、太阳辐射热传感器和调温电阻组成的电桥和比较器组成。当温度变化时，传感器的热敏电阻阻值发生变化，引起电桥的输出电压 $U_A$、$U_B$变化，电桥处于不平衡状态，比较器 $OP_1$、$OP_2$对电桥输出的电信号进行比较后，比较器 $OP_1$、$OP_2$中的一个给升温或降温真空驱动器输出一个电流值，真空驱动器将它转换成真空信号，控制驱动器的工作，带动控制杆对温度门的开度进行控制，同时对风机转速和热水阀开度进行控制，最后达到恒温。

3. 全自动空调控制系统的工作过程

全自动控制系统由车内温度传感器、车外温度传感器和日光辐射传感器、反馈电位器以及温度选择器的可变电阻组成一个检测信号电桥；$OP_1$、$OP_2$和晶体管组成比较放大器电路，输出信号控制两个真空电磁阀。

电路原理为：由传感器测得的温度变化转换成电信号（电阻值的增减），引起电压变化，输入到比较器 $OP_1$、$OP_2$。同时，温度调节器在选定某一个温度时，则有一个确定的阻

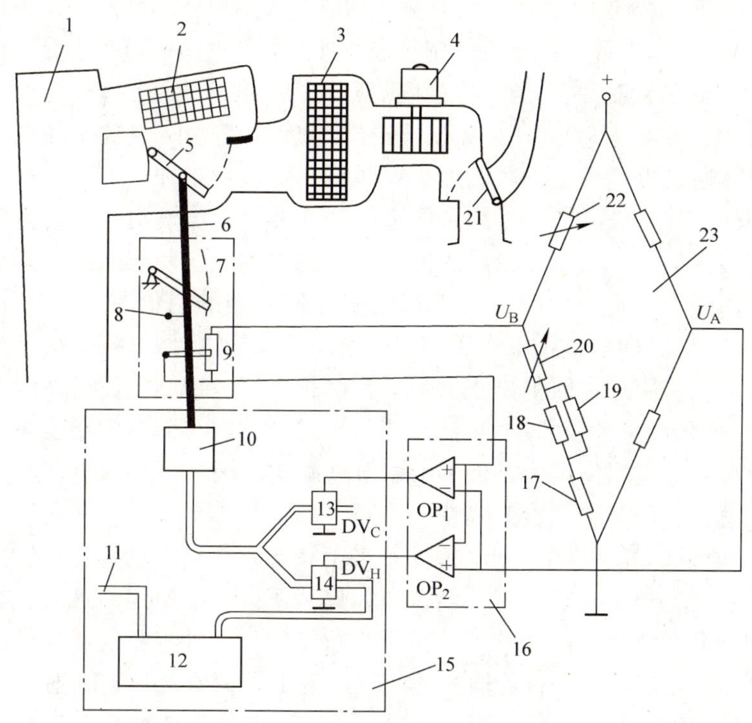


图 5-13　全自动汽车空调系统的工作原理

1—乘室　2—加热器　3—蒸发器　4—鼓风机　5—温度门　6—控制杆　7—风机开关　8—热水阀开关　9—反馈电位器　10—驱动器　11—接发动机进气歧管　12—真空罐　13—降温真空驱动器　14—升温真空驱动器　15—真空控制阀　16—比较器　17—车外温度传感器　18—太阳辐射热传感器　19—风道温度传感器　20—车内温度传感器　21—循环风门　22—调温电阻　23—电桥

值，其端电压也输入到比较器 $OP_1$、$OP_2$。两个信号在计算比较后，将信号送到放大器两级放大后，输入真空电磁阀 DV，再控制真空伺服电动机按所需要的条件调节温度，并在反馈电位器的作用下，根据车内的温度，不断修正系统输出的信号，使车内的温度保持恒定。

由于环境的温度、太阳辐射热和其他因素的改变，两个计算比较器不断工作，输出电流给真空电磁阀，使真空伺服电动机不断的调节控制的位置和温度门的位置，使输出的空调温度不断变化，以适应车内微小变化的温度差，使车内的温度保持在预定的温度。

反馈电位器是一个可变电阻，它由驱动器的控制杆控制，其阻值随着控制杆的位置改变而改变。反馈电位器阻值连同温度传感器和调温器的电阻大小变化信号一起传送到比较器。由于反馈电位器的加入，使空调器在设定温度和车内温度相差较大时，能输入最大的冷空气量或热空气量。而当这种差值缩小时，使空调器逐渐降温和升温，以满足汽车对温度的要求。

热水阀开关在控制杆关闭温度门的加热器空气通路时，控制杆上有一个装置，切断热水阀的真空气路。只要控制杆打开温度门通入加热器的通道，则恢复通过热水。

风扇的转速在需要大制冷量时高速运行，在需要制冷量少或不需要制冷时，低转速运行。

具体的工作过程如下：

当调温电阻的设定温度低于车内温度时，空调系统开始工作，由于调温电阻的阻值低于传感器桥臂的总电阻值，电桥处于不平衡状态，此时电桥输出端的电压 $U_B > U_A$，$OP_2$无电流输出，$OP_1$输出电流使真空驱动器 $DV_C$ 打开大气通路，作用在驱动器的真空度减小，膜片在弹簧张力作用下带动控制杆上移，控制温度门将通往加热器的气体通道关小，使流入车内的气体温度下降，同时，风机转速提高。若设定温度值与车内温度的温差越大，则电桥两输出端电位差越大，驱动器 $DV_C$ 开度越大，作用在驱动器的真空度也就越小，控制杆的上移量也就越大，通往加热器的气体通道也越小，进气温度也就越低。随着控制杆的上移，反馈电位器的阻值减小，直到控制杆上移到极限，温度门关闭通往加热器的气体通道，电位器的阻值为零。此时，风机在最高转速运转，蒸发器以最大的制冷量输出冷气，使车内快速降温。

车内温度下降低于设定温度时，由于车内温度传感器的阻值减小，使电桥输出端电压$U_B$下降，$U_B < U_A$，此时 $OP_1$ 无输出，$OP_2$输出电流信号，真空驱动器 $DV_H$打开真空气路，使驱动器的真空度增大，膜片克服弹簧张力带动控制杆下移，控制温度门逐渐打开通往加热器的气体通道，让一部分冷空气经过加热器加热后再送入车内，使车内温度升高。随着控制杆的下移，反馈电位器的电阻值增大，使 $OP_2$输出电流大，$DV_C$ 打开真空气路开度大，膜片带动控制杆移动量就大，使车内温度升高快。

若车内温度和预选温度相同，则电桥处于平衡状态，比较器没有信号输出，空调器维持在风扇中、低速运转，输出合适温度的空调风，保持车内温度恒定。这时，只要车外温度发生变化，比较器又会在传感器送来的新信号下进行工作。若外界空气温度下降，则需要加热量大一些，这时 $OP_1$有信号输出；若输入的空气温度上升，或者日光辐射量增加，需要减小空气的加热量，则 $OP_2$工作。这样，两个比较器处于不断修正性交替工作状态，保持车内温度恒定而不受外界环境的影响。

由于 $OP_1$、$OP_2$的交替输出，$DV_C$ 和 $DV_H$轮换打开大气通路和真空气路，控制温度门的开度，从而实现自动空调对车内温度的控制。

**实践技能**

### 5.1.4 空调故障排除程序

1. 带自诊断系统的空调故障排除程序

（1）用户故障分析 在汽车进行检测时，应该向用户详细了解出现的故障情况。例如：

1）风量控制不良。送风电动机不转、送风量不能调节。

2）温度控制失控。温度不降低、不升高或者降低、升高缓慢。

3）进气控制失控。只有车外空气送入或只有车内空气循环。

4）通风控制失控。选择功能键后，送出来的空调风不是经按键上所要求的风门和温度调配后送出。

（2）检查和清除故障码 微机控制的汽车空调可以将故障以故障码的形式储存在存储器中，所以在听了用户的报修情况后，应首先依靠 ECU 的诊断功能，将存储在 ECU 中的故障码取出来，然后将储存的故障码从微机中清除。

（3）分析和确认故障及故障部件 通过用户调查和电脑故障码检查，对可能的故障做进一步的分析；还应起动空调系统，对用户的报修进行故障模拟检查，并观察、触摸、查漏、检测温度和风量，进行综合性考察，以初步判断故障种类和位置。

（4）根据故障码，依次检测传感器和故障码所代表的电路、配线、插头、控制器

（5）根据确诊的故障，再检测无故障码的电路、配线、插头和控制器

（6）修理或更换故障发生部件的零部件

（7）试验

检测结束后，不但要确认故障确已消除，而且还要再进行故障码和执行器检查，空调高、低制冷剂压力检查，空调空气温度调配检查等。

2. 非 OBDⅡ的车载自诊断系统应用方法

（1）诊断通信连接器（TDCL）和检查插接器　丰田凌志轿车空调系统诊断通信插接器（TDCL）的外形，如图 5-14 所示。TDCL 设在仪表板左侧，能接收来自发动机、自动变速器、防抱死制动系统、空调系统等电子控制器的数据。进行检查时，只要把 TDCL 和检查插接器接到微机中为 TDCL 而设计的监控器接口即可，即接至 DIN 和 DOUT 接口，便能方便地读出各系统的诊断结果，从而找出故障发生的系统或零部件部位。

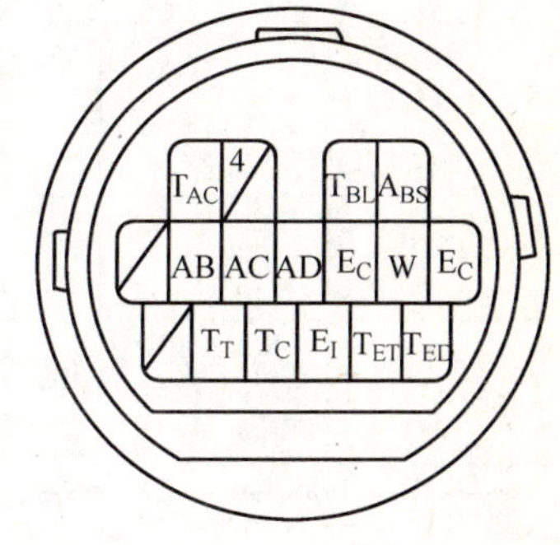

图 5-14　诊断通信插接器外形

（2）故障码　汽车空调上的自诊断系统，用数字故障码的形式表示空调系统的各部分故障，并将故障码输入微机存储和输出显示。故障码有两种，一种是对传感器性能进行检查的故障码，另一种是对控制板上各种控制键功能进行检查的故障码。

（3）清除诊断代码

1）拔出 2 号接线盒中 DOME 熔丝 10s 以上，清除诊断代码存储。

2）重新插入熔丝后，检查正常代码输出。

3. OBDⅡ车载故障诊断系统应用

OBDⅡ系统的主要特点如下所示。

1）统一诊断插座为 16 端子，并统一安装在驾驶室仪表板下方转向柱附近，避免了各汽车厂采用不同的诊断插座、不同故障码及不同诊断功能给汽车检测带来的不便。诊断插座如图 5-15 所示，诊断端子代号及作用见表 5-1。

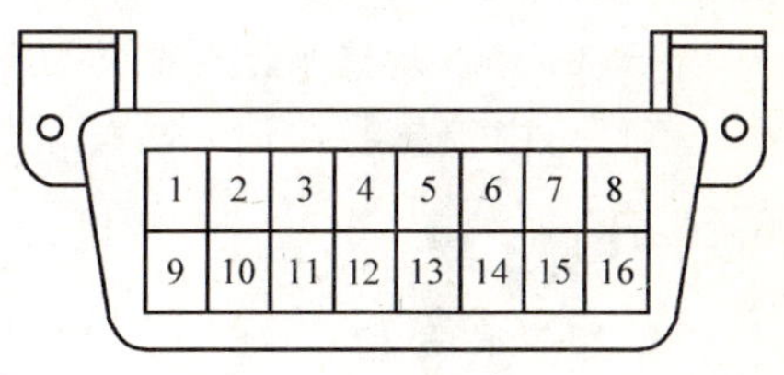

图 5-15　诊断插座

**表 5-1　诊断端子代号及作用**

| 端子代号 | 通用 GM | 福特 Ford | 克莱斯勒 Chrysler | 奔驰 Benz | 沃尔沃 Volvo | 丰田 Toyota | 三菱 Mits Ubish |
|---|---|---|---|---|---|---|---|
| 1 | | | | DM7/1<br>HFMI5/1 | | | 触发发动机故障码 |
| 2<br>SAE-J2012 | “M”发动机数据 | BUS 总线 | | | | | |
| 3 | 悬架 | | SRS-4 | A2BUS | | | |
| 4 | 搭铁 | 搭铁 | 搭铁 | 搭铁 | 搭铁 | 搭铁 | 搭铁 |
| 5 | 搭铁 | 搭铁 | 搭铁 | 搭铁 | 搭铁 | 搭铁 | 搭铁 |
| 6 | “B”触发 | | 发动机 9 | | | | 自动变速器故障码 9 |

（续）

| 端子代号 | 通用 GM | 福特 Ford | 克莱斯勒 Chrysler | 奔驰 Benz | 沃尔沃 Volvo | 丰田 Toyota | 三菱 Mits Ubish |
|---|---|---|---|---|---|---|---|
| 7 ISO-9141 | | | 发动机 30ABS5 | DM23/1 | A6BUS | | 发动机数据 92 |
| 8 | 防盗 | | | | | | ABS 故障码 22 |
| 9 | BCM 数据 | DM6/1 HFMI6/1 | | | | | |
| 10 SAE-J2012 | | BUSS | | | | | 发动机数据 86 |
| 11 | 悬架 | | SRS | | | | |
| 12 | | | | | | | SRS 诊断 9 |
| 13 | | 触发 | SRS | | | | 定速 24 |
| 14 | 音响空调 | | | | | | |
| 15 ISO-9414 | | | | | | | |
| 16 | B + | B + | B + | B + | B + | B + | B + |

2）具有数值分析、数据传输功能。数据传输标准：欧洲统一标准 ISO-Ⅱ（利用端子 7 和 15）；美国统一标准 SAE（利用端子 2 和 10）。

3）具有行车记录功能。能记录车辆行驶过程中有关数据，进行车辆运行时动态数据分析，使故障分析、维修更加准确、快捷和方便。

4）具有重新显示记忆故障功能。

5）可由仪器直接清除故障码。

## 任务工单

见任务工单 12。

## 学习小结

1. 风机是直流电动机，其转速的改变是通过调整串入风机电路的电阻值实现的。风机除在停用状态不工作外，在制冷、取暖及通风状态下均可工作。

2. 手动空调控制板上设有三个控制开关，分别是风机开关、空调方式选择开关和温度选择开关。

3. 手动空调温度选择开关是控制温度门的开关，用钢丝和温度门连接。当开关处于左半区时，温度门关死通向加热器的风道，出来的空气是未经加热的空气，称之为冷风区；当开关处于右半区时，温度门打开通向加热器的风道，送入车内的空气是经过除湿后的暖空气，称之为热风区。

4. 目前，汽车空调系统中常采用的真空驱动器有两种：单膜片式真空驱动器和双膜片式真空驱动器。

5. 自动空调真空系统内的真空罐、真空控制器和真空电动机、热水开关与手动空调的真空系统相同，增加的真空元件包括真空换能器、真空保持阀和真空伺服电动机。

6. 汽车空调系统的风门及热水阀一般都是由真空系统通过真空执行元件来进行控制。采用的执行元件有真空罐和真空驱动器。真空驱动器的作用是根据真空度的变化进行机械动作，控制风门和热水阀。

7. 电控气动汽车空调的真空控制系统由两个小真空控制系统组成。第一个小系统是真空转换器到真空驱动器，用于自动调节温度。第二个小系统用于控制上、中、下风门内开关和热水阀开度，它由功能选择键来决定。两个小系统的真空度和操作互不干涉，互不通气。

8. 在全自动空调系统中，有一套计算比较电路，通过对传感器信号和预调信号的处理、计算、比较，输出不同的电信号指挥控制机构的工作，使温度门的位置不断改变以调节车内空气温度，并使风机的转速随着空调参数的改变而改变。空调风向的控制和各风门的开、关是用驱动器控制的。

## 自我测试

### 思　考　题

电控气动空调系统中，若环境温度传感器损坏，会对空调系统产生什么影响？

### 复　习　题

1. 请叙述手动空调系统的工作原理。
2. 请叙述电控气动空调系统的工作原理。
3. 请叙述全自动空调系统的工作原理。
4. 请叙述带自诊断系统的空调的故障排除程序。

# 任务5.2　微机空调控制系统

## 任务载体

**故障现象**：一辆上海通用别克轿车，装有R134a自动空调。据客户反映该车空调有间歇性不制冷的现象，该故障多出现在高速，怠速有时也出现，天气越热故障出现的频率越高，过一段时间后，空调又自动恢复正常。

**故障分析**：根据客户提供的一些线索，首先连接车辆故障诊断仪与客户路试。在试车过程中空调制冷突然明显减弱，于是马上停车观察空调压缩机的吸合情况，结果发现压缩机没有吸合，但一会儿空调系统又恢复了正常。

**故障检修**：根据自动空调的控制原理，造成压缩机不吸合的可能原因除压缩机本身以外，还有动力系统控制微机（PCM）、空调开关的请求信号、压力传感器信号以及室内、室外温度传感器等因素。

首先连接空调压力表，测量空调管路压力，结果显示高压为2000 kPa，低压为350 kPa左右，这说明空调系统压力正常。打开发动机舱内右侧的继电器盒，找到压缩机继电器。检查继电器的吸合线圈，经过反复通电测试未发现异常。

用万用表检测压缩机继电器的控制搭铁线（继电器吸合时为低电位，断开时为高电位），经过反复试验发现，当空调不制冷时从控制微机 PCM 来的控制搭铁线没有搭铁。因而可以认定该车空调系统间歇性不制冷的故障并非由执行部分引起，故障原因可能是 PCM 本身故障、空调相关信号或线路不正常。

检测 PCM 到压缩机继电器之间的相关线路，发现故障出现时 PCM 第 39 号线没有搭铁信号。连接诊断仪 TECH2，监测空调系统空调开关请求信号、压力传感器信号以及室内、室外温度传感器信号，结果发现压力传感器数据在故障出现时异常，而其他传感器数据没有明显变化。

更换压力开关，间歇性不制冷故障消失，系统恢复正常。分析其原因，应该是压力开关出现间歇性卡滞，导致 PCM 控制压缩机离合器间断吸合。

## 学习目标

1. 能通过与客户交流、查阅相关维修技术资料等方式获取车辆信息。
2. 能根据故障现象制订正确的维修计划。
3. 能正确选择诊断设备对微机控制的空调系统故障进行诊断。
4. 能正确记录、分析各种检测结果并做出故障判断。
5. 能按照正确操作规范进行微机控制的空调系统的更换。
6. 能根据环保要求，正确处理对环境和人体有害的废料和损坏的零部件。

## 理论知识

### 5.2.1 传统微机控制的汽车空调系统

这种汽车空调系统以微型计算机为控制中心，结合各种传感器对汽车发动机的有关运行参数（如冷却液温度、转速等）、车外的气候条件（如气温、空气湿度、日照强度等）、车内的气候条件（如平均温度、湿度等）、空调的送风模式（如送风温度、送风口的选择等）以及制冷压缩机的开、停状况，制冷循环有关部位的温度、制冷剂压力等多种参数进行实时检测，并与操作面板送来的信号（如设定温度信号、送风模式信号等）进行比较，通过运算处理后进行判断，然后输出相应的调节和控制信号，通过相应的执行机构（如电磁真空转换阀和真空驱动器、风门电动机、继电器等），对压缩机的开停状况、送风温度、送风模式、热水阀开度等做及时的调整和修正，以实现对车内空气环境进行全季节、全方位、多功能的最佳控制和调节。

1. 微机控制的汽车空调系统基本功能

空调控制：包括温度自动控制、风量控制、运转方式给定的自动控制、换气量的控制等，如图 5-16 所示，满足车内空调对舒适性的要求。

节能控制：包括压缩机运转速度的控制，换气量的最适量控制以及随温度变化换气切换、自动转入经济运行、根据室内外温度自动切断压缩机电源等。

故障、安全报警：包括制冷剂不足报警、制冷压力高出或低出报警、离合器打滑报警、各种控制器件的故障判断报警，并对故障部位用闪烁指示灯报警，直到故障部位修好为止。微机控制的空调系统在某种器件发生故障报警的同时，将这一故障器件自动转入常规运行状态而不影响空调系统的工作。例如：进气门发生故障，则车内再循环空气门不再使用，进气门自动地将它接到车外空气通路，空调系统继续工作，但由于外界空气进入车内，空调器不能提供最凉的空气。

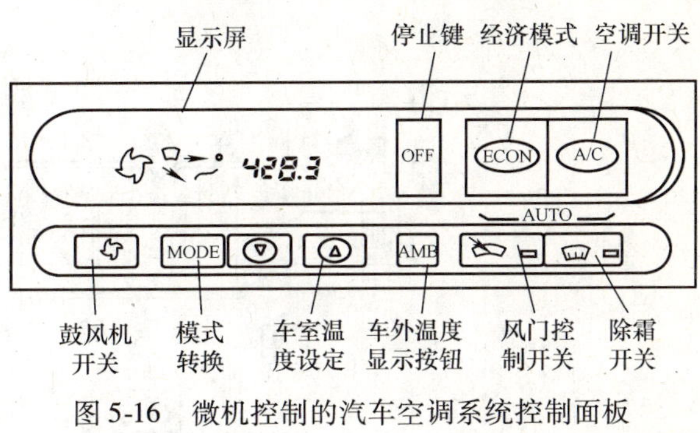

图 5-16　微机控制的汽车空调系统控制面板

显示：能显示给定的温度、控制温度、控制方式、运转方式的状态以及运转时间等。

故障诊断储存：空调系统发生故障，计算机将故障部位用代码的形式储存起来，在需要修理时能指示故障的部位，所以很容易修理。

微机控制的空调系统，不仅能按照乘员的需要吹出最适宜温度和湿度的风，而且可根据实际需要调节风速、风量，并极大地简化了操作。

2. 微机控制的汽车空调系统原理

微型计算机空调系统包括硬件系统和软件系统。硬件中的主计算机负责计算、记忆、判断、计时，I/O 接口输入设备模拟开关和转换器，将人工输入温度通过模拟开关输入主机，而传感器送来的信息通过 A-D 转换器输入主机。I/O 接口输出设备有驱动器，控制各个电磁阀。主计算机主要控制压缩机工况和空调器一些主要功能并进行监视。在主机的接口上增加了一个辅助计算系统，它是一个过程控制程序的应用软件系统，控制着空调系统的制冷、制热、风门、风向、风的温度和流速等。

微机主机单独接收和计算各种传感器输入的信号，并对控制信号的反馈进行迅速的演算、记忆、比较、判断，再发出各种指令，驱动各执行机构工作，调节、控制车内的温度和各种空调参数。

自动控制空调系统主要由传感器、控制器（ECU）、执行元件等。此外还有温度开关、压力保护开关、模式开关等组成。

根据执行器的不同，微机空调控制系统可以分为真空驱动型和电动机驱动型，如图 5-17 所示。

下面具体介绍微机空调系统的工作原理。从图 5-17 中可知，微机控制的空调分 4 部分，输入信息和数据，输出指令，主机的演算、记忆、判断、计时、指示故障等，计算机外围是指指令的转换器和执行器。

其中，输入的信号有 4 类：

1）车内温度、大气温度、太阳辐射三个传感器（热敏电阻）输入的信号。

2）驾驶员预定的调节温度信号、选择功能信号。

3）由分压器检出温度风门的位置信号，以及蒸发器温度传感器、冷却液温度传感器信息。

4）压缩机的工作参数，如转速、制冷剂、压力、温度等。

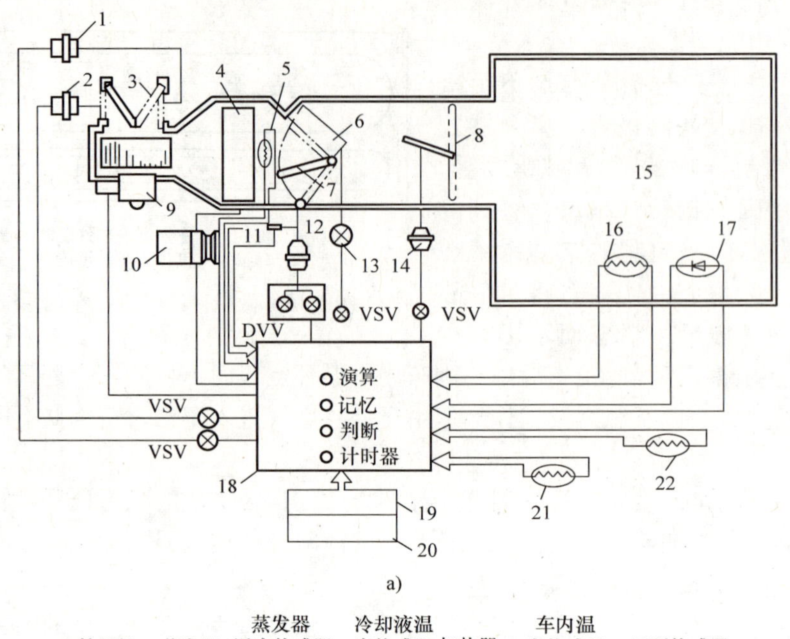

a)

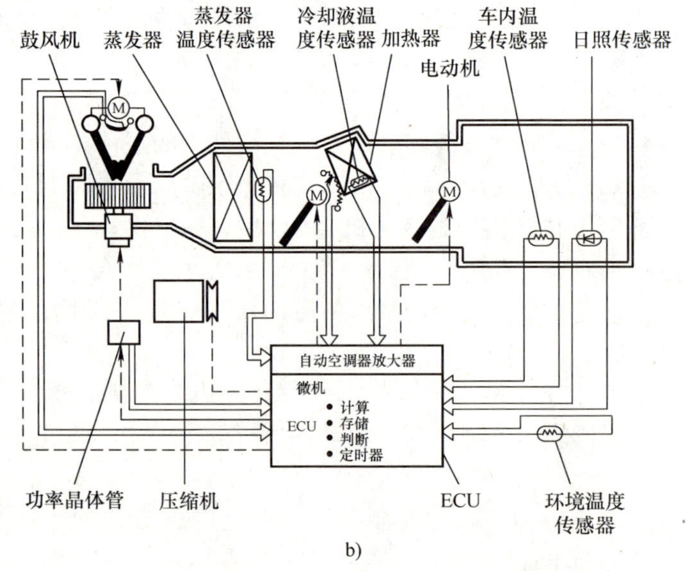

b)

图5-17 微机控制原理图

a）真空驱动型 b）电动机驱动型

1、2—真空驱动器 3—回风风门 4—蒸发器 5—蒸发器传感器 6—加热器芯 7—温度门 8—出风口转换风门 9—鼓风机 10—压缩机 11—反馈电位器 12—温度门控制驱动器 13—热水阀 14—转换风门真空驱动器 15—乘室 16—车内温度传感器 17—日照传感器 18—微型计算机 19—运行方式开关 20—温度设定开关 21—发动机冷却液温度传感器 22—车外温度传感器 DVV—降温、升温驱动器 VSV—电磁真空转换阀

为了维持车内温度不变，空调ECU依据传感器显示的车内温度不断地调节送风温度和送风量。影响车内温度的因素较多，如乘员人数的多少、日光照射强度、冷却液温度的变化，以及在采用经济运行方式时，由于压缩机停止运转而导致蒸发器出口温度上升等。若驾

驶人设定温度的电阻为 $R$，车内温度的电阻为 $R_A$，车外空气温度的电阻是 $R_B$，出风口温度电阻为 $R_C$，日光照射、外来空气、节能修正等温度的电阻为 $R_D$，则温度电阻平衡方程为：$R = R_A + R_B + R_C + R_D$。空调 ECU 根据这个方程，对各种参数进行计算、比较、分析、判断后，向执行机构发出各种指令，驱动各执行机构，控制制冷强度，调控车内温度，让执行机构实施动作。

空调 ECU 的主要功能如下：

1）向有关的真空电磁阀发出指令，驱动各个风门处于相应的位置。

2）根据温度平衡方程和热水阀传感器的信息和蒸发器温度的信息，发出指令，控制 DVV 动作，调节温度门在适当的位置，调节输出合适温度的空调风。

3）根据车内的温度情况，调节空调风量，指令风扇电动机输送调节电压信号。例如，冬天，车内温度较低，若送风量大，送出的风温度较低，使人感觉因有寒意而不舒适。若调低转速，送出的暖风温度较高，使人暖和得多。这点是其他自动空调系统不能做到的。

4）根据室外温度的高低，自动切断压缩机的工作或切断加热器的工作。例如，当室外温度降低到10℃以下，计算机会自动切断压缩机的电路，并引进外界空气到车内流经空调后送入车内。在夏天，室外温度高于 30℃时，计算机发出指令，关闭热水阀，并让风机高速工作，多送凉风到车内。室外温度高于 35℃，自动切断车外空气，并定期切换一次外部空气。

5）对于容积可调式压缩机制冷系统，压缩机的节能输出会引起蒸发器温度上升。这时计算机可自动调节温度门位置，保持输出空气温度不变，保持车内温度恒定。

6）在冬天和夏季雨天，必须除去玻璃上的结霜和凝雾，以保证驾驶人的安全操作和乘员的视线清晰。只要触摸 DEF 开关，空调就会向风窗玻璃和汽车两侧玻璃吹出热风。

**拓展阅读**

## 5.2.2 新型微机控制的汽车空调系统

1. 微机控制空调的控制面板

A/C 开关、调温（设定温度）开关、模式开关是空调系统必不可少的部分。微机控制空调的控制面板如图 5-18 所示，相应开关的功能见表 5-2。

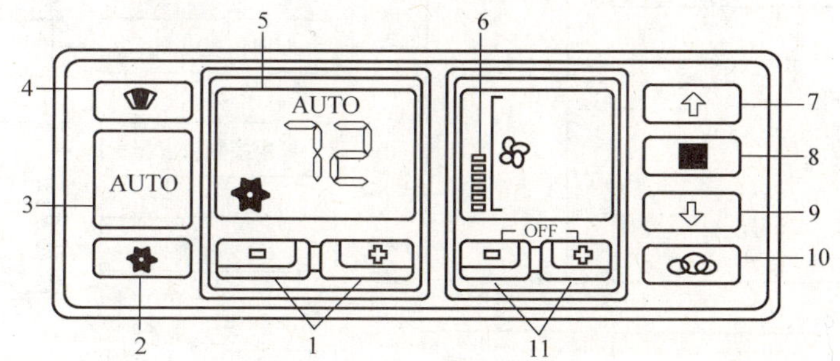


图 5-18 微机控制空调的控制面板

1—温度控制按钮 2—A/C 开关 3—自动模式按钮 4—除霜按钮 5—显示屏 6—鼓风机转速显示屏 7～9—气流分配按钮（7—将气流导向车窗，8—将气流导向驾驶室前排气口和中央控制台后部，9—将气流导向脚部） 10—空气再循环按钮 11—鼓风机调速按钮

表 5-2 微机控制空调主要开关的功能

| 序 号 | 开关名称 | 开关功能 |
|---|---|---|
| 1 | 温度控制按钮 | 按动按键可在 18～29℃范围内选定目标车内温度，并由显示屏显示 |
| 2 | A/C 开关 | 按下 A/C 开关，将接通电磁离合器电路；反之，压缩机不工作 |
| 3 | AUTO(自动运行)开关 | 一旦按下，压缩机、进气门、调温门、模式门、鼓风机转速均由 ECU 自动控制。由系统将车内温度控制在操作者所选择设定的温度。一旦达到所选的车内温度，鼓风机将以最低转速运转，万一温度变化，会自动改变鼓风机转速及调温门的开启位置 |
| 4 | 除霜按钮 | 按下除霜开关，将模式门定于除雾位置，内外气比例门自动处于新鲜空气位置，外部空气在 2℃以上时，压缩机才会起动 |
| 5 | 温度显示屏 | 显示驾驶员设定的温度，可进行摄氏与华氏温度转换 |
| 6 | 鼓风机转速显示屏 | 显示鼓风机转速，单位：r/min |
| 7～9 | 气流分配按钮 | 按下相应按钮，气流按选定出口吹出：吹脸、吹脚、吹除霜、双风口等。↑为气流导向车窗或吹脸；↓为气流导向脚部；■为双风口出风，即气流导向驾驶室前排气口和中央控制台后部 |
| 10 | 内外循环按钮 | 按下内外循环按钮，实现内外循环通风模式转换 |
| 11 | 鼓风机调速按钮 | 通过两个按钮调节鼓风机转速，并由显示屏显示 |
| 12 | ECON(经济模式)开关 | 压缩机不运转的全自动控制。如果设定的温度高于车外的温度，系统会将车内温度控制在目标温度值；如果设定的温度低于车外的温度，系统会使鼓风机自动运转，但压缩机不工作，即不会制冷与除湿 |

### 2. 控制系统的基本组成

微机控制空调系统主要由传感器、执行器和空调 ECU 三部分组成，如图 5-19 所示。

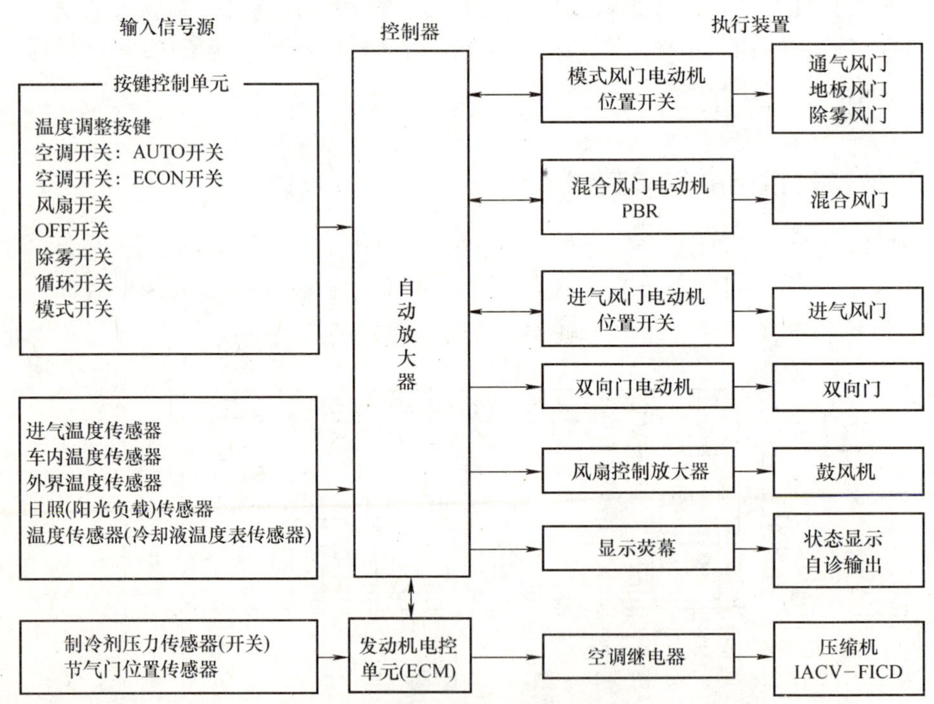


图 5-19 微机控制的空调系统组成

注：① PBR为电位平衡电阻器的简称,其功能是用来回授混合风门位置信号给自动放大器。
② 位置开关的功能是回授风门(模式风门、进气风门)位置信号给自动放大器。

（1）传感器　空调的传感器主要包括车内温度传感器（装在仪表板下）、环境温度传感器（也称车外温度传感器，装在前保险杠下、散热器前或发动机舱车内空气进口处）、日照传感器（装在前风窗玻璃下、仪表板上）、冷却液温度传感器（装在暖气芯片水管处）、空气质量传感器、烟雾传感器等。

主要传感器的功用见表5-3。

**表5-3　主要传感器的功用**

| 序 号 | 传感器名称 | 传感器功用 |
| --- | --- | --- |
| 1 | 车内温度传感器 | ①确定混合门位置；②确定鼓风机转速；③确定进气门位置；④确定模式门位置 |
| 2 | 车外温度传感器 | ①确定混合门位置；②确定鼓风机转速；③确定进气门位置；④确定模式门位置；⑤控制压缩机 |
| 3 | 日照传感器 | ①修正混合门位置；②修正鼓风机转速 |
| 4 | 蒸发器温度传感器 | 防止蒸发器结霜 |
| 5 | 出风口温度传感器 | 若出风口温度大于理论温度，则ECU修正混合门位置，向冷处移动 |
| 6 | 车速信号 | 用来控制鼓风机转速。车速越高，鼓风机转速越低（噪声与恒温控制）；若接收不到车速信号，则鼓风机肯定会转，但不随车速变化——无调节车内温度的功能（出风口温度、鼓风机风量） |
| 7 | 刮水器信号 | 雨天自动除霜雾。即ECU收到刮水器信号时，先吹脸30min，再吹玻璃30s；若ECU收不到刮水器开关信号时，则不能自动除霜雾（但驾驶人可在玻璃上有霜雾时手动除霜雾） |
| 8 | 发动机转速传感器 | ①无发动机转速信号则发动机不能发动，压缩机不能工作；<br>②发动机转速信号、压缩机转速信号共同检测压缩机传动带是否打滑，若打滑则切断压缩机，防止传动带断裂 |
| 9 | 空气质量传感器 | 灰尘过大时，切断外循环空气。若空气质量传感器损坏，而车外尘土飞扬时，无法切断外循环—即阻止不了外部带灰尘的空气进入 |

（2）空调ECU　空调ECU是空调系统的核心，包括硬件系统和软件系统，如图5-20所示。

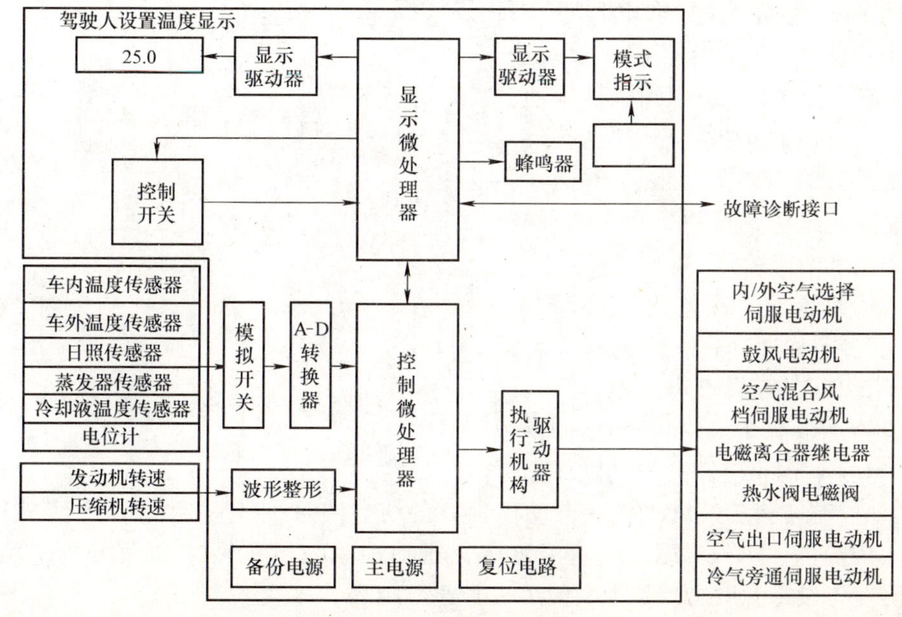


图5-20　空调ECU系统

空调ECU接受人工设定数据及各种传感器传来的数据，进行存储、计算、分析、判断后，向各执行器发出相应指令，各执行机构完成各自相应的工作，从而控制温度、湿度、风速、风向等各种参数，实现空调的制冷、制热、通风、净化、去湿、除霜等功能。

（3）执行机构　空调的执行机构包括鼓风机电动机、压缩机电磁离合器、热水阀，以及内外气比例门、冷热气比例门（调温门）、出风模式门对应的电动机。各种警告灯（如制冷剂压力异常警告灯、冷却液温度异常警告灯）、故障诊断插口也属于执行器。主要执行器的功能见表5-4。

**表5-4　空调主要执行器的功能**

| 序号 | 执行器 | 功能 |
|---|---|---|
| 1 | 电磁离合器 | 实现发动机和压缩机的连接和切断。通则制冷，断则不制冷 |
| 2 | 调温门电动机 | 改变调温门的位置，从而改变出风口气流温度 |
| 3 | 进气门电动机 | 控制内外气比例门的位置，从而控制进入车内新鲜空气的比例 |
| 4 | 模式门电动机 | 控制出风门的开启组合，实现不同的出风方式 |
| 5 | 鼓风机电动机 | 改变鼓风机转速，从而实现热量交换所需的速度 |

3. 微机控制空调系统的控制原理

（1）鼓风机风扇转速控制　空调系统的鼓风机控制具有自动控制与手动控制两种模式。

1）手动控制转速。将鼓风机转速开关置于手动模式时，鼓风机完全按照驾驶人的意愿进行工作。

鼓风机开关置于“低速”：空调ECU令1与2号端子相通，1号继电器吸合。鼓风机电流为：电源正极→1号继电器→电动机→电阻$R_1$→搭铁。此时，由于鼓风机电路串入专门电阻$R_1$，因此只能低速运转，如图5-21所示。

鼓风机开关置于“中速”：空调ECU令1与2号端子相通，2号继电器吸合；ECU端子4间歇性地向功率管的4号端子输入控制电流，使$VT_1$、$VT_2$间歇性导通。鼓风机电流为：电源正极→1号继电器→电动机，然后分为两路，一路经$R_1$搭铁，另一路间歇性地经功率管的2和3端子搭铁。此时鼓风机中速运转。

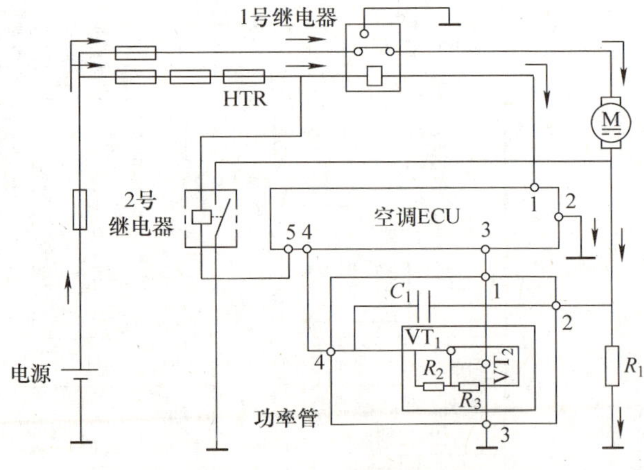

图5-21　鼓风机转速基本控制电路

鼓风机开关置于“高速”：空调ECU令1与2号端子相通，1号继电器吸合；ECU令端子5和2相通，2号继电器吸合。鼓风机电流为：电源正极→1号继电器→电动机→2号继电器→搭铁。鼓风机高速运转。

2）自动控制转速。鼓风机转速自动控制。自动空调系统处于“AUTO”模式时，空调ECU根据车内温度、车外温度、设定温度等，自动控制鼓风机转速（无级变速）。一般来说，室内温度与设定温度之差越大，鼓风机转速就越高。

鼓风机（转速）极速控制。有些车型当设定温度为最低（18℃）或最高（32℃）时，鼓风机会固定于最高速转动。

鼓风机起动控制。鼓风机在起动时，工作电流会比稳定工作时大得多，为了防止烧坏鼓风机控制模组，不论鼓风机目标转速是多少，在鼓风机起动时都为低速运转，然后才逐步升高，直到达到理想的转速，整个过程大约需要5s。

预冷时滞控制。夏天，车辆长时间停放在炎热的太阳下，若马上打开鼓风机，此时吹出的是热风而不是冷风。因此，鼓风机不能立刻工作，而是滞后一段时间工作。即空调系统处于“AUTO”模式时，若室外环境温度高于30℃，空调ECU控制鼓风机电动机低速运转，且出风模式选择在除霜（DEF）模式，工作5s后，切换至正常控制模式。

预热时滞控制。冬天，车辆长时间在室外停放后，若立刻打开鼓风机，此时吹出是冷空气而不是暖风。因此鼓风机要在冷却液温度升高时，才能逐步转向正常工作。即在空调系统处于“AUTO”模式时，若室外环境温度低于15℃，则ECU控制鼓风机电动机低速运转，且出风模式选择在除霜（DEF）模式，直至发动机冷却液温度高于20℃，鼓风机电动机工作。

鼓风机电动机最高转速延迟。当鼓风机电动机转速调节到最大时，全自动空调ECU将使鼓风机电动机转速升至最大的时间延迟，约为8s。

阳光补偿。在空调系统处于“AUTO”模式时，全自动空调ECU根据日照传感器信号，自动调整鼓风机转速和调温门电动机，修正温度控制。

车速补偿。在车速高时，鼓风机的转速可适当降低，以补偿由于散热的影响，使之与低速时具有一样的感觉。

除霜补偿。空调系统处于“AUTO”模式时，若手动选择除霜（DEF）模式，全自动空调ECU将在3s内使鼓风机电动机工作电压增大至2V以上，以提高鼓风机转速，但鼓风机电动机工作电压最大不超过10V。

（2）温度控制　用调温开关设定目标温度，并将功能开关置于“自动空调”；空调ECU根据输入的车内温度传感器、环境温度传感器、冷却液温度传感器、蒸发器温度传感器、日照传感器、设定温度等信号，决定调温门的位置和鼓风机转速等参数，并向它们发出相应指令；调温门电动机根据ECU的信号指令，控制其阀门开度，从而改变空气流的温度。

各传感器不断将新的数据传输给ECU，ECU又发出新的指令，实现新的控制功能，直到车内温度达到设定温度时，ECU停止该电动机的工作。

若温度设定在“最低”或“最高”，空调ECU将不参考传感器数值，而控制到最冷或最热；当温度设定在“最低”时，压缩机自动工作，出风模式处于正面出风位置，内外循环处于内循环状态，鼓风机电动机转速最高，冷暖空气混合控制阀门处于关闭位置；当温度设定在“最高”时，压缩机不工作，出风模式处于下面出风位置，内外循环处于外循环状态，冷暖空气混合控制阀门处于打开位置。

（3）进气控制（内外循环气流控制）　内外气流控制（进气控制）有手动与自动两种操作模式。

1）手动模式时，进气门只有两种位置：内循环与外循环气流。

2）在自动模式中，进气门有三种位置：内循环、外循环、20%新鲜空气。空调ECU根据室内温度、环境温度、设定温度，自动调节进气门的位置。若室内温度为35℃，进气门处于内循环位置；若室内温度为30℃，进气门处于20%新鲜空气；若室内温度处于25℃，进气门处于外循环位置。

当AUTO开关接通，通过调温开关设定好目标温度时，空调ECU根据输入信号（车内温度传感器、环境温度传感器、冷却液温度传感器、蒸发器温度传感器、日照传感器、目标温度等），决定内外气比例，并控制内外气比例门电动机工作，控制内外气比例。如模式开关设定在DEF模式，则ECU迫使进气改变到FRS（FRESH，引入新鲜空气）。

当从外循环切换至内循环时，鼓风机电动机工作电压将降低1~2V，并保持为4.9~10V；当从内循环切换至外循环时，鼓风机电动机工作电压将升高1~2V，并保持为4.9~10V。

在系统处于“AUTO”模式时，空调系统首先进入内循环。为了防止废气进入车内，内外循环模式将根据车速自动切换。内外循环模式自动切换的条件为：

1）内外循环模式处于“AUTO”控制模式，且空调系统处于正常工作状态。

2）车速持续10s低于10km/h或车辆停止。满足以上条件时，系统自动切换至内循环模式，同时自动内外循环切换功能将被中止10min。

（4）出风模式控制　出风模式有手动控制与自动控制两种模式。

当AUTO开关断开时，ECU根据手动开关的位置，调整出风模式。模式门有五种位置：吹脸、双层、吹脚、吹脚/除霜、除霜。何处出风，完全取决于手动操作的档位。

当AUTO开关接通时，通过调温开关设定好目标温度；空调ECU根据输入信号（车内温度传感器、环境温度传感器、冷却液温度传感器、蒸发器温度传感器、日照传感器、目标温度等）决定鼓风机转速和出风方式。在自动模式中，模式门一般只有三种位置，吹脸、吹脚、双层。空调ECU根据室内温度、环境温度、设定温度，自动调节模式门的位置。车内温度为30℃时，模式门处于“吹脸”位置；若车内温度为20℃，模式门处于“双层”位置；若车内温度为15℃，模式门处于“吹脚”位置。

（5）压缩机控制　自动空调压缩机的受控信号见表5-5。

表5-5　压缩机的控制信号

| 序号 | 传感器名称 | 说　明 |
| --- | --- | --- |
| 1 | 发动机冷却液温度开关或传感器 | 别克、捷达前卫等轿车，拔下冷却液温度传感器后，空调不工作 |
| 2 | 鼓风机开关 | 按下“鼓风机开关”，空调系统才可能工作 |
| 3 | A/C开关 | 按下“A/C”开关，空调制冷系统才可能工作 |
| 4 | 蒸发器温度传感器或温控开关 | 膨胀阀型制冷系统 |
| 5 | 压力循环开关 | 低压管上，节流管式制冷系统 |
| 6 | 压力开关 | 安装在高压管上，为常闭式开关，可防止制冷系统高压过高使机件胀裂 |
| 7 | 发动机转速传感器 | 过高速或低速大负荷时，切断空调 |
| 8 | 压缩机转速传感器 | 防止传动带断裂 |
| 9 | 节气门全开信号 | 发动机急加速时切断空调 |

压缩机的基本控制：空调ECU根据室内温度、环境温度、设定温度，自动决定压缩机是否工作。

环境低温保护：在环境温度低于某一数值（如3℃、5℃、8℃、10℃、15℃）时，压缩机不工作。

高速控制：在发动机转速超过某一转速时，压缩机不工作，用以保护压缩机。

加速切断：在发动机处于急加速工况，为了提供足够的动力，压缩机会暂时停止工作。

高温控制：在发动机冷却液温度超过某一数值（109℃）时，压缩机不工作，以防止发动机冷却液温度进一步上升。

传动带打滑控制：有些车型，发动机外围只有一根传动带，若压缩机卡死，会使该传动带负荷过大而断裂，而水泵、发电机等都不能工作。因此，在传动带打滑时，压缩机不工作。

低速控制：发动机转速低于某一转速（600r/min）时，为了防止发动机失速，压缩机不工作。

低压保护：为了防止压缩机在系统没有制冷剂条件下工作，使压缩机损坏，在系统压力低于某一数值（0.5MPa）时，压缩机不工作。

高压保护：在系统压力超过某一数值（2.8MPa）时，压缩机在高压下不工作。

装有变排量压缩机的空调系统，离合器保持接合状态。但下列情况除外：A/C 开关、鼓风机开关、点火开关转至 OFF 位置，加速切断系统工作和制冷剂不足时。

当蒸发器温度传感器测知蒸发器温度低于某一规定值时，控制器切断电磁离合器，使压缩机不工作；当蒸发器温度又高于某一数值时，控制器又使压缩机工作。

当制冷剂温度超过105℃时，易熔塞开启，将制冷剂排放到大气中。如果易熔塞熔化或开启，应检查制冷管路并更换储液干燥器。

当发动机严重超载时（节气门处于全开位置，发动机转速低于规定值），压缩机将关闭约4s，从而防止发动机因过载而熄火。

刮水器补偿控制。下雨天前风窗玻璃上容易结雾。为防止结雾，空调 ECU 将自动切换至除雾模式（压缩机不工作，且系统处于外循环状态）；在系统处于“AUTO”模式时，当全自动空调 ECU 收到刮水器信号 1min 后，空调系统自动工作，且当刮水器信号中止 20s 后，空调系统自动停止工作。

**实践技能**

### 5.2.3　空调电控单元的维修

（1）查找端子　根据电路图找到电磁离合器控制线圈与 ECU 的连接端，以及 ECU 的搭铁端，找到端子后用彩色笔做好标记。

（2）找到晶体管　用数字万用表的测量通断档，从确定的空调控制端子一点点沿着 ECU 的印制电路向内查找，直至找到某个晶体管或晶体管排。

（3）确定管脚　以 NPN 型为例，查到印制电路所对应的管脚即晶体管的集电极，其旁边较细的印制线便是晶体管的基极，但是需要进一步确认是左边的一根还是右边的一根。确认方法如下：将空调操作面板设置在空调制冷运转状态，将万用表连接到要确认的一根基极线上，打开 A/C 开关，应显示 5V 电压；关闭 A/C 开关，显示应为 0V。用此方法测试这两根线，反复测试后符合条件的即为基极。

确认发射极时，如果是晶体管排，一般情况下，其发射极大多是在排的两端。用数字万用表的测量通断档，一端连接 ECU 的搭铁端，另一端接到被认为是排的搭铁端，能够导通的管脚即为晶体管的发射极。若只有一个晶体管，通过印制电路的粗细即可判断其发射极。

(4) 选择替换的晶体管　需要替换的晶体管可能是直接镶嵌在电路板上的一个晶体管(夏利车型)，也可能是一个独立的晶体管（日产车系），还可能是晶体管排中的一个晶体管(本田车系)。这类晶体管一般可在旧的汽车电器元件中找到，鉴定晶体管时大致可以从以下几方面入手：

1）看外观。此类晶体管应有3个脚，其形状与原晶体管形状应基本相同，一般是扁平的，体积大小可次之考虑，是否有孔及散热片并不重要。

2）看型号。日本产的晶体管型号一般为2SA（NPN型）、2SC（NPN型）及2SD（PNP型)。国内电子市场上可以买到的替换元件型号有BT179和BT178。晶体管排的型号一般为2003和1413。

3）看电阻。晶体管的基极一般都串有电阻，基极的电阻值要与原晶体管相近。可根据颜色来确定电阻值，棕、红、橙、黄、绿、蓝、紫、灰、白、黑分别对应数字1、2、3、4、5、6、7、8、9、0。由于晶体管的基极是靠电流的大小控制的，而ECU电压值是固定的，那就要利用电阻来控制电流。如果电流过大，会烧毁晶体管，电流过小，则不能将其触发。

4）测量确认。将大致确定的晶体管从电路板上取下，用万用表的二极管测量档测量。根据晶体管的属性，应该只有1个管脚相对于另外2个管脚单向导通，具备这一属性的则可确定其是晶体管（有一对管脚单向导通的是场效应管），相对另外两个管脚导通的那个管脚就是晶体管的基极。然后，将晶体管的基极插入B，另外两个脚分别插入C和E，用万用表的晶体管测量档测量，如果显示值在200~300之间，证明管脚插对了，C代表集电极，E代表发射极，进而确定这个晶体管是PNP型还是NPN型，N为负极，P为正极。

(5) 焊接晶体管　对于直接镶嵌在电路板上的晶体管和独立的晶体管，将旧件取下即可；对于晶体管排，则需用螺钉旋具划断晶体管的基极印制线。用数字万用表的测量通断档，正、负表笔分别抵在晶体管的集电极和发射极上，将基极与电路板的基极控制线相连接，打开空调开关，看万用表是否显示导通，若导通，则证明此晶体管可以使用。

之后，将替换的晶体管焊接到电路板上即可。对于晶体管排，是从电路板的背面连接的。焊接时要注意：焊锡要尽可能少，避免过热，判断管脚的属性要对应，焊接完成后要用万用表测量各管脚，相互之间应不连通。最后，用胶带将附加的晶体管包好，避免与ECU护板连通和摩擦。

(6) 测试　在不装护板的情况下，将ECU连接到车体线束中。启动空调，检查压缩机电磁离合器能否吸合和断开，同时用手触摸晶体管，有些发热是正常的，若烫手则说明有问题。还要检查故障灯是否点亮，如果空调压缩机吸合后故障灯点亮，说明晶体管的发射极选错了。如果压缩机不能停机，则表明换上的晶体管被击穿，或晶体管排的基极未被彻底划断。

测试时，最好使空调系统运转30min以上，检查ECU是否正常工作，并且进行10km以上的路试，观察是否有故障灯点亮的情况。若故障灯不亮，确认汽车空调无问题。

## 任务工单

见任务工单13。

## 学习小结

1. 微机控制的汽车空调系统以微型计算机为控制中心，结合各种传感器对汽车发动机的有关运行参数（如冷却液温度、转速等）、车外的气候条件（如气温、空气湿度、日照强度等）、车内的气候条件（如平均温度、湿度等）、空调的送风模式（如送风温度、送风口的选择等）以及制冷压缩机的开停状况、制冷循环有关部位的温度、制冷剂压力等多种参数进行实时检测，并与操作面板送来的信号（如设定温度信号、送风模式信号等）进行比较，通过运算处理后进行判断，然后输出相应的调节和控制信号，通过相应的执行机构（如电磁真空转换阀和真空驱动器、风门电动机、继电器等），对压缩机的开停状况、送风温度、送风模式、热水阀开度等做及时的调整和修正，以实现对车内空气环境进行全季节、全方位、多功能的最佳控制和调节。

2. 微机主机单独接收和计算各种传感器输入的信号，并对控制信号的反馈进行迅速的演算、记忆、比较、判断，再发出各种指令，驱动各执行机构工作，调节、控制车内的温度和各种空调参数。

3. 空调的传感器主要包括车内温度传感器（装在仪表板下）、环境温度传感器（也称车外温度传感器，装在前保险杠下、散热器前或发动机舱车内空气进口处）、日照传感器（装在前风窗玻璃下、仪表板上）、冷却液温度传感器（装在暖气芯片水管处）、空气质量传感器、烟雾传感器等。

4. 微机控制的空调系统输入的信号有 4 类：1）车内温度、大气温度、日光照射三个传感器（热敏电阻）输入的信号；2）驾驶员预定的调节温度信号、选择功能信号；3）由分压器检出温度风门的位置信号，以及蒸发器温度传感器、冷却液温度传感器信息；4）压缩机的工作参数，如转速、制冷剂、压力、温度等。

5. 为了维持车内温度不变，空调 ECU 依据传感器显示的车内温度不断地调节送风温度和送风量。影响车内温度的因素较多，如乘员人数的多少、日光照射强度、冷却液温度的变化，以及在采用经济运行方式时，由于压缩机停止运转而导致蒸发器出口温度上升等。若驾驶员设定温度的电阻为 $R$，车内温度的电阻力 $R_A$，车外空气温度的电阻是 $R_B$，出风口温度电阻为 $R_C$，日光照射、外来空气、节能修正等温度的电阻为 $R_D$，则温度平衡方程为：$R = R_A + R_B + R_C + R_D$。空调 ECU 根据这个方程，对各种参数进行计算、比较、分析、判断后，向执行机构发出各种指令，驱动各执行机构动作，控制制冷强度，调控车内温度，让执行机构实施动作。

## 自我测试

### 思　考　题

微机控制空调系统中，若压缩机不能正常工作，可能是什么原因导致的？

### 复　习　题

1. 叙述传统微机空调系统的输入信号有哪些。
2. 叙述传统微机空调系统的输出信号有哪些。
3. 叙述传统微机空调系统的工作原理。
4. 叙述新型微机空调系统包含哪些控制内容。

学习情境 6

# 汽车空调配风系统的故障诊断和排除

## 任务 6.1　汽车空调车内典型送风量配送系统

### 任务载体

**故障现象**：一辆奥迪 100 2.6E 型轿车，其空调出风口吹出的风不凉，将温度设定到最低也不起作用。

故障诊断：检查空调压缩机，运转正常。检查系统制冷剂量，也正常。连接压力表测量空调管路压力，高、低压侧的压力均符合规定值。用手触摸低压侧管路，感觉不凉，因此怀疑温度控制系统异常。连接大众/奥迪专用故障诊断仪 V. A. S 5051，进入空调系统，查出故障码为 01271，含义为温度风板位置电动机 V68 卡死或无电源供给。用执行元件诊断功能进行终端执行元件诊断，温度风板没有反应。

检查电动机 V68 的连接线路，未见异常。将电动机拆下，更换一台新电动机，接好插头后先不装入，再次进行终端执行元件诊断，此时温度风板能正常移动。将系统装复，空调系统工作恢复正常。此例故障就是因为温度风板位置调节导致电动机卡死，造成温度控制不正常。

### 学习目标

1. 能通过与客户交流、查阅相关维修技术资料等方式获取车辆信息。
2. 能根据故障现象制订正确的维修计划。
3. 能正确选择诊断设备对空调配风系统故障进行诊断。
4. 能正确记录、分析各种检测结果并做出故障判断。
5. 能按照正确操作规范进行配风系统的更换。
6. 能根据环保要求，正确处理对环境和人体有害的废料和损坏的零部件。

理论知识

## 6.1.1　汽车空调车内典型送风量配送系统的温度调配控制

汽车空调，由单一制冷和供暖方式发展到现在的冷暖一体化方式，才算真正达到了对空气温度调节的目的，使驾驶人可以不分地域和气候的变化，舒适地驾驶。目前世界市场上出售的带空调的汽车，基本上使用冷暖一体化空调器，其配气系统和温度调配系统如图6-1所示，其空气温度调配和输送分配的过程如下：空气的清新度由风门来调节和控制，循环空气在风扇吸力下进入空调器。风门在A位置，则将外来新鲜空气送入空调器；当风门在B位置时，鼓风机则供车内空气自循环使用；有些空调的风门可以在A和B之间的任意位置，这样可对外来空气和车内空气进行调配。

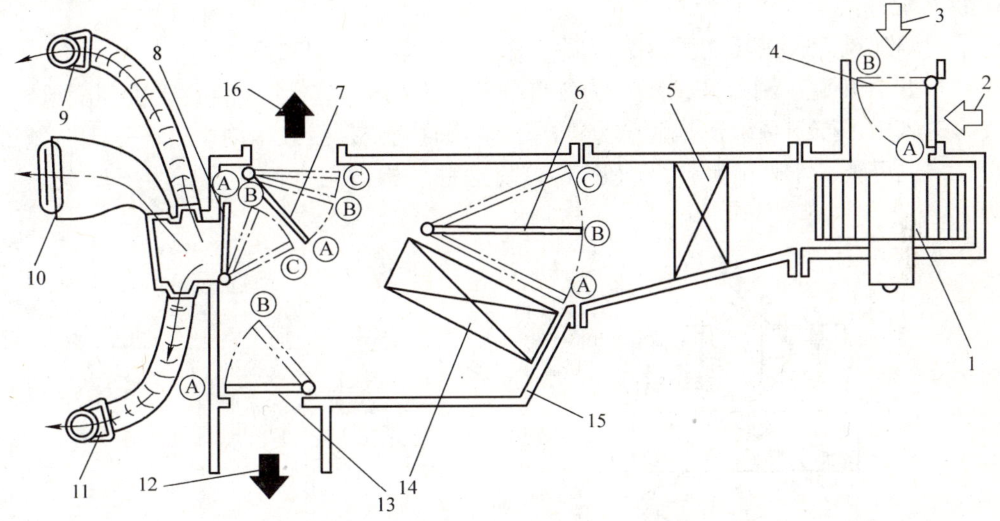


图6-1　汽车空调车内典型送风量配送系统的温度调配控制

1—轴流风扇　2—车内循环空气口　3—外来新鲜空气　4—外来空气口　5—蒸发器　6—调温门　7—除霜门　8—中风门　9、11—两侧风口　10—中风口　12—下风口　13—下风门　14—加热器芯　15—空调器外壳　16—上风口

空气在风扇的输送下，流过蒸发器，发生降温除湿变化。调温门的作用是调节空气的温度。当调温门在A位置时，冷空气不经过加热器，这样的空气温度最低，供夏天时降低车内温度；当调温门在B位置时，有一部分冷气经过加热器芯，温度升高，一部分空气不经过加热器芯，两部分不同温度的空气混合后，得到某一温度的空气，输送到车内；调温门在A至C之间的任一位置，可以得到所需调配温度的空气。这样，人们可以根据实际需要，调节调温门位置，可以得到不同温度的空气，来调配车内的温度。当调温门在C位置时，则全部冷空气通过加热器，得到较高温度的空调风。显然，经过蒸发器降温除湿的和不经过降温除湿的C位置空气状态是不同的，最大的区别是相对湿度不同，其次温度也有所差别。

调节温度后的空调气体需要经过除霜门、中风门和下风门输送到车内。当车前风窗玻璃有霜和雾时，可以打开除霜门，让外来空气经蒸发器除湿后，再全部通过加热器芯进行加热，加热后的热空气从上风口吹向风窗玻璃，进行除霜。冬天，乘员脚下较易感觉寒冷，这时可以打开下风门，让热空气从下风口吹向脚部。一般情况下，空调风从中风口吹向乘员的前上部。调节中、侧风口上的栅格，可以将空气导向头部和前胸各部分。

空气温度的调配值除了与调温门有关外，还取决于风扇的转速和外来空气口的位置。当车内空气循环使用时，在没有外来空气的条件下，车内的空气温度波动较小。在夏天需要快速降低车内温度时，便需要使用车内循环空气的方式，让通过蒸发器的气流温度不断下降，然后送入车内，这样才能快速降低空气温度；而当冬天外面空气较冷，为了使车内温度尽量高，也需反复循环车内已经升温的空气。但一般情况下，为了保证车内空气清新，均使用外来空气引进车内的方式，否则车内空气混浊，令人不舒服，甚至引起呕吐等。

**拓展阅读**

### 6.1.2 汽车空调配风方式的分类

1. 按功能分类

汽车空调配风方式按功能可分为冷暖分开型、冷暖合一型和全功能型。

(1) 冷暖分开型　制冷和采暖系统各自分开，由两个完全独立的冷风机和暖风机组成，有各自的送风机，控制系统也是完全分开的。制冷时完全是吸入车内空气，采暖时既可吸入车内空气，也可吸入车外新鲜空气（图6-2）。这种结构占用空间较多，主要用在早期的汽车空调中。

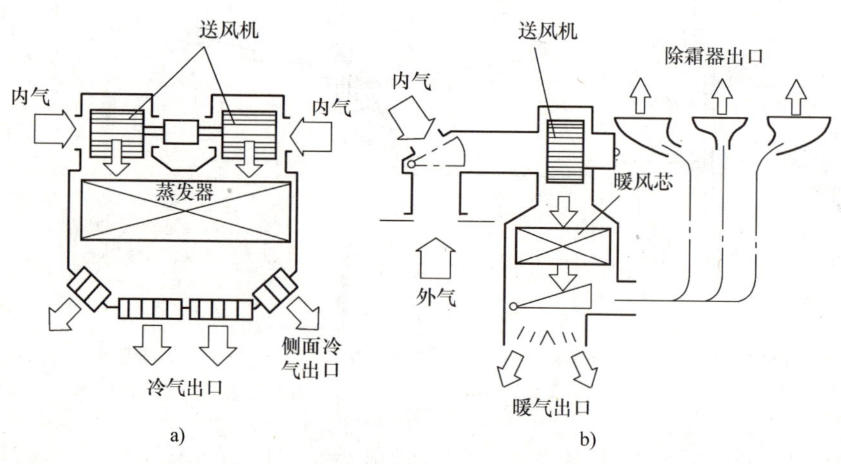


图6-2　冷暖分开型汽车空调

a）冷风机　b）暖风机

(2) 冷暖合一型　在暖风机的基础上增加蒸发器芯和冷气出风口，但制冷和采暖各自分开，不能同时工作。目前，许多轿车（如桑塔纳轿车等）都还采用这种结构形式。此种形式虽然结构合一，但供冷和采暖的功能仍然是分开的（图6-3）。

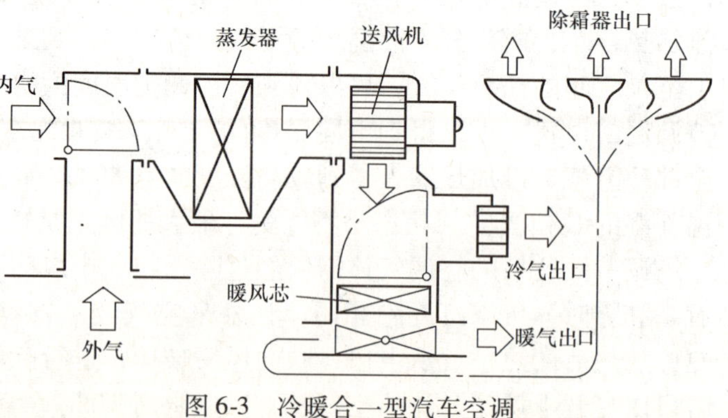


图6-3　冷暖合一型汽车空调

(3) 全功能型　全功能型汽车空调集制冷、除湿、采暖、通风、净化于一体，既可供冷气，又可供暖气，还可进行通风、除尘。

冷暖分开型和冷暖合一型空调的缺点是冷风机只能降温、除湿，不能调节送风的相对湿度。夏季，当车内需要冷风时，风机吸入外界的湿热空气，经过蒸发器的冷却、除湿，变成冷风送入车室内。然而，这种脱去冷却液而吹出来的冷风，尽管绝对含湿量降低了，但相对湿度却在95%以上，这种冷而湿的风直接吹到乘员身上，并不舒适，因此，必须设法在冷风吹出来之前降低其相对湿度。简单的办法就是将冷却除湿后的空气再适当地加热，北京切诺基吉普车就属这种类型，图6-4所示为其空气处理系统示意图。它是在蒸发器和加热器之间设置了一个可以连续调节的混合风门。从蒸发器流出来的空气可以随混合风门的开闭，部分或全部通过加热器。流过加热器和不流过加热器的空气在空调器内先混合，再经风门送出。夏季，可以通过调节混合风门的开度来调节冷湿空气的再加热程度；冬季，对通过调节混合风门的开度调节暖风的温度。混合风门的设置大大改善了对空气相对湿度的调节能力。

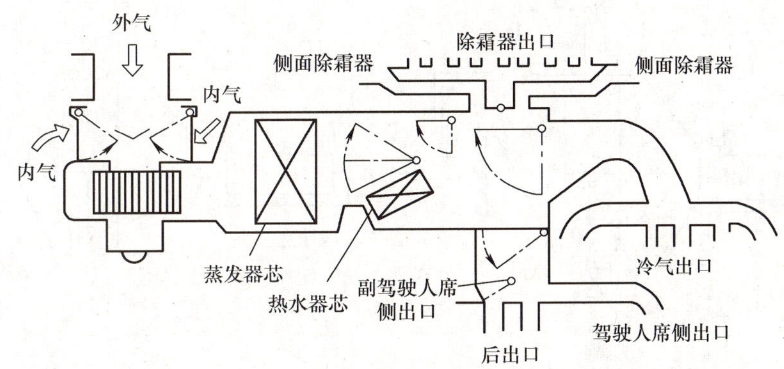


图6-4　全功能型汽车空调空气处理系统示意图

2. 按空气流动路径分类

汽车空调配风方式按空气流动路径可分为全热式、空气混合式、冷风和热气并进式。

(1) 全热式配气系统　图6-5所示为全热式配气流程图。其工作过程为：空气→进入风机3→混合空气进入蒸发器1冷却 + 出来后的空气全部进入加热器2→加热后的空气由各风门调节风量分别进入4、5、6、8、9各吹风口。全热式与空气混合式的区别在于由蒸发器出来的冷空气全部直接进入加热器，两者之间不是通过设风门进行冷、热空气的风量调节，而是冷空气全部进入加热器再加热。

混合空气的温度控制采用热水阀控制。若不用制热，则流出来的是未经过加热的冷空气；若不用制冷，则出来的是暖风；若冷暖气均不用，则出来的是自然风。

(2) 空气混合式配气系统　图6-6所示为空气混合式配气流程图，其工作过程为：空气→进

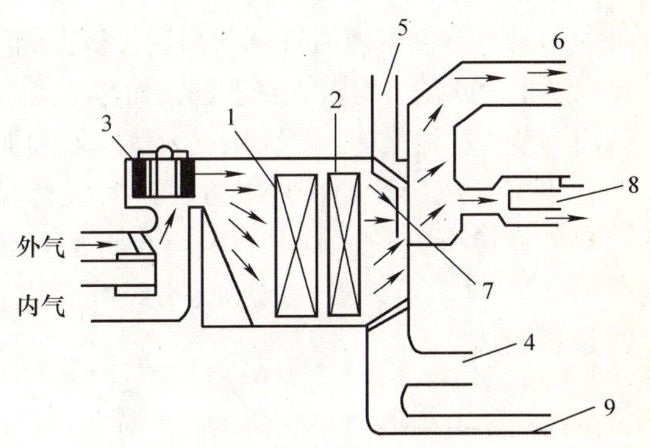


图6-5　全热式配气系统

1—蒸发器　2—加热器　3—风机　4—热风吹出口　5—除霜吹出口　6—中心吹出口　7—冷气吹出口　8—侧吹出口　9—尾部吹出口

入风机3→混合空气进入蒸发器1冷却→由风门调节进入加热器加热→进入各吹风口4、5、7。进入蒸发器1后再进入加热器2的空气量可用风门进行调节。若进入加热器的风量少，也就是冷风量相对较多，这时冷风由冷气吹出口7吹出；反之，则吹出的热风较多，热风由除霜吹出口5或热风（脚部）吹出口4吹出。空气混合式配气系统的优点是能节省部分冷气量，缺点是冷暖风不能均匀混合，空气处理后的参数不能完全满足要求，亦即被处理的空气参数精度较低。

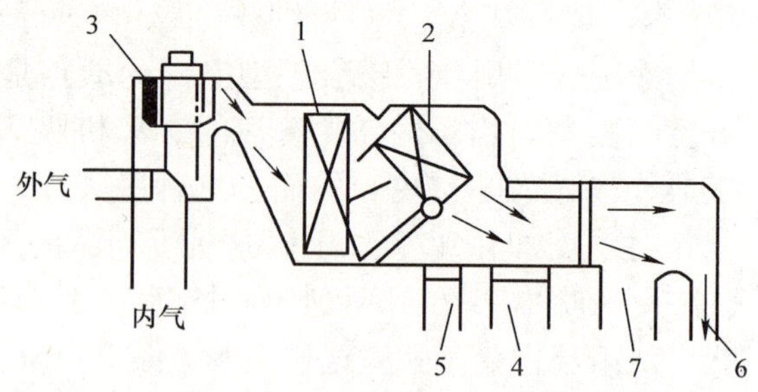


图6-6 空气混合式配气系统

1—蒸发器 2—加热器 3—风机 4—热风吹出口
5—除霜吹出口 6—中心吹出口 7—冷气吹出口

（3）冷风和热气并进式配气系统 图6-7所示为加热与冷却并进式配气流程图。

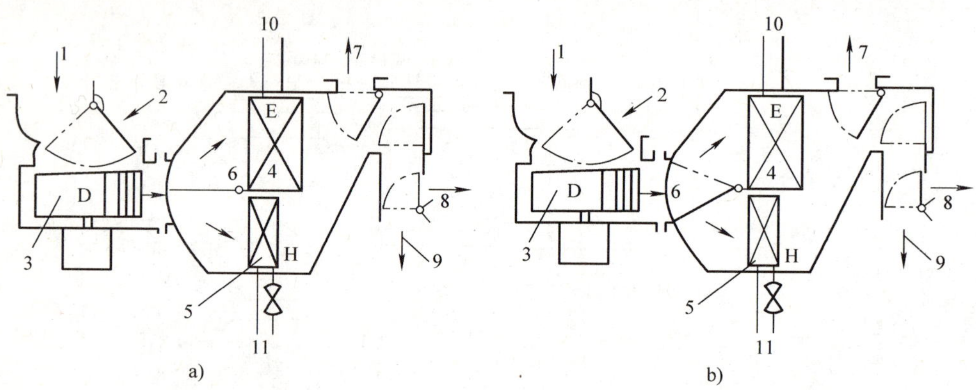


图6-7 加热与冷却并进式配气系统

a）混合风门在上方、下方区域之间的位置 b）混合风门在最下方位置

1—新鲜空气 2—内循环空气 3—风机 4—蒸发器 5—加热器 6—混合风门 7—上部通风口
8—除霜吹出口 9—脚部吹出口 10—制冷剂进出管 11—热水阀调节进出水管

该配气系统工作时，混合风门6可以在最上方与最下方区域之间的任何位置开启或停留（图6-7a）。当空气由风机D吹出后，将由调风门调节进入并联的蒸发器E和加热器H，蒸发器的冷风从上面吹出，对着人身上部，而热空气对着脚下和除霜处。由于风量和温度多种多样，则由风门调节空气流量的大小分别进入蒸发器和加热器，以满足不同温度、不同风量的要求。

当混合风门6处在最上方，这时混合风门6将通往蒸发器的通道口关闭；或者当混合风门6处在最下方，这时混合风门6将通往加热器的通道口关闭，如图6-7b所示。这样在E或H不用时，单纯暖气或冷气不经混合直接送至各出风口。若两者都不运行，送入车内的便是自然风。

## 任务工单

见任务工单14。

## 学习小结

1. 汽车空调配风方式按功能可分为冷暖分开型、冷暖合一型和全功能型。

2. 冷暖分开型：制冷和采暖系统各自分开，由两个完全独立的冷风机和暖风机所组成，有各自的送风机，控制系统也是完全分开的。

3. 冷暖合一型：在暖风机的基础上增加蒸发器芯和冷气出风口，但制冷和采暖各自分开，不能同时工作。

4. 全功能型汽车空调集制冷、除湿、采暖、通风、净化于一体。既可供冷气，又可供暖气，还可进行通风、除尘。

5. 汽车空调配风方式按空气流动路径可分为全热式、空气混合式、冷风和热气并进式和半空调方式。

## 自我测试

### 思 考 题

1. 若热水阀关闭不严，会对空调产生什么影响？
2. 若风道破裂，会对空调产生什么影响？

### 复 习 题

1. 请叙述汽车空调车内典型送风量配送系统的温度调配控制方法。
2. 请叙述汽车空调配风方式的分类。

# 学习情境 7 空调系统基本检修操作

## 任务 7.1　空调系统基本检修工具

### 任务载体

**故障现象**：一辆帕萨特 B5 行驶过程中空调突然停止运行，但有时又恢复正常。

**故障解决**：根据故障现象分析，初步认为可能是空调压力过高导致压缩机不工作。为此首先检修空调系统的管路，发现空调压力在正常范围内，同时对冷凝器和蒸发器进行了清洗，确认散热系统良好。再次试车，发现该车冷气突然消失，压缩机不工作。压缩机一般在以下几种情况时不工作：①发动机急加速工况；②冷却液温度高于 125℃；③空调系统的高压系统压力大于 320kPa。可是经过检查，这些情况都不存在，那就可能是电路的问题。首先检修空调系统的熔丝，一切正常。在该空调电路里，空调系统压力开关 F129 的主要作用是当系统压力过低（小于 200kPa）时，切断空调压缩机；当压力太高（大于 3000kPa）时，切断系统工作，以保护压缩机；当制冷剂循环压力升高时，提高散热风扇风速，优化冷凝器性能。拔下空调压力开关 F129 插头，当 A/C 开关接通时，测量 2 号端棕色或白色线应为 12V 电压，实际测量结果为 0V，于是查找电压异常的原因。顺着连接线路，发现在发动机左侧转向助力泵罐饰罩下有一过渡 4 针转换插头，拔下后发现插头浸水并已氧化引起空调线路不良。清洁插头后故障排除。

### 学习目标

1. 能通过与客户交流、查阅相关维修技术资料等方式获取车辆信息。

2. 能根据故障现象制订正确的维修计划。

3. 能正确选择诊断设备对空调系统故障进行诊断。

4. 能正确记录、分析各种检测结果并做出故障判断。

5. 能按照正确操作规范进行空调系统部件的更换。

6. 能根据环保要求，正确处理对环境和人体有害的废料和损坏的零部件。

## 理论知识

检修汽车空调时，除了使用各类扳手、螺钉旋具、钳子、锉刀、万用表、电烙铁、电钻、钢锯、电筒等常用工具外，还必须具备一套专用的检修工具和设备，用于对制冷系统检测和维修作业。检修工具和设备主要有歧管压力计、三根连接用的胶皮软管、制冷剂罐注入阀、真空泵、制冷剂漏气检测仪、截止阀、T形接头等。

### 7.1.1　歧管压力计

歧管压力计也称压力表组，它由两个压力表（低压表和高压表）、两个手动阀（低压手动阀和高压手动阀）、三个软管接头（一个接低压工作阀，一个接高压工作阀，一个接制冷剂罐或真空泵吸入口）和歧管座组成，如图7-1所示。

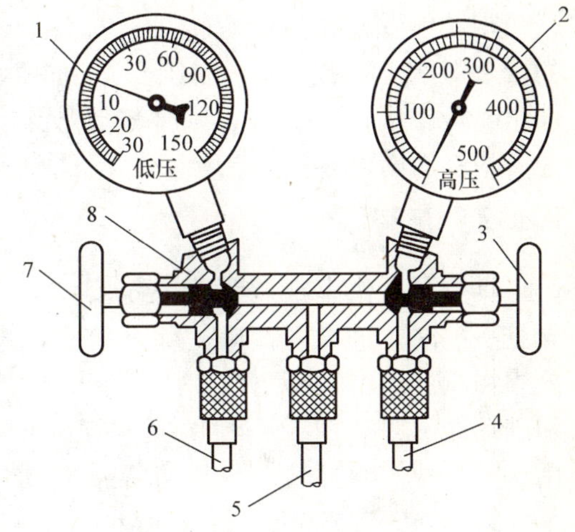


图7-1　歧管压力计

1—低压表（蓝）　2—高压表（红）　3—高压手动阀（HI）　4—高压侧软管（红）　5—维修用软管（绿）　6—低压侧软管（蓝）　7—低压手动阀（LO）　8—歧管座

歧管压力计用胶皮软管与汽车空调系统连接，在胶皮软管末端接头上带有顶销，用于顶开压缩机上的气门阀。胶皮软管有多种颜色，按规定，蓝色软管用于低压侧，红色软管用于高压侧，绿色、白色或黄色软管用于连接歧管压力计上的中间接口，胶皮软管应耐油、耐压。

歧管压力计主要用于对空调系统抽真空、充入或放出制冷剂以及判定空调系统故障等。

1）低压手动阀（LO）开启，高压手动网（HI）关闭，此时可以从低压侧向制冷系统充注气态制冷剂。

2）低压手动阀（LO）关闭，高压手动阀（HI）开启，此时可使系统放空，排出制冷剂，也可以从高压侧向制冷系统充注液态制冷剂。

3）两个手动阀均关闭，可用于检测高压侧和低压侧的压力。

4）两个手动阀均开启，内部通道全部相通。如果接上真空泵，就可以对系统抽真空。

压力表上所标出的压力一般为表压力，为了抽真空时应用方便，压力表上还标有真空刻度。

通常，歧管压力计上的三个接头都已分别与注入软管接好。当制冷系统管路内有制冷剂时，可按如下步骤把歧管压力计与空调制冷系统检修阀连接起来。

1）用工具卸下装在压缩机上的检修阀压力表接口及调节杆上的螺母，注意动作要缓慢，以防制冷剂漏出伤人。

2）关闭歧管压力计上的两个手动阀。

3）把歧管压力计上的低压软管连接到低压侧检修阀上，高压软管连接到高压检修阀上，中间软管的另一端用布包好后放在一块干净的布片上。各软管接头只能用手拧紧。

4）使用阀门扳手把检修阀调到“中位”（对于气门阀无需进行此步骤）。

5）把歧管压力计上的低压手动阀稍微打开几秒钟，其目的是利用系统内的制冷剂将低压软管内的空气排出，然后将其关闭，再用同样的方法排出高压软管内的空气。

这样，歧管压力计与空调制冷系统就连接起来了。当要卸下歧管压力计时，应先将检修阀调到“后位”，然后卸下注入软管并将其与备用接头连接起来，以免软管内部受到污染。

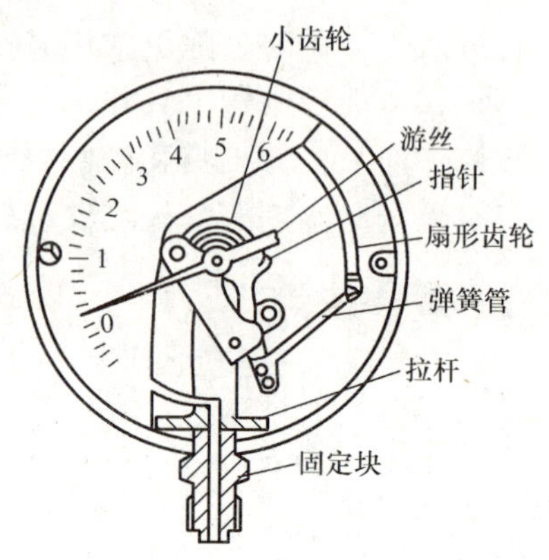

图7-2　弹簧管式压力表结构

歧管压力计的压力表一般采用弹簧管式，其结构如图7-2所示。当具有一定压力的制冷剂充到接头弹簧管时，由于弹簧管内外压力差的作用，使弹簧管（膨胀）变形，通过拉杆使扇形齿轮转一角度，从而带动小齿轮和指针也转过一个角度，指针所指的读数即是所测的压力（表压力）；如果被测的制冷剂压力低于大气压力时，则弹簧管收缩变形，压力计所指示的读数便是真空度。

### 7.1.2　真空泵

真空泵是汽车空调制冷系统安装、维修后抽真空不可缺少的设备，以去除系统内的空气和水分等物质。常用的真空泵，用油密封的有滑阀式和刮片式两种。用油密封的真空泵真空度较高，用水密封的有水环式等。目前常用的刮片式真空泵的结构如图7-3所示，它主要由定子、转子、排气阀和刮片等组成。工作时，弹簧弹力将两只刮片紧贴在气缸壁，以保证其密封性，定子上的进、排气口被转子和刮片分隔成两部分。当转子旋转时，一方面周期性地把进气口附近的容积逐渐扩大而吸入气体；另一方面又逐渐缩小排气口附近的容积，将吸入的气体压出排气阀，从而达到抽真空的目的。

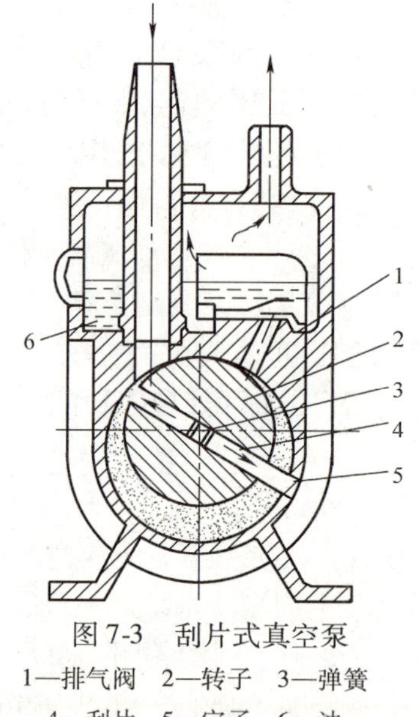

图7-3　刮片式真空泵

1—排气阀　2—转子　3—弹簧

4—刮片　5—定子　6—油

### 7.1.3　制冷剂罐注入阀

制冷剂罐注入阀是打开小容量制冷剂罐（400g左右）的专用工具，它利用蝶形手柄前部的针阀刺破制冷剂罐，通过螺纹接头把制冷剂引入歧管压力计，如图7-4所示。其使用方法是：

1）在制冷剂罐上安装制冷剂罐注入阀之前，应按逆时针方向转动蝶形手柄，使其前端的针阀完全缩回；再逆时针转动盘形锁紧螺母，使其升高到最高位置。

2）把注入阀装到制冷剂罐顶部的螺纹槽内，顺时针旋下盘形锁紧螺母，并用手充分拧紧，使注入阀固定牢靠，把注入阀接头与歧管压力计上的中间软管接头连接起来。

3）确认歧管压力计上的两个手动阀均处于关闭状态。

4）顺时针转动蝶形手柄，用针阀在制冷剂罐上刺一小孔。

5）如果此时需要加注制冷剂，应逆时针转动蝶形手柄，使针阀收回，而且同时要打开歧管压力计的相应手动阀，让制冷剂注入汽车空调制冷系统。

6）如要停止充注制冷剂，应顺时针转动蝶形手柄，使针阀下落到制冷剂罐上刚开的小孔上，使小孔封闭，而且同时关闭歧管压力的相应手动阀。

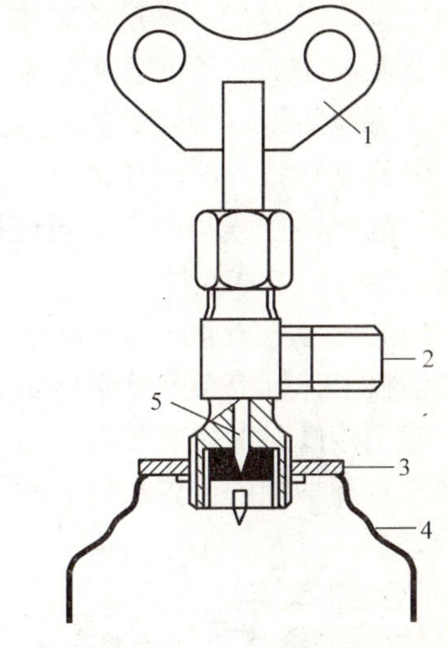


图7-4 制冷剂罐注入阀

1—蝶形手柄 2—螺纹接头 3—盘形锁紧螺母 4—制冷剂罐 5—针阀

**拓展阅读**

### 7.1.4 其他工具

1. 维修阀

汽车空调制冷系统是一个封闭的系统，为检修方便，通常在制冷系统管路上设置维修阀，它可与歧管压力计等检修设备连接以便进行故障诊断与维修操作，而不用打开制冷系统管路。

大多数汽车空调制冷系统中都有两个检修阀，分别设置在高压侧和低压侧，某些汽车空调上还装有三个检修阀。常用的检修阀有气门阀（自动阀）和手动阀两种。

（1）气门阀 气门阀又称阀心型检修阀，也称施拉德尔阀，其结构如图7-5所示，此阀芯类似于汽车轮胎上的气门芯结构。它有开启和闭合两个位置，通常处于闭合状态。当要检

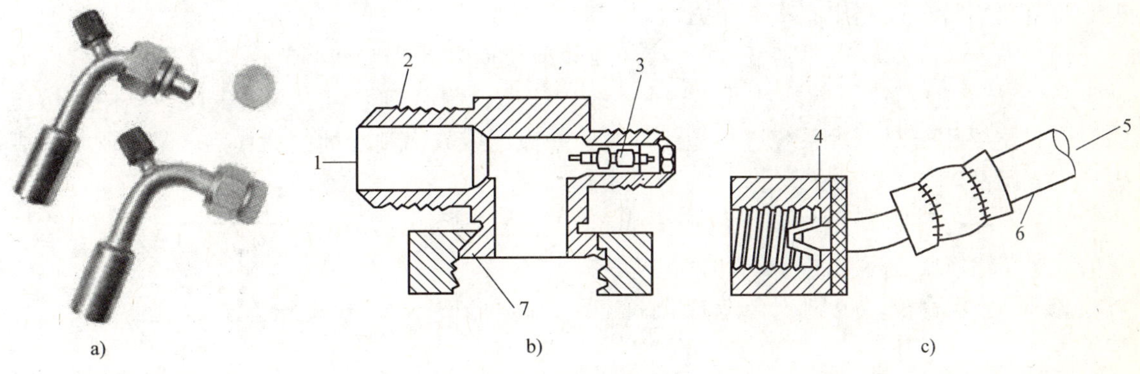


图7-5 气门阀

a）实物图 b）结构图 c）连接图

1—通向制冷系统管路 2—检修接口 3—气门阀 4—顶销 5—通向压力表 6—注入软管 7—通向压缩机

修制冷系统时，把带有顶销的注入软管接头连接在气门阀上，顶销就把气门阀阀芯顶开，系统管路便与注入软管相连通，制冷剂能进入检测用软管，这时，即可进行检测和维修作业了。卸去检测用软管时，气门阀则会自动关闭系统接口，起到良好的密封作用。

将检测软管与该阀连接时，应注意的是，只有注入软管一端连接在歧管压力计上后，另一端才能连接在气门阀上。当连接好后，软管的另一端不能从歧管压力计上拆除，否则，将会引起制冷剂流失。

（2）手动检修阀　手动检修阀是一种以手动方式控制制冷剂流向的三通阀，通常布置在压缩机上，标有英文字母S的为低压侧检修阀，标有英文字母O的为高压侧检修阀。

卸下检修阀的保护帽后，可以看到一个方形调节杆，用合适的扳手拧动调节杆时，可使阀处于三种不同的位置，即：前位、中位和后位，如图7-6所示。

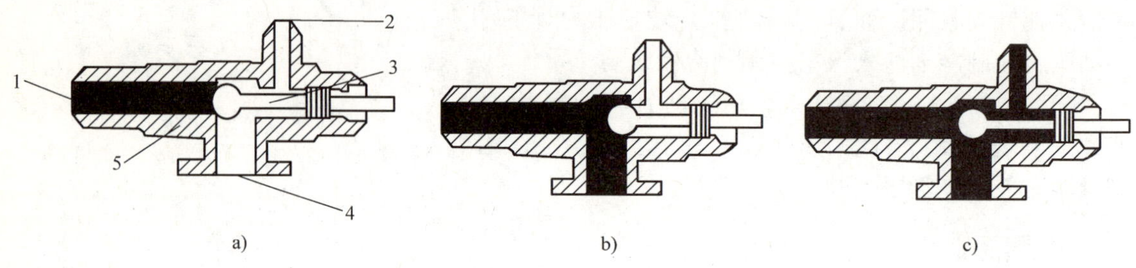


图7-6　手动检修阀

a）前位　b）后位　c）中位

1—制冷系统管路接口　2—压力表接口　3—柱塞　4—压缩机接口　5—阀体

1）前位（图7-6a）：将调节杆顺时针旋到底时检修阀即处于前位，这时制冷剂不能流到压缩机。压缩机从制冷系统中隔离出来，以便对它进行检修或更换。在这一位置时，压缩机仅与压力表接口相通，如果压力表接口保护帽未去掉而运转压缩机，高压制冷剂将无法排出，会导致压缩机损坏。

2）后位（图7-6b）：将调节杆逆时针旋转到底时检修阀即处于后位，后位是检修阀的正常工作位置，制冷剂能通过压缩机正常循环，压力表接口被关闭，制冷剂到达不了压力表，歧管压力计不能测出制冷剂压力值。

3）中位（图7-6c）：从后位顺时针（或从前位逆时针）旋转调节杆1~2圈，检修阀即处于中位（三通位置），制冷剂可在整个系统内流通，制冷剂可到达压力表口，以便测量压力。中位主要用于对制冷系统进行检修作业，如充注或放出制冷剂，抽真空，又可用歧管压力计来判断故障等。

注意：在打开手动检修阀上的压力表接口前或要从检修阀上拆除注入软管时，一定要将检修阀处于后位，否则，会造成制冷剂流失。

2. 电子检漏仪

电子卤素检漏仪是根据卤素原子在一定的电场中极易发生电离而产生电流的原理制成的。电子卤素检漏仪的工作原理如图7-7所

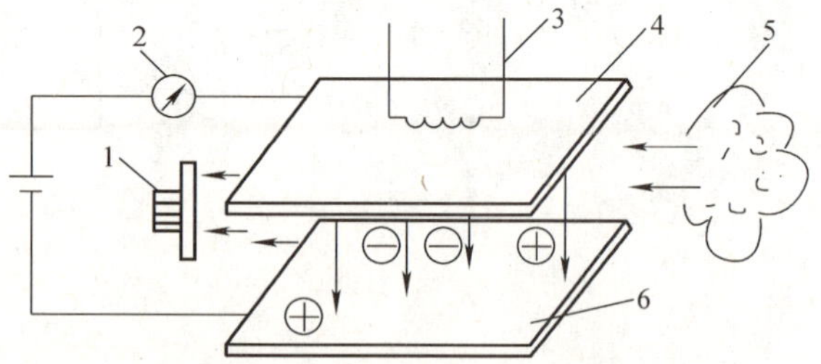


图7-7　电子卤素检漏仪的工作原理

1—吸气微型风扇　2—电流表　3—加热器　4—阳极　5—气态制冷剂　6—阴极

示，有一对电极，加热由白金做的阳极，并在它附近放一个带有负电的阴极，这对电极放在空气中时，由于空气的电离度很低，检测电路不通，电流表没有电流指示。当有制冷剂气体流经阳极与阴极之间时，气体在铱合金催化下迅速电离，电路中有电流通过，制冷剂浓度越大，电离越大，电路的电流也越大。这些可以通过串联在回路中的电流表反映出来，也可以由蜂鸣器的声音大小反映出来，由此检测出制冷剂气体的浓度，达到检漏的目的。

实际使用中的电子卤素检漏仪结构如图7-8所示。在圆筒状白金阳极里放一个加热器，使阳极温度达800℃左右，在阳极外侧放一只圆筒状的阴极，在阴、阳极之间加直流电压。为使气体在电极间流过，设有一只微型吸气风扇通过吸气管将泄漏部位的气体吸入电极，若有制冷剂气体通过电极时，就会产生几微安的电流，用放大器放大后用电流表指示或用蜂鸣器发出警告声音，且蜂鸣器发出的声音频率高低随制冷剂泄漏量而变化。

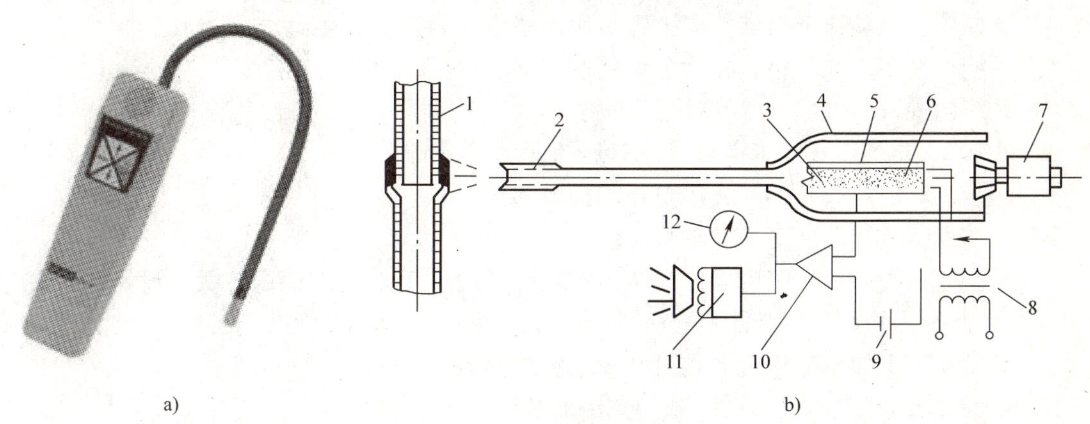


图7-8　电子卤素检漏仪

a）实物图　b）结构图

1—制冷系统管路　2—吸嘴　3—加热器　4—外壳　5—阴极　6—阳极　7—吸气微型风扇
8—升压变压器　9—电源　10—放大器　11—蜂鸣器　12—电流表

实践技能

### 7.1.5　压缩机吸、排气压力异常的故障诊断

1. 吸气压力过高，排气压力正常隐含故障的排除

1）车内温度过高（引起制冷负荷加大）。此时应采取的措施是关闭车门窗和外部气源门；若还不能恢复正常，便应检查门窗和气源门的密封性，若密封性不良应予维修。

2）膨胀阀感温包松动或绝热不良，此时应将松动感温包扎紧，并加强绝热，以保证接触良好。

3）膨胀阀常开，应更换。

4）膨胀阀感温包内制冷剂漏光，应更换感温包。

5）压缩机阀门簧片损坏，更换阀门簧片。

6）压缩机气缸垫漏气，更换气缸垫。

2. 吸气压力正常，排气压力过高，隐含故障的排除

1）管路堵塞（制冷剂中含有杂物），堵塞处有结霜，此时应将不洁的制冷剂全部换掉。

2）储液干燥器堵塞。

3）冷凝器表面有杂物，应除去杂物和灰尘。

4）发动机散热器和冷凝器距离过小，应卸开重新进行安装，以减小它们的距离，降低冷凝器温度。

5）冷凝器方式风量不够，应更换风扇。

6）制冷剂充注过量，应排除多余的制冷剂。

3. 吸气压力过高，排气压力亦过高的故障排除

1）车内温度过高。关闭外循环阀门，维修门窗密封不良处。

2）冷凝器风量不够，应增加冷凝器处冷却风量。

3）冷凝器冷却风扇不转或不对中。检查原因，维修风扇。

4）冷凝器和发动机散热器距离太近。用前述方法调整二者距离。

5）系统充注制冷剂过量，排除过量的制冷剂。

6）系统内混入空气应排除空气。

4. 吸气压力过高、排气压力过低故障排除

1）压缩机阀门或阀片故障，应更换阀门或阀片。

2）压缩机缸垫损坏，更换气缸垫。

3）恒温开关失准或在蒸发器中安装不正确，此时应重新校准恒温开关，感温包或热敏电阻应安装良好，并安装在最能代表蒸发器温度之处。

4）蒸发器压力控制器压力调定过高，应重新调整。

5. 吸气压力过低，排气压力过低，隐含故障的排除

1）系统制冷剂量不足，先查是否泄漏，补漏后补足制冷剂。

2）压缩机气缸泄漏，应更换气缸垫。

3）压缩机吸气阀泄漏，应更换阀板。

4）排气阀变软或损坏，应更换阀板或簧片。

5）压缩机活塞磨损，应更换压缩机。

可以看出，某一故障的表现，有时可能是多种多样，最终却就是同一故障；有时一种表现却是系统里多种故障的表征。

## 任务工单

见任务工单15。

## 学习小结

1. 歧管压力计也称压力表组，它由两个压力表（低压表和高压表）、两个手动阀（低压手动阀和高压手动阀）、三个软管接头（一个接低压工作阀，一个接高压工作阀，一个接制冷剂罐或真空泵吸入口）和歧管座组成。

2. 大多数汽车空调制冷系统中都有两个检修阀，分别设置在高压侧和低压侧，某些汽车空调上还装有三个检修阀。常用的检修阀有气门阀（自动阀）和手动阀两种。

3. 电子卤素检漏仪是根据卤素原子在一定的电场中极易发生电离而产生电流的原理制成的。

## 自我测试

### 复　习　题

1、请叙述歧管压力计的使用方法。
2、请叙述制冷剂注入罐的使用方法。
3、请叙述空调系统的检漏方法。

# 任务7.2　空调系统基本检修操作

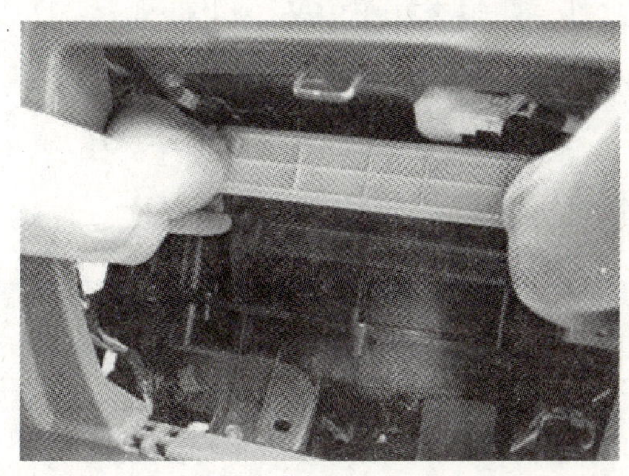

## 任务载体

**故障现象：**一辆夏利轿车，在接通鼓风机开关和空调开关时，发动机的怠速转速提高了，但是空调压缩机不工作。起动发动机，接通鼓风机开关和空调开关，发动机的怠速转速提高，仪表板上的风口正常吹风，这说明空调开关和鼓风机工作正常。但此时空调压缩机不工作，而且冷凝器风扇也不转动。

**故障诊断：**检修时，首先将歧管压力计的高、低压软管与制冷系统中对应的检测阀连接好，此时歧管压力计的高、低压表均指示为0.6MPa，在正常静态压力值范围内。起动发动机，接通鼓风机开关和空调开关，从蓄电池的正极柱引电源线直接接通空调压缩机的电磁线圈后，其压盘吸合，说明空调压缩机的电磁离合器未损坏，制冷系统正常工作了，冷凝器风扇也转动起来，同时仪表板上的风口也吹冷风。再观察歧管压力计的低压表指示值和高压表指示值均在正常范围；高压管道上的液镜内无气泡，证实了制冷系统中制冷剂充足。

空调压缩机的电磁离合器和冷凝器风扇都受该车的空调放大器控制，二者均不能正常工作，其故障根源可能就在空调放大器上。空调放大器为电子式，其正常的工作过程为：在发动机正常运转时，接通鼓风机开关和空调开关，在制冷剂充足的条件下，空调放大器首先发出提高怠速转速的电信号来驱动怠速真空电磁阀，使发动机怠速转速提高到1200r/min；此时空调放大器接收到发动机的相应转速脉冲信号和蒸发器出风侧的相应温度电信号后，再接通空调压缩机电磁离合器和冷凝器风扇控制继电器电路，使得制冷系统进入正常工作状态。

经试验，该车空调放大器工作正常；再检查空调放大器的线束插接器，首先确认点火开关控制的电源线和搭铁线均正常，压力开关也正常，然后逐线检查插接器各端子到各传感器和执行器之间的线路通断情况。发现转速滤波器的引线断损，使空调放大器无法得到发动机的转速信号，因而空调放大器无法接通空调压缩机电磁离合器和冷凝器风扇控制继电器的电路，使得空调系统不能正常工作。将转速滤波器的引线焊好，再将空调放大器复位。起动发动机，接通鼓风机开关和空调开关，随着发动机的转速提高，空调压缩机的电磁离合器吸合，冷凝器风扇也转动起来，驾驶室内仪表板上的风口吹出冷风，空调系统恢复了正常工作。

## 学习目标

1. 能通过与客户交流、查阅相关维修技术资料等方式获取车辆信息。
2. 能根据故障现象制订正确的维修计划。
3. 能正确选择诊断设备对汽车空调进行检修操作。
4. 能正确记录、分析各种检测结果并做出故障判断。
5. 能根据环保要求，正确处理对环境和人体有害的废料和损坏的零部件。

## 理论知识

### 7.2.1 制冷剂充注程序

对于新安装的汽车空调制冷系统，在因修理或更换制冷系统零部件而放空制冷剂后需在完成安装或维修作业后要重新充注制冷剂，一般可按下述步骤或程序进行（图 7-9）。

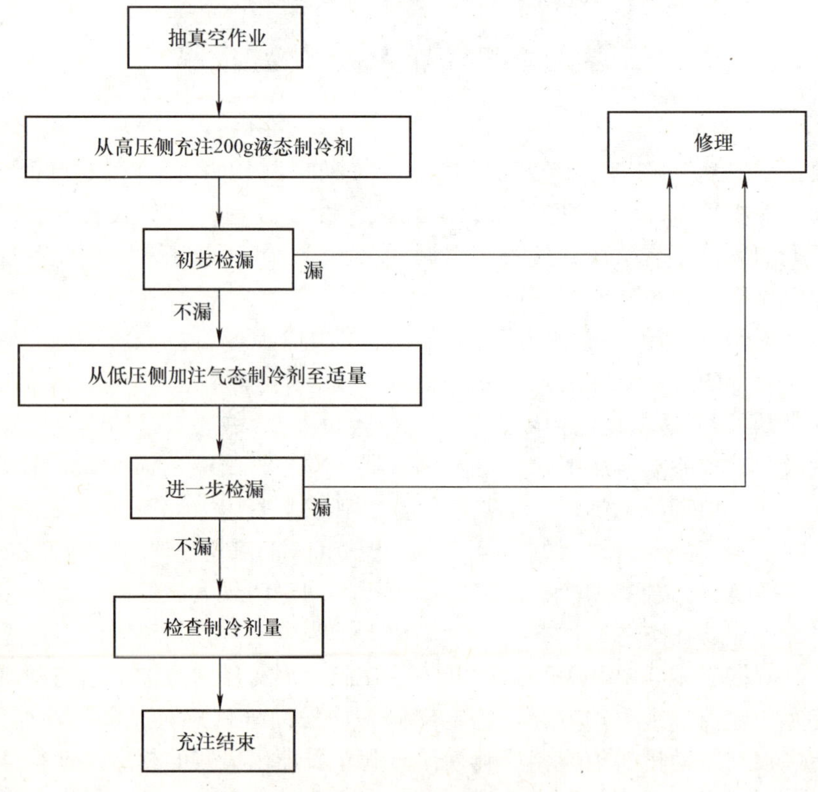


图 7-9 充注制冷剂

可以看出，制冷剂的充注包括抽真空作业、检漏作业、从高压侧充注液态制冷剂、从低压侧充注气态制冷剂和检查制冷剂量五项基本作业。

（1）抽真空作业　汽车空调制冷系统修理之后，由于接触了空气，必须用真空泵抽真空，排除制冷系统内的水分和空气，以维护空调制冷系统的正常工作，抽真空并不能直接把水分抽出制冷系统，而是产生真空后降低了制冷剂的沸点，水以蒸汽的形式被抽出制冷系统。

抽真空之前，应进行制冷剂泄漏检查。抽真空也是进一步检查系统在真空情况下的气密性能。

抽真空的步骤如下：

1）将制冷系统、歧管压力计以及真空泵连接好，压缩机高、低压检修阀处于微开位置，歧管压力计上的高低压手动阀处于闭合状态，拆除真空泵吸、排气口护盖，歧管压力计上的中间软管和真空泵进口相连接。

2）打开歧管压力计的高低压手动阀，起动真空泵、观察低压表指针，应有真空显示。

3）操作 5min 后低压表应达到 33. 6kPa（绝对压力），高压表指针应略低于零刻度；如果高压表指针不能低于零刻度，表明系统内有堵塞，应停止并清理好故障，再抽真空。

4）真空泵工作 15min 后观察压力表，如果系统无泄漏，低压值应达到 13. 28kPa ~ 20. 05kPa 的绝对压力。

5）如果达不到此数值，应关闭低压侧手动阀，观察低压表指针，如果指针上升，说明真空有损失，要查泄漏部位，进行检修后才能继续抽真空，这一步也就是真空试漏法。

6）抽真空总的时间不少于 30min，抽真空后关闭低压手动阀，就可以向系统中充注制冷剂。

（2）制冷系统的检漏　由于汽车空调制冷系统各部件及管路均采用可拆式连接，压缩机也是开式结构，而制冷剂的渗透能力很强，因此，制冷系统的泄漏是不可避免的。据统计，汽车空调不制冷或制冷不足故障中，70% ~80% 以上都是由系统泄漏所造成的。

重点检漏的部位主要有：

1）拆修过的制冷系统部件及各连接部位。

2）压缩机轴封、前后端盖密封垫、检修阀和过热保护器。

3）冷凝器散热片及制冷剂进出连接管口。

4）制冷系统各管路及连接部位。

（3）从高压侧注入液态制冷剂　液态制冷剂可以从高压侧注入，其加注方法如下：

1）抽真空作业完成后，将中间注入软管从真空泵上卸下，改接到制冷剂注入阀接口上，装好制冷剂罐并用注入阀打开制冷剂罐，然后将与歧管压力计相连接的中间软管接头稍微松开一些，直到听到“嘶嘶”声后再拧紧，以排出中间注入软管内的空气。

2）打开歧管压力计高压侧手动阀，制冷剂便经高压侧注入软管进入系统高压侧，这时观察低压表指针是否随高压表指针一起升高，若低压表指针不回升或回升很慢，说明系统内部有堵塞处，应停止充注并进行检修。

若低压表指针随高压表一起正常回升，可将制冷剂罐倒立，使制冷剂呈液态进入系统。注入规定量的制冷剂后，关闭高压侧手动阀和注入阀后，即可进行检漏或试运行。图 7-10 所示为从高压侧充注液态制冷剂示意图。

从高压侧注入一定量的液态制冷剂（一般为 200g 左右）一般在抽真空后初步检漏之前进行，以使制冷系统有一定量的制冷剂并保持一定的压力，便于用卤素检漏仪进行检漏作业。另外应注意，采用这种方式充注制冷剂时，不允许打开歧管压力计上的低压手动阀，也决不允许运转压缩机，否则，有可能造成制冷剂罐爆裂的危险。

（4）从低压侧注入气态制冷剂　气态制冷剂一般从制冷系统低压侧检修阀注入，用于初步检漏后充注制冷剂量或给系统内补充制冷剂，其加注方法如下：

将歧管压力计连接于制冷系统检修阀上，中间注入软管与制冷剂注入阀和制冷剂罐连接好。

起动发动机并使之保持在1500～2000r/min转速下运转，接通空调A/C开关使压缩机工作，鼓风机以高速旋转，温度调节推杆或旋钮调至最大冷却位置。

用注入阀打开制冷剂罐并保持罐体直立，缓慢打开歧管压力计低压手动阀，气态制冷剂便由制冷剂罐经注入软管、低压侧检修阀被压缩机吸入制冷系统低压侧，如图7-11所示。同时调节低压侧手动阀开度，使低压表读数不超过411.6kPa。为加快充注速度，可将制冷剂罐直立放在温度为40℃左右的温水中，以保证制冷剂罐内的液态制冷剂具有一定的蒸发速度。

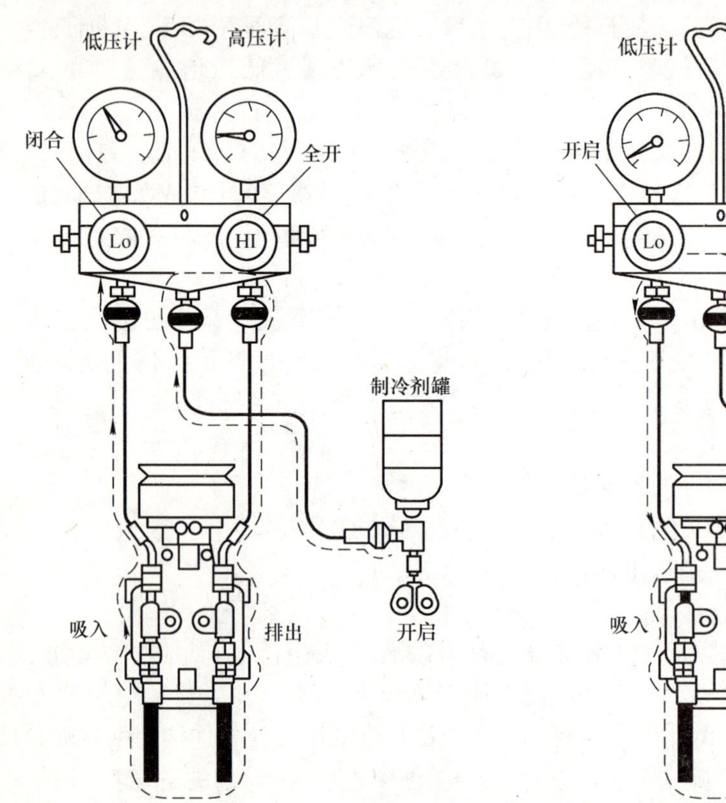


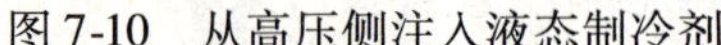
图7-10　从高压侧注入液态制冷剂

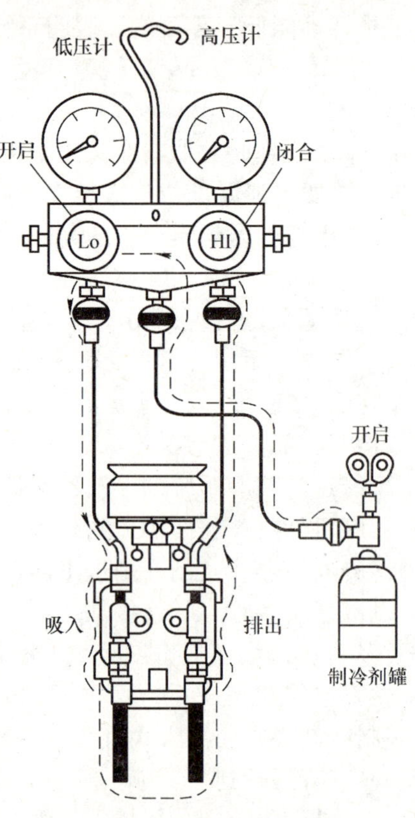


图7-11　从低压侧注入制冷剂

若使用的是小容量罐，在加注一罐后仍需加注时，可关闭歧管压力计上的低压侧手动阀，从空罐上卸下注入阀，把它装到待用的制冷剂罐上，排出中间注入软管内的空气后，再继续加注到适量为止。

充注完毕后，关闭歧管压力计低压侧手动阀，关闭注入阀，关闭空调A/C开关和鼓风机开关，让发动机熄火，卸下歧管压力计即可。

（5）检查制冷剂量　起动发动机，将发动机转速稳定在1500～2000r/min，把空调功能键置于最大制冷状态，风机（包括冷凝器和蒸发器风机）置于最高转速，开动空调系统

5min 后通过视液窗进行观察。观察的现象、结论和处理方法见表 7-1。

**表 7-1　从视液窗观察制冷剂量**

| 现　　象 | 结　　论 | 处理方法 |
| --- | --- | --- |
| 视液窗下一片清晰，送风口有冷气吹出。在发动机转速提高或降低时，可能有少量气泡出现，关闭空调后随即起泡，然后渐渐消失（约 45s 内消失） | 制冷剂量合适 | |
| 视液窗下有少量气泡出现，或者每隔 1～2s 就可看到气泡 | 制冷剂量不足 | 检漏，并补充制冷剂至适量 |
| 视液窗下一片清晰，并有冷气输出。关闭空调后 15s 内不起泡 | 制冷剂量过多 | |
| 视液窗下有许多气泡或气泡消失，视液窗内呈油雾状或出现润滑油油条纹 | 制冷剂量严重不足，冷冻油过多 | 检漏，修理泄漏部位，重新充注制冷剂至适量 |
| 视液窗下出现云堆状景象 | 干燥剂已分散，并随制冷剂流动 | 更换干燥剂 |

**拓展阅读**

### 7.2.2　制冷系统工作压力的检测

要了解汽车空调制冷系统工作循环进行的情况，必须测量制冷系统工作时高压侧和低压侧的压力。制冷系统工作压力的检测方法如下：

1）将歧管压力计正确连接到制冷系统相应的检修阀上，如果是手动检修阀上，应使阀处于中位。

2）关闭歧管压力计上的两个手动截止阀。

3）用手拧松歧管压力计上高低压注入软管的连接螺母，让系统内的制冷剂将高低压注入软管内的空气排出，然后再将连接螺母拧紧。

4）起动发动机并使发动机转速保持在 1000～1500r/min，然后打开空调 A/C 开关和鼓风机开关，设置到空调最大制冷状态，鼓风机高速运转，温度调节在最低。

5）关闭车门、车窗和舱盖，发动机预热。

6）把温度计插进中间出风口并观察空气温度，在外界温度为 27℃时，运行 5min 后出风温度应接近于 7℃。

7）观察高低侧压力，压缩机的吸气压力应为 207Pa～24kPa，排气压力应为 1103kPa～1633kPa。应当注意，外界高温高湿将造成高温高压的条件。如果离合器工作，则在离合器分离之前记录下压力数值。

8）如果制冷系统工作压力异常，则其导致的原因与检修方法见表 7-2。

**表 7-2　制冷系统的压力检测**

| 现　　象 | 原　　因 | 检　　修 |
| --- | --- | --- |
| 低压侧压力低<br>高压侧压力高 | 1. 膨胀阀损坏<br>2. 制冷剂软管堵塞<br>3. 储液干燥器堵塞<br>4. 冷凝器堵塞 | 1. 更换膨胀阀<br>2. 检查软管有无死弯，必要时更换<br>3. 更换储液干燥器<br>4. 更换冷凝器 |

（续）

| 现　　象 | 原　　因 | 检　　修 |
| --- | --- | --- |
| 高低压侧压力正常<br>（冷量不足） | 1. 系统中有空气<br>2. 系统中冷冻油过量 | 1. 抽空、检漏并充注系统<br>2. 排放并抽冷冻油，恢复正常油位，抽空检漏并充注系统 |
| 低压侧压力低<br>高压侧压力低 | 1. 系统制冷剂不足<br>2. 膨胀阀堵塞 | 1. 抽空、检漏并充注系统<br>2. 更换膨胀阀 |
| 低压侧压力高<br>高压侧压力低 | 1. 压缩机内部磨损渗漏<br>2. 缸盖密封垫泄漏<br>3. 压缩机传动带打滑 | 1. 拆下压缩机缸盖，检查压缩机，必要时更换阀板总成。如果压缩机堵塞或缸体磨损或损伤，更换压缩机<br>2. 更换缸盖密封垫<br>3. 调整传动带张力 |
| 低压侧压力高<br>高压侧压力高 | 1. 冷凝器翅片堵塞<br>2. 系统中有空气<br>3. 风扇传动带松或磨损<br>4. 制冷剂充注过量 | 1. 清扫冷凝器翅片<br>2. 抽空、检漏并充注系统<br>3. 调整或更换传动带<br>4. 释放一些制冷剂 |

### 7.2.3　冷冻油的加注

汽车空调制冷系统在一般情况下，冷冻油的消耗量很少，可以每两年更换一次，每次加入规定的数量。添加时一定要保证是同一牌号的冷冻油，因为不同牌号的冷冻油会生成沉淀物。如果制冷系统制冷剂泄漏速度很慢，则对冷冻油泄漏影响不大；如果制冷剂泄漏速度很快，则冷冻油也会随之很快泄漏。

如果压缩机内冷冻油存油过少，压缩机会过热，甚至发生卡缸现象；系统内冷冻油过多，膨胀阀、蒸发器会发生故障，因此，压缩机内必须保持正常的存油量。

1. 压缩机冷冻油量的检查

压缩机冷冻油量的检查方法：

（1）观察视液窗　通过压缩机上安装的视液窗，可观察压缩机冷冻油油量。如果压缩机冷冻油油面达到视液窗高度的80%位置，一般认为是合适的。如果油面在此界限之上，应引出多余的冷冻油；如果油面在此界限之下，则应添加冷冻油。

（2）观察量油尺　未装视液窗的压缩机，可用油尺检查其油量。压缩机有的只有一个油塞，油塞下面有的装有油尺，有的没有油尺，没有油尺的需另外用专用油尺插入检查，观察油面的位置是否在规定位置的上、下限之间。

2. 添加冷冻油

添加冷冻油可用以下两种方法：

（1）直接加入法　将冷冻油按标准称好或用洁净的量杯量好，直接倒入压缩机内，这种方法只在更换蒸发器、冷凝器和储液干燥器时采用。需注意的是：在将冷冻油直接倒入压缩机时，最好倒入高压管中；若从低压管中倒入时，必须手动将压缩机转动几圈，以免发生液击现象。

（2）真空吸入法　真空吸入法是先将系统抽真空到98kPa，用带有刻度的量杯准备比需要补充量多一些的冷冻油。然后开始加冷冻油。之后再抽真空。表7-3为更换部件时的冷冻油补充量。

**表 7-3　更换部件时的冷冻油补充量**

| 更换的零部件 | | 冷冻油补充量/ml |
|---|---|---|
| 冷凝器 | 1. 无渗漏油迹 | 10～30 |
| | 2. 有大量渗漏油迹 | 40～60 |
| 蒸发器 | | 40～50 |
| 储液干燥器 | | 10～20 |
| 制冷管路 | 1. 无渗漏油迹 | 不加油 |
| | 2. 有大量渗漏油迹 | 10～20 |
| 系统漏气 | 1. 无渗漏油迹 | 不加油 |
| | 2. 有大量渗漏油迹 | 10～20 |

真空吸入法操作程序如下：先对系统抽真空，之后关闭真空泵和高低压手动阀；将所要加注的冷冻油放入量杯中；按图 7-12 所示连接整个系统，即将低压软管从压力计一端卸下并插入冷冻油中，高压软管仍接高压检修阀，中间软管仍接真空泵；开启真空泵，打开高压手动阀，冷冻油便被徐徐吸入压缩机中。此时，冷冻油在高压侧，系统运转后，冷冻油就返回压缩机。加注完毕后，关闭真空泵及高压手动阀。

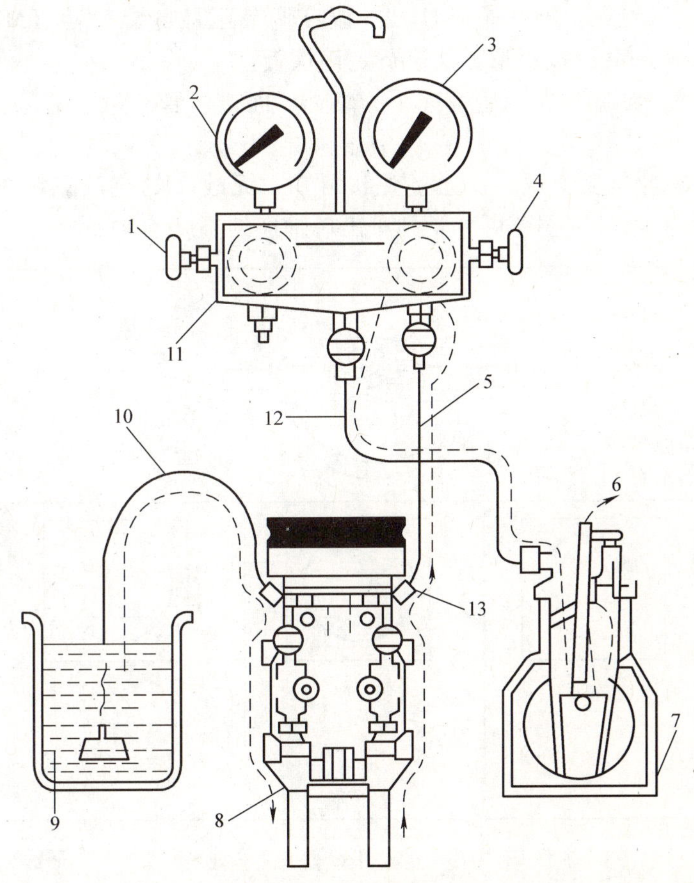


图 7-12　添加冷冻油

1—手动低压阀手柄　2—低压表　3—高压表　4—手动高压阀手柄　5—高压侧软管　6—排气口　7—真空泵　8—压缩机　9—油杯　10—低压侧软管　11—歧管压力计　12—中间软管　13—检修阀

### 7.2.4 其他检修操作

1. 从制冷系统内排出制冷剂

排放制冷剂有两种方法，一是将制冷剂放到大气中，但这要污染环境；二是回收制冷剂，但要有回收装置。排放时，周围环境一定要通风良好，不能接近明火，否则会产生有毒的气体。制冷剂排放的具体操作步骤如下；

1）关闭歧管压力计上的手动高、低压阀，并将其高、低压软管分别接在压缩机高、低压检修阀上，将中间软管的自由端放在干净的软布上。

2）慢慢打开手动高压阀，让制冷剂从中间软管布上排出，阀门不能开得太大，否则压缩机内的冷冻油会随制冷剂流出。

3）当压力表读数降到0.35MPa以下时，再慢慢打开手动低压阀，使制冷剂从高低压两侧同时排出。

4）观察压力表读数，随着压力下降，逐渐开大手动高、低压阀，直至低压表的读数指到零为止。

2. 空调系统定性检查

起动发动机，开启风量开关置于H档，温度调节至最低温度档（MAX COOL），按下A/C开关，运转2~3min后按以下方法进行定性检查：

1）用手感检测：压缩机吸入管有冰手的感觉，而排出管有烫手的感觉，两管之间有明显的温差。

2）在储液干燥器检视窗观察：通过观察可知，无故障的空调系统中干燥器内是透明的，如图7-13所示，而且用手感可感觉到进出口管道的温度均匀一致。

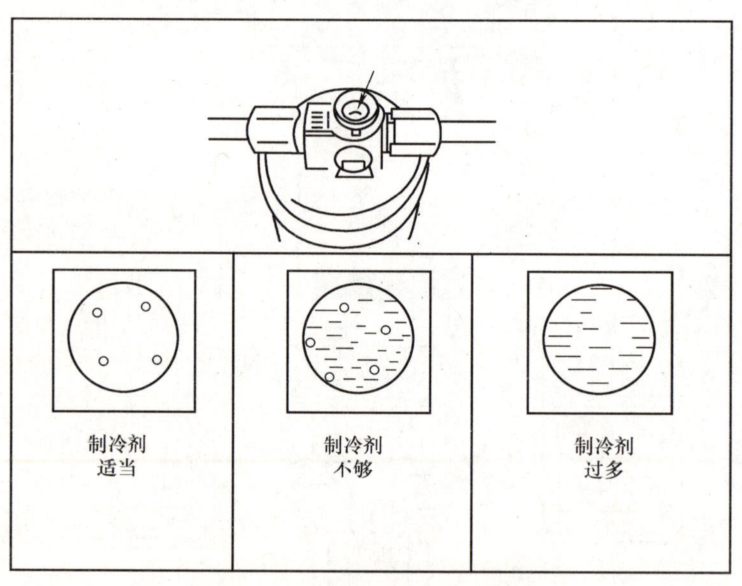


图7-13 储液干燥器检视窗观察

3）用手感比较冷凝器流入管和流出管温度，流入管的温度较流出管的温度高。

4）用手来感觉膨胀阀前后应有明显的温度差，前热后冷。

5）用手来感觉冷凝器流出管至膨胀阀输入端之间的高压区的管道及部件温度应均匀一致。

6）用手来感觉膨胀阀流出口到压缩机吸入口的管道应有冰手而不结霜的感觉，即使结霜也随即融化。用目测只能看到化霜后的小水珠。

7）冷气出口有冰凉的感觉。

如果检查结果符合以上条件，那么汽车空调系统工作是正常的。

3. 空调系统定量检测

在环境气温为 20 ~ 35℃条件下，开起发动机，按下 A/C 开关，风量开关置于最高档（H），温度开关置于最低温度（MAX COOL）位置，打开车门，使发动机在 2000r/min 左右运转 15 ~ 20min 后，用高、低压力表组检测，其高低压力应符合规定的范围。压力表的指示压力随环境温度变化，例如，在环境温度为 30℃时，压力表的指示压力为：

高压侧压力值：1.176 ~ 1.47MPa

低压侧压力值：0.196 ~ 0.294MPa

中央出风口的温度也应在规定的范围内。例如，蒸发器入风口温度为 24℃，中央出风口吹风温度应为 12℃。

若制冷效果不佳，可透过储液干燥器的观察窗检查制冷剂的量，并拧紧各管接头处。

必须指出，由于受每一种车所用的压缩机不同、冷凝器的布置位置不同等因素的影响，高、低压力值可能相差较大，并且由于系统中蒸发器、冷凝器的匹配参数不同，每种车出风口温度也相差较大。

4. 汽车空调系统的定期维护

作为汽车上很重要的一个系统，除了由驾驶人进行的一些日常维护和检查工作外，在汽车空调的使用过程中，还应由汽车空调专业维修人员对空调系统各总成和部件做一些必要的定期维护和调整检查工作，才能更好地保证汽车空调的使用寿命和工作可靠性。轿车空调的定期维护项目主要有以下几项：

（1）压缩机的检查和维护　一般是每 3 年进行一次，主要检查进、排气压力是否符合要求，各紧固件有否松动，有否漏气现象。拆开后主要检查进、排气阀片是否有破损和变形现象，如有应修整或更换进排气阀总成。压缩机拆修后必须更换各密封圈和轴封，否则会造成压缩机密封处泄漏。

（2）冷凝器及其冷却风扇的检查和维护　一般每 1 年进行一次，维护内容主要是彻底清扫或清洗冷凝器表面的杂质、灰尘，用扁嘴钳扶正和修复冷凝器的散热片，仔细检查冷凝器表面是否有异常情况，并用检漏仪检查制冷剂有无泄漏。如防锈涂料脱落，应重新涂刷，以防止生锈穿孔而泄漏。检查冷凝器冷却风扇是否运转正常，检查风扇电动机的电刷是否磨损过量。

（3）蒸发器的检查和维护　一般应每 1 年用检漏仪进行一次检漏作业，每 2 ~ 3 年应打开蒸发器盖，对蒸发器内部进行清扫，清除送风通道内的杂物。

（4）电磁离合器的检查和维护　每 1 ~ 2 年应检修一次，重点检查其动作是否正常，是否有打滑现象，接合面是否磨损，离合器轴承是否严重磨损。同时，还必须用塞尺检查其电磁离合器间隙是否符合要求。

（5）储液干燥器的更换　轿车空调在正常使用情况下，一般每 3 年左右更换一个储液干燥器，如因使用不当使系统进入水分后应及时更换。另外，如系统管路被打开时，一般也应更换储液干燥器。

（6）膨胀阀的维护 一般每1~2年检查一次其动作是否正常，开度大小是否合适，进口滤网是否被堵塞，如不正常应更换或做适当调整。

（7）制冷系统管路的维护

1）管接头：每1年检查一次，并用检漏仪检查其密封情况。

2）配管：检查其是否与其他部件相碰，检查软管是否有老化、裂纹现象，一般每3~5年更换软管。

（8）驱动机构的检查和维护

1）V带：每使用100h检查一次张紧度和磨损情况，使用3年左右应更换新品。

2）张紧轮及轴承：每1年检查一次，并加注润滑油。

（9）冷冻油的更换 一般每2年左右检查或更换，对于管路有较大泄漏时，应及时检查或补充冷冻油。

（10）安全装置的检查与更换 高压开关、低压开关、冷却液温度开关等关系到空调系统是否能安全、可靠地工作的安全装置，一般应每1年检查一次，每5年更换一次。

（11）怠速提升装置应每年检查和调整一次

（12）其他事项

1）装配螺栓、螺母等紧固件应每3个月紧固一次。

2）防振隔振橡胶应每年检查其是否老化、变形，如有故障应及时更换。

3）管道保温材料应每年检查一次是否老化失效。

4）制冷状况的检查应每2年进行一次，一般测量进、出风口温度差应在7~10℃。

上述定期检查和维护周期应根据空调运行的具体情况进行执行，不可生搬硬套。例如，对于空调使用十分频繁的南方地区，可适当缩短维护周期，而对于北方地区，每年空调运行时间相对较短，可适当延长维护周期。

**实践技能**

### 7.2.5 空调系统常见故障诊断

1. 确定空调制冷系统中混入空气及排除的方法

空气进入空调制冷系统后，一般都留存在冷凝器或储液干燥器中，因为在这两个部件内部有液体制冷剂存在，形成液封，所以空气不会进入蒸发器。另外当低压系统不严密漏入空气时，则空气也会随制冷剂蒸气一起被压缩机吸入而排至冷凝器或储液干燥器中。由于空气不会凝结，又比制冷剂蒸气轻，所以空气都存在于冷凝器或储液干燥器内部。制冷系统中混有空气后的异常表现如下：

1）压缩机排气压力表指针出现摆动。但应注意压力表指针摆动有时也出现在排气量不均匀时。所以，应该把两种情况区分开来，后者指针摆动较快，摆幅也小；而制冷系统有空气存在时，指针摆幅略大，摆动较慢。

2）空气混入制冷系统后，排气压力和排气温度均大于正常值，吸气压力亦高于正常值。

3）空气混入制冷系统后，因制冷量下降，使送出的冷风温度降不下来。

空气进入制冷系统后，分离比较困难，所以对一些小型制冷系统（如轿车空调），因制冷剂充注量较少，大部分是采用全部放掉制冷剂后，重新抽真空，重新充装制冷剂的方法。对于大型空调制冷系统，因其充注的制冷剂较多，因而采取排放空气的办法。因为空气的密度小于制冷剂，所以，空气总是处于冷凝器或储液干燥器上部。但冷凝器或储液干燥器上方又不全是空气，而是制冷剂蒸气、冷冻油蒸气、空气三者组合而成的混合气，排除空气应按如下方式进行（否则制冷剂亦会被排除制冷系统）：

1）首先关闭冷凝器或储液干燥器的出液阀，并使压缩机运转，以将制冷系统中的制冷剂混合气都积聚在冷凝器中，当低压值达到 0.005 ~ 0.006MPa 时，即可停止压缩机运行，但应继续对冷凝器吹风。

2）停机 1h 左右，使冷凝器中制冷剂蒸气冷凝，这样使系统空气与制冷剂逐渐分离。

3）慢慢松开压缩机高压阀的多用孔口，使制冷系统中的气体排出。用手接触排放的气体，若感到排出的气体比较热，说明排出的为空气。若排出的气体使手感到凉时，应立即拧紧多用孔口螺栓，并封闭多用孔口。

4）最后开机运行，观察排气压力表指针是否仍然摆动，冷凝压力、排气压力是否已达正常值，如不合要求则继续重复上述过程排放空气。

上述方法在操作过程中，要求每次放出少量气体，反复多次进行，以避免将制冷剂排出。

2. 判断汽车空调制冷系统脏堵部位及排除的方法

一般汽车空调制冷系统的肮堵故障，经常发生在制冷系统内通道截面较小的位置。当脏物随制冷剂流经小截面处时，通路不畅便会形成堵塞。这种堵塞故障有别于冰堵故障。冰堵通常发生在制冷系统特定的位置，所以容易判断。制冷系统产生脏堵故障后，首先表现为制冷能力下降，甚至不制冷，同时高压端及低压端的压力均低于正常值，另外带有低压保护装置的制冷系统还会使压缩机自动停止。制冷系统中还会出现局部地方温度下降，偶尔还会出现结霜或结露现象。

易于脏堵的部件绝大部分处于制冷系统的高压侧，如电磁阀位于储液干燥器与膨胀阀之间、毛细管的入口在高压侧，这些部件在正常工作时，其温度都应比环境温度高，用手触摸时有温热的感觉。所以当脏堵发生在某一处时，该处就会形成局部的节流现象，温度会迅速下降，用手触摸有冷感，由此即可判断该处发生堵塞。

膨胀阀的脏堵应按如下方式判断。膨胀阀在正常运行时，应有轻微的连续和均匀气流声。阀体以节流孔处为界限，在出口附近成45°的斜线有结霜，而进口端的小滤网处则不应结霜。但若在进口小滤网部位发生结霜现象，又听到气流声断断续续，当用小扳手轻敲膨胀阀阀体，气流声发生变化，与此同时膨胀阀以节流孔为界限处所结的白霜层亦逐渐融化，则可判断膨胀阀进口滤网堵塞。

故障部位确定后即可按如下方式予以排除：

1）放出制冷系统中的制冷剂，而对带储液干燥器的较大型制冷系统，则可将制冷剂抽到储液干燥器中。

2）拆下制冷系统中脏堵的部件进行清洗或更换。

3）脏堵严重时，应将制冷系统全部拆卸，并进行分段清洗，清洗液可用工业汽油或四氯化碳。对于冷凝器或蒸发器，可按图 7-14 所示方法清洗，洗后用氯气将残留的清洗剂吹干，有条件时最好烘干。清洗完全部部件后，经组装即可重新对制冷系统充制冷剂然后试车。

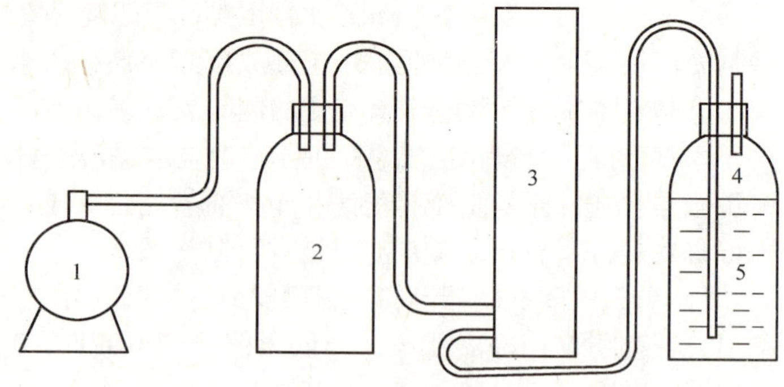

图 7-14 清洗冷凝器或蒸发器示意图

1—真空泵 2、4—广口瓶 3—蒸发器或冷凝器 5—清洗液

### 3. 判定汽车空调制冷系统发生了冰堵及排除的方法

冰堵一般是指空调制冷系统工作时，在膨胀阀处发生水分结冰而形成的堵塞现象。冰堵故障是因制冷系统中混入水分，而水分结冰造成冰堵，所以，冰堵只能发生在制冷系统中的特定位置—节流部位，即膨胀阀节流孔处。因为制冷剂与水一般是互不相溶的，当液态流经膨胀阀的节流小孔时，温度突然下降，这些混合在液态制冷剂中的水分就容易在节流小孔结成很多小冰粒（呈球状或半球状）。当冰粒凝结到一定程度时，便阻塞了节流通道，形成了冰堵故障。

当液态制冷剂中水分较少时，会产生轻微冰堵故障。而在水分较多时，会将膨胀阀节流孔全部堵死，造成空调制冷系统低压压力极低（有时会达到 0.006 ~ 0.007MPa 的真空度），出现制冷系统制冷量严重下降，甚至不制冷。对于装有低压保护装置且压缩机由电磁离合器控制运转的小客车空调制冷系统，在压力开关的作用下，会出现间歇性切断或接合离合器的现象。出现这种现象是因为冰堵是在制冷系统工作正常运行时发生，此时膨胀阀节流，液体制冷剂吸热蒸发，使水分产生结冰。而当结冰产生冰堵后，制冷系统不能正常工作，制冷效果明显下降，甚至不制冷，于是在冰堵处温度回升，冰堵的冰粒又会融化成水，使冰堵现象消失，制冷系统又恢复正常工作。在工作正常后制冷剂中的水分又结冰，产生冰堵，制冷系统又不能工作，这样压缩机电磁离合器在压力开关的作用下，便会产生间歇性的离、合动作，使制冷系统无法工作。

膨胀阀的冰堵与脏堵在现象上很相似，对它们的区分可用下面方法：用小棉球蘸上酒精，点燃后烤膨胀阀阀体，若烤后堵塞现象消失即为冰堵，若烤后堵塞现象仍存在即为脏堵。

制冷系统产生冰堵不仅破坏了空调制冷系统的正常工作，而且制冷剂与水分作用后还会产生盐酸和氢氟酸，对制冷系统的部件起腐蚀作用，使部件损坏。因此，制冷系统中有水分是极为有害的。制冷系统进入水分均是操作不当造成，拆卸部件后不封口，抽真空不彻底，所加的制冷剂和冷冻油中混有水分，这些都是造成水分进入制冷系统的原因。

排除空调制冷系统中水分的方法如下：

1）放出制冷剂。

2）更换储液干燥过滤器，可拆卸的过滤器则只需更换干燥剂。

3）烘干或用热风直接吹干制冷剂系统内部。

4）加冷冻润滑油前，应在火上加热到 130℃，使油中水分蒸发，进行沉淀后加入压缩机油底壳。

5）加新的制冷剂时，在制冷剂钢瓶与加液表阀之间串接一支大的储液干燥器，以滤除制冷剂中的水分。

4. 确定汽车空调制冷系统制冷剂的泄漏部位的方法

（1）泄漏故障产生的原因　泄漏故障容易发生在汽车空调制冷系统中的原因如下：

1）空调制冷系统的运行环境是处在不断运动的汽车上，所以它一直在振动的状况中工作，这样便容易造成部件、管路的松动，致使制冷剂泄漏。

2）空调制冷系统各部件的连接绝大多数是螺纹连接，螺纹在振动中容易松动，致使制冷剂产生泄漏。

3）空调制冷系统中管路与部件的密封是靠管口的喇叭口，而喇叭口多为手工制作，质量不易达到要求，所以使用不久后密封便会受到破坏，致使制冷剂泄漏。

对汽车空调制冷系统进行泄漏检测时，应对整个系统的各零部件，如压缩机、冷凝器、蒸发器、储液干燥器、各手动工作阀、制冷管道以及拆检或维修过的制冷机件连接处等重点部位（表7-4）进行系统检测，并记下查到的泄漏部位并做好记号。经过全面检测后，再进行统一修理，不要检查一处就修理一处，以免造成检漏测试作业（排液、抽真空、充液、检漏）的多次重复。

表7-4　汽车空调制冷系统重点泄漏部位

| 部　　件 | 重点测漏部位 | 部　　件 | 重点测漏部位 |
|---|---|---|---|
| 压缩机 | 1. 压缩机轴封<br>2. 前、后盖密封垫<br>3. 工作阀<br>4. 安全阀<br>5. 与制冷回路连接的柔性软管连接处 | 蒸发器 | 1. 进气管与出气管的连接部位<br>2. 蒸发器盘管，特别是碰撞、碰穿处<br>3. 膨胀阀 |
| 冷凝器 | 1. 冷凝器管装配部位<br>2. 冷凝器进气管与排气管连接处<br>3. 冷凝器散热片，特别是碰划、碰穿处 | 储液干燥器 | 1. 易熔塞<br>2. 高压或泄漏检查阀<br>3. 管道连接喇叭口 |

（2）常用的检漏方法　目前，常用的检漏方法主要有以下几种：

1）检漏仪器检漏。检漏仪器检漏是汽车空调检漏作业中最常用、最主要的检漏手段，即用卤素检漏灯或电子卤素检漏仪对制冷系统各部件或连接管路进行检漏。采用检漏仪检漏的前提是制冷系统管路内必须有一定的压力（294kPa以上）的制冷剂，因此，在进行检漏作业之前，应适当加入一定量的制冷剂（对轿车空调来说，在抽真空作业完成后，从高压侧注入200g左右的液态制冷剂即可），或不放出系统内原有的制冷剂以备检漏之用。

2）肥皂泡沫法检漏。当没有检漏设备时，可利用肥皂水对可能产生泄漏的部位进行直接检查，方法是通过歧管压力计给制冷系统内充入压力为784～1172kPa左右的干燥氮气，然后把肥皂水或其他起泡剂涂在需要检查的部位，如各连接头、焊缝等，如发现有排气声或吹出肥皂泡，则说明该处有泄漏。如没有氮气瓶，也可充入一定压力的制冷剂进行检漏，但这将造成制冷剂的浪费。这种方法简单、实用、安全，尤其适用于检漏灯不易接近的部位，但灵敏度较差，操作完毕后应清除干净。

3）油迹法。制冷剂与冷冻油能互溶，如因密封不良而使制冷剂泄漏时，也会带出少量的冷冻油，泄漏处便会形成油斑，时间一长又粘上尘土便形成油泥。根据这种现象就能找到泄漏部位，不过只有在泄漏量较大时，这种现象才明显。

4）着色法。将某种颜色的染料加入制冷系统中并随制冷剂一起在管路中循环流动，当系统管路或部件发生泄漏时，加入的染料也随之渗漏出来并粘在泄漏部位使之变色，通过观察制冷系统管路和部件的颜色，就能很容易地发现泄漏部位。

5）真空保压法。在抽真空作业完成之后，不要急于加注制冷剂，而是保持系统真空状态一定的时间（一般数十分钟至数小时）后，观察歧管压力计上的低压表真空度是否发生变化。如真空指示没有变化，则说明系统无泄漏；如真空指示回升，则说明系统有泄漏。这种方法只能判断系统有无泄漏，而无法具体指示泄漏部位，因此，只用于加注制冷剂前的初步检漏。

6）气体压差检漏。利用系统内外的气压差，将压差通过传感器放大，以数字、声音或电子信号的方式表达检漏结果。此方法也是只能定性了解系统是否渗漏，而不能准确地找到漏点。

7）荧光检漏。它是利用荧光检漏剂在紫外蓝光检漏灯照射下会发出明亮的黄绿光的原理，对各类系统中的流体渗漏进行检测的。在使用时，只需将荧光剂按一定比例加入到系统中，系统运作后，戴上专用眼镜，用检漏灯照射系统的外部，泄漏处将呈黄色荧光。

5. 依据空调系统温度检测故障的方法

（1）空调系统高压回路和低压回路的温度都正常，但是车厢内感觉不凉　既然高压回路和低压回路的温度都正常，说明不是制冷系统的问题，可能是温度调节系统不正常，为此需要检查以下部位。

1）由于现代汽车空调系统都包含冷风和暖风两种基本功能，因此应当检查暖气水阀是否在关闭位置。可以用手触摸该水阀的前后，正常情况应当是靠近发动机一侧温度高，靠近车身一侧温度低。如果不是这样，应当把暖气水阀调至关闭位置；如果无效，说明它不能截止冷却液的进入，应当更换暖气水阀。

2）车厢内不凉的原因之一是混入了暖气，即在需要冷气的情况下，因为冷暖调节板故障而混入了过多的暖气。该情况的判断方法是：触摸发动机舱内的低压管路（通常管径比较粗，而且表面覆盖有隔热材料），若感觉很冷，但是车厢内的冷气却不足，说明混入了暖气。为此需要检查暖气开关的控制拉线是否脱落。调节仪表盘上的温度旋钮，如果温度不发生变化，说明温度风门板的控制拉线已经松脱，应当重新安装和调整。

3）感知蒸发器出风口的风量。如果出风量很小，且将鼓风机转速开关开到最高档也没有强风送出，其可能的原因有：蒸发器滤清器脏堵或蒸发器内部堵塞，需要拆卸蒸发器进行清理；鼓风机损坏，鼓风机的调速器发生故障等。

（2）空调系统高压管路很热，低压管路不凉，压缩机频繁通断，在发动机高速运转时压缩机根本不吸合

1）检查制冷剂是否过多。可以向冷凝器上浇少量水，或者试用大风扇对着冷凝器吹风，若温度仍然烫手，则可能是制冷剂过多，再查看视液窗，若能够看到液体流动，但是看不到任何气泡，说明制冷剂加注过多，需要按规定做一次制冷剂“抽真空加注”。

2）检查冷凝器的冷却性能是否良好，冷凝器风扇的风力是否过小，冷凝器表面、冷却液散热器表面以及两者之间是否被污物堵塞，如堵塞，应当加以清除。

3）检查压缩机下方是否有油渍，如有油渍，说明压缩机的限压阀已经损坏，需要更换压缩机。

（3）空调系统低压管路有霜冻现象其可能的原因如下

1）膨胀阀感温包内的液体泄漏，需要更换一个膨胀阀；

2）制冷剂充注太多，需要放掉一部分制冷剂；

3）蒸发器表面温度传感器或恒温箱出了故障；

4）蒸发器控制器损坏，调整的压力过低，应当更换损坏的传感器或控制器。

（4）汽车空调不制冷，出风口出热风，膨胀阀的进出口处几乎没有温差，低压压力很低的处理方法　一般是膨胀阀上的感温包被磨破，引起制冷系统的制冷剂全部泄漏，致使膨胀阀的阀孔关闭，无法实现制冷循环。此时，可重新更换感温包，然后进行检漏，抽真空，充注制冷剂后故障即可排除。

（5）汽车空调运行时降温极慢的处理方法　如测试中发现高压压力与低压压力均正常，储液干燥器视液窗显示制冷剂量正常，应再检查带动压缩机的V带。上述情况一般是由V带老化松弛导致的。因V带故障影响了压缩机的正常转速，降低了在单位时间内压缩机的制冷量，从而使车内降温极慢。排除故障时只需将V带张紧到适当的紧度，使压缩机达到正常转速，故障即可排除；如是V带老化，则需更换V带。

（6）汽车空调运行开始时，制冷正常，但过一段时间制冷性能下降直至不制冷，停止运行一段时间后再启动又恢复正常，过一段时间又重复上述现象的检测和排除方法　出现上述情况是典型冰堵现象。此时，查看高低压力表，即可发现高压压力较高，低压压力可以低于0.04MPa。这时由于膨胀阀节流孔处结冰，堵住了制冷剂的流通。此时，压缩机仍在不断运转，高压管路中的制冷剂密度逐渐增大，高压表上的读数升高，而低压部分，由于压缩机不断吸气，使蒸发器中气体制冷剂的密度逐渐减小，所以表现出低压表上的读数偏低。排除上述故障应更换干燥过滤器，然后检漏，抽真空，充注制冷剂。

## 任务工单

见任务工单16。

## 学习小结

1. 汽车空调制冷系统检修的基本操作一般包括制冷系统工作压力的检测，制冷系统的检漏，从制冷系统内放出制冷剂、抽真空、加注和补充制冷剂、加注和补充冷冻油等。

2. 制冷剂的充注包括抽真空作业、检漏作业、从高压侧充注液态制冷剂、从低压侧充注气态制冷剂和检查制冷剂量五项基本作业。

3. 汽车空调制冷系统修理之后，由于接触了空气，必须用真空泵抽真空，排除制冷系统内的水分和空气，以维护空调制冷系统的正常工作。

4. 空调系统重点检漏的部位主要有：①拆修过的制冷系统部件及各连接部位；②压缩机轴封、前后端盖密封垫、检修阀和过热保护器；③冷凝器散热片及制冷剂进出连接管口；④制冷系统各管路及连接部位。

5. 从高压侧注入一定量的液态制冷剂，不允许打开歧管压力计上的低压手动阀，也决不允许运转压缩机，否则，有可能造成制冷剂罐爆裂的危险。

6. 由于修理或其他原因需将系统内的制冷剂排放掉。排放制冷剂有两种方法，一是将制冷剂放到大气中，但这会污染环境；二是回收制冷剂，但要有回收装置。

7. 起动发动机，开启风量开关置于H档，温度调节至最低温度档（MAX　COOL），按下A/C开关，运转2~3min后，可以对空调系统进行定性检查。

8. 在环境气温为20~35℃条件下，开起发动机，按下A/C开关，风量开关置于最高档（H），温度开关置于最低温度（MAX COOL）位置，打开车门，使发动机在2000r/min左右运转15~20min后，可以对空调系统进行定量检查。

## 自我测试

### 复 习 题

1. 请叙述制冷剂的充注程序。
2. 如何检测空调系统的压力？
3. 如何充注冷冻润滑油？
4. 请叙述冷冻油量的检查方法。
5. 如何对空调系统抽真空？
6. 如何对空调系统进行定性检查？
7. 如何对空调系统进行定量检查？
8. 请叙述汽车空调系统的定期维护内容。

# 附　录

# 任务工单

## 任务工单1

| 任务名称 | 汽车空调系统检测 | 学　　时 | 4 | 班　　级 | |
|---|---|---|---|---|---|
| 学生姓名 | | 学生学号 | | 任务成绩 | |
| 实训设备 | 汽车空调实验台、温度计、歧管压力计 | 实训场地 | 一体化教室 | 日　　期 | |
| 客户任务 | 一辆轿车出现如下故障现象：某车行驶17000km，空调不凉（见书中对应的任务载体） | | | | |
| 任务目的 | 请制订工作计划，并利用诊断设备确定故障位置，并对故障部件进行检测和更换 | | | | |

**一、资讯**

1. 在测量空气温度时，常有两种温度值：________温度和________温度。

2. ________压力是将完全真空状态作为零值的压力值。________压力是将一个标准大气压力作为零值的相对压力值，即压力表上所显示的数值。________是指低于一个大气压力的数值称为真空度，是相对压力。

3. ________湿度：在某一温度下，空气中所含水蒸气量与空气中该温度下所能含水蒸气量之比。

4. 物质的某一饱和温度必对应于某一饱和压力，并且饱和温度________，饱和压力随着上升；反之，饱和温度下降，饱和压力也随之下降。

5. 汽车空调系统主要由以下几部分组成：________、暖风装置、________、加湿装置及控制装置。

6. 汽车空调制冷系统由________、冷凝器、________、膨胀阀、________和鼓风机等组成，各部件之间采用钢管（或铝管）和高压橡胶管连接成一个密闭系统。

7. 汽车空调制冷系统主要分为两类，一类是________系统，另一类是________系统。

8. ________一般通过发动机曲轴带轮驱动，压缩机上的电磁离合器可以接通或切断驱动动力。冷凝器安置在发动机________的前面，用冷凝器风扇和行驶时的风对制冷剂进行热交换。储液干燥器安装在靠近________处，一般安装在受发动机排热影响小的地方；蒸发器和膨胀阀装在一个箱体内，安装在________。

**二、决策与计划**

请根据故障现象和任务要求，确定所需要的检测仪器、工具，并对小组成员进行合理分工，制订详细的诊断和修复计划。

1. 需要的检测仪器、工具。

2. 小组成员分工。

3. 诊断和修复计划。

（续）

三、实施（参考本节任务载体）

1. 运行汽车空调，观察空调的状况：________________________________________________________________。

2. 检测。

（1）读取歧管压力值：

| 发动机转速（r/min） | 高压值/MPa | 低压值/MPa |
|---|---|---|
| 怠速 | | |
| 1500 | | |
| 2000 | | |
| 3000 | | |

（2）读取温度值：

| 发动机转速（r/min） | 中央出风口温度/℃ | 高压管路温度/℃ | 低压管路温度/℃ |
|---|---|---|---|
| 怠速 | | | |
| 1500 | | | |
| 2000 | | | |
| 3000 | | | |

通过上述检查，得出以下结论：

________________________________________

________________________________________

________________________________________

四、检查

故障排除后，进行如下检查：

1. 空调系统定性检查情况：________________________________。

2. 空调系统定量检查情况：________________________________。

五、评估

1. 请根据自己任务完成的情况，对自己的工作进行自我评估，并提出改进意见。

（1）

________________________________________

________________________________________

（2）

________________________________________

________________________________________

（3）

________________________________________

________________________________________

2. 教师对学生工作情况进行评估，并进行点评。

________________________________________

________________________________________

________________________________________

3. 学生本次任务成绩：________________________________。

## 任务工单2

<table>
<tr><td>任务名称</td><td>汽车空调压缩机检测</td><td>学 时</td><td>4</td><td>班 级</td><td></td></tr>
<tr><td>学生姓名</td><td></td><td>学生学号</td><td></td><td>任务成绩</td><td></td></tr>
<tr><td>实训设备</td><td>汽车空调实验台、歧管压力计、组合工具</td><td>实训场地</td><td>一体化教室</td><td>日 期</td><td></td></tr>
<tr><td>客户任务</td><td colspan="5">一辆轿车出现如下故障现象：空调制冷效果逐渐变差，直至几乎不制冷（见书中对应的任务载体）</td></tr>
<tr><td>任务目的</td><td colspan="5">请制订工作计划，并利用诊断设备确定故障位置，并对故障部件进行检测和更换</td></tr>
</table>

**一、资讯**

1. 往复活塞式压缩机的工作可分为________、排气、________、吸气四个过程。

2. 斜板式压缩机进行变容量的形式很多，但是其原理差别不大，都是用________改变余隙容积的大小，使排气量发生变化，从而改变制冷量的变化。

3. 涡旋式空调压缩机主要由________、定涡旋盘、________、防旋转机构、前盖部件和机体等组成。

4. 在机械式变排量翘盘压缩机中，斜盘的倾斜角是由斜盘后方________的压力控制的（压力低，斜盘倾角大，排量大；压力高，斜盘倾角小，排量小），而曲轴箱压力由________控制。

5. 电控变排量压缩机没有________，没有温控开关。空调启动后，压缩机一直不停，但是受控制阀控制，压缩机不一定能产生吸力与压力，即不一定能实现制冷。

6. 电控变排量压缩机是否实现制冷，可以通过触摸管道判断（空调________时，低压管道凉，高压管道热；空调________时，高低压管路无冷热感觉）。

**二、决策与计划**

请根据故障现象和任务要求，确定所需要的检测仪器、工具，并对小组成员进行合理分工，制订详细的诊断和修复计划。

1. 需要的检测仪器、工具。

2. 小组成员分工。

3. 诊断和修复计划。

**三、实施**（参考本节任务载体）

1. 运行汽车空调，观察空调的状况：________________________________________________。

2. 检测。

（1）读取歧管压力值：

| 发动机转速（r/min） | 高压值/MPa | 低压值/MPa |
|---|---|---|
| 怠速 | | |
| 1500 | | |
| 2000 | | |
| 3000 | | |

（续）

（2）压缩机解体检查：

类型：______

拆装步骤：______

______

______

______

______

检测发现：______

______

______

通过上述检查，得出以下结论：

______

______

______

**四、检查**

故障排除后，进行如下检查：

1. 空调系统定性检查情况：______

______

______

2. 空调系统定量检查情况：______

______

**五、评估**

1. 请根据自己任务完成的情况，对自己的工作进行自我评估，并提出改进意见。

（1）

______

______

（2）

______

______

（3）

______

______

2. 教师对学生工作情况进行评估，并进行点评。

______

______

______

3. 学生本次任务成绩：______。

## 任务工单3

| 任务名称 | 电磁离合器检修 | 学 时 | 4 | 班 级 | |
|---|---|---|---|---|---|
| 学生姓名 | | 学生学号 | | 任务成绩 | |
| 实训设备 | 汽车空调实验台、歧管压力计、电压表、组合工具 | 实训场地 | 一体化教室 | 日 期 | |
| 客户任务 | 一辆轿车出现如下故障现象：开启空调后车内无冷风吹出；查看电磁离合器不吸合，压缩机不工作（见书中对应的任务载体） | | | | |
| 任务目的 | 请制订工作计划，并利用诊断设备确定故障位置，并对故障部件进行检测和更换 | | | | |

**一、资讯**

1. 电磁离合器由________、________和压力板等主要部件组成。

2. 离合器有两种形式，一种为旋转线圈式，电磁线圈与带轮一起________；另一种是固定线圈式，电磁线圈________，只有带轮转动。

3. 当空调开关接通时，电流通过电磁离合器的________，电磁线圈产生电磁吸力，使压缩机的________与带轮接合，将发动机的转矩传递给压缩机主轴，使压缩机主轴旋转。

4. 当断开空调开关时，电磁线圈的吸力消失。在________作用下，压力板和带轮脱离，________便停止工作。

**二、决策与计划**

请根据故障现象和任务要求，确定所需要的检测仪器、工具，并对小组成员进行合理分工，制订详细的诊断和修复计划。

1. 需要的检测仪器、工具。

2. 小组成员分工。

3. 诊断和修复计划。

**三、实施**（参考本节任务载体）

1. 将汽车空调运行，观察空调的状况：________________________________________________________________。

2. 检测。

（1）读取歧管压力值：

| 发动机转速（r/min） | 高压值/MPa | 低压值/MPa |
|---|---|---|
| 怠速 | | |
| 1500 | | |
| 2000 | | |
| 3000 | | |

（续）

（2）检测电磁离合器电路：

（3）检测电磁离合器：

（4）检测压缩机工作状态：

通过上述检查，得出以下结论：

**四、检查**

故障排除后，进行如下检查：

1. 空调系统定性检查情况：

2. 空调系统定量检查情况：

**五、评估**

1. 请根据自己任务完成的情况，对自己的工作进行自我评估，并提出改进意见。

（1）

（2）

（3）

2. 教师对学生工作情况进行评估，并进行点评。

3. 学生本次任务成绩：＿＿＿＿＿＿＿＿＿＿＿＿。

## 任务工单4

| 任务名称 | 膨胀阀故障检测 | 学　时 | 4 | 班　级 | |
|---|---|---|---|---|---|
| 学生姓名 | | 学生学号 | | 任务成绩 | |
| 实训设备 | 汽车空调实验台 | 实训场地 | 一体化教室 | 日　期 | |
| 客户任务 | 一辆轿车出现如下故障现象：空调系统工作时，中央通风道里总是发出“吱吱”的轻微响声（见书中对应的任务载体） | | | | |
| 任务目的 | 请制订工作计划，并利用诊断设备确定故障位置，并对故障部件进行检测和更换 | | | | |

**一、资讯**

1. 膨胀阀也称节流阀，其安装在________入口处，是汽车空调制冷系统的高压与低压的分界点。

2. 膨胀阀功用是把来自储液干燥器的高压________制冷剂节流减压，调节和控制进入蒸发器中的________制冷剂的量，使之适应制冷负荷的变化，同时可防止压缩机发生液击现象和蒸发器出口蒸气异常过热现象。

3. 膨胀阀的计量孔可以释放制冷剂的压力（由针阀控制），使之由________变为________，是制冷系统内低压侧的始点。膨胀阀自动调节制冷剂流量的功能是依靠结扎在蒸发器出口管子上的________实现的。

4. 膨胀阀的压力弹簧，也可以人工调整。当膨胀阀的出液量少，车厢内温度降不下来时，可以通过调节螺钉将压力弹簧调________。

5. 汽车空调系统采用电子膨胀阀后，可以通过________出口的温度、压力等参数，由电控单元控制制冷系统的运行。

6. 电磁式膨胀阀针阀的位置取决于施加在线圈上的控制________，因此可以通过改变控制电压来调节膨胀阀的流量。

7. 减速型膨胀阀的工作原理是：电动机通电后，高速旋转的转子通过________减速，再带动阀针做直线移动来改变阀口的流通面积。

**二、决策与计划**

请根据故障现象和任务要求，确定所需要的检测仪器、工具，并对小组成员进行合理分工，制订详细的诊断和修复计划。

1. 需要的检测仪器、工具。

2. 小组成员分工。

3. 诊断和修复计划。

**三、实施**（参考本节任务载体）

1. 运行汽车空调，观察空调的状况：________________________________________________

________________________________________________________________________。

2. 检测。

（1）中央通风道检查：____________________________________________________

________________________________________________________________________

________________________________________________________________________

（2）蒸发器检查：________________________________________________________

________________________________________________________________________

________________________________________________________________________

（续）

（3）膨胀阀检查：______

______

______

通过上述检查，得出以下结论：

______

______

______

**四、检查**

故障排除后，进行如下检查：

1. 空调系统定性检查情况：______

______

______

2. 空调系统定量检查情况：______

______

______

**五、评估**

1. 请根据自己任务完成的情况，对自己的工作进行自我评估，并提出改进意见。

（1）

______

______

（2）

______

______

（3）

______

______

2. 教师对学生工作情况进行评估，并进行点评。

______

______

______

3. 学生本次任务成绩：______。

## 任务工单5

| 任务名称 | 蒸发器气流不畅检测 | 学 时 | 4 | 班 级 | |
|---|---|---|---|---|---|
| 学生姓名 | | 学生学号 | | 任务成绩 | |
| 实训设备 | 汽车空调实验台 | 实训场地 | 一体化教室 | 日 期 | |
| 客户任务 | 一辆轿车出现如下故障现象：空调三年未经任何维护，现在经常出现电磁离合器跳开，约几十秒后又重新吸合的现象（见书中对应的任务载体） | | | | |
| 任务目的 | 请制订工作计划，并利用诊断设备确定故障位置，并对故障部件进行检测和更换 | | | | |

**一、资讯**

1. 蒸发器主要有________、管带式和________。

2. ________蒸发器由两片冲压成复杂形状的铝板叠焊在一起，组成制冷剂通道，每两片通道之间夹有蛇形散热带。

**二、决策与计划**

请根据故障现象和任务要求，确定所需要的检测仪器、工具，并对小组成员进行合理分工，制订详细的诊断和修复计划。

1. 需要的检测仪器、工具。

2. 小组成员分工。

3. 诊断和修复计划。

**三、实施**（参考本节任务载体）

1. 运行汽车空调，观察空调的状况：________________________________________________

________________________________________________________________________。

2. 检测。

（1）读取歧管压力值：

| 发动机转速（r/min） | 高压值/MPa | 低压值/MPa |
|---|---|---|
| 怠速 | | |
| 1500 | | |
| 2000 | | |
| 3000 | | |

（2）读取温度值：

| 发动机转速（r/min） | 中央出风口温度/℃ | 高压管路温度/℃ | 低压管路温度/℃ |
|---|---|---|---|
| 怠速 | | | |
| 1500 | | | |
| 2000 | | | |
| 3000 | | | |

（续）

（3）蒸发器检查：________________

通过上述检查，得出以下结论：

________________

四、检查

故障排除后，进行如下检查：

1. 空调系统定性检查情况：________________

2. 空调系统定量检查情况：________________

五、评估

1. 请根据自己任务完成的情况，对自己的工作进行自我评估，并提出改进意见。

（1）________________

（2）________________

（3）________________

2. 教师对学生工作情况进行评估，并进行点评。

________________

3. 学生本次任务成绩：________________。

## 任务工单6

| 任务名称 | 储液干燥器堵塞故障检修 | 学　时 | 4 | 班　级 | |
|---|---|---|---|---|---|
| 学生姓名 | | 学生学号 | | 任务成绩 | |
| 实训设备 | 汽车空调实验台 | 实训场地 | 一体化教室 | 日　期 | |
| 客户任务 | 一辆轿车出现如下故障现象：在空调压缩机开启的瞬间，制冷效果好，制冷量也能达标，但只要连续开机不到1min，制冷效果就变差，直至不制冷（见书中对应的任务载体） | | | | |
| 任务目的 | 请制订工作计划，并利用诊断设备确定故障位置，并对故障部件进行检测和更换 | | | | |

**一、资讯**

1. 储液干燥器简称储液器，安装在________和________之间。
2. 储液干燥器主要由外壳、________、________和管接头等组成。
3. 如果有气液混合的制冷剂进入储液干燥器，则________制冷剂会留在顶部，只有________制冷剂降到下部。

**二、决策与计划**

请根据故障现象和任务要求，确定所需要的检测仪器、工具，并对小组成员进行合理分工，制订详细的诊断和修复计划。

1. 需要的检测仪器、工具。

2. 小组成员分工。

3. 诊断和修复计划。

**三、实施**（参考本节任务载体）

1. 运行汽车空调，观察空调的状况：________________________________________________________________

________________________________________________________________。

2. 检测

（1）读取歧管压力值：

| 发动机转速（r/min） | 高压值/MPa | 低压值/MPa |
|---|---|---|
| 怠速 | | |
| 1500 | | |
| 2000 | | |
| 3000 | | |

（2）膨胀阀检测：________________________________________________________________

________________________________________________________________

通过上述检查，得出以下结论：

________________________________________________________________

（续）

**四、检查**

故障排除后，进行如下检查：

1. 空调系统定性检查情况：________________

2. 空调系统定量检查情况：________________

**五、评估**

1. 请根据自己任务完成的情况，对自己的工作进行自我评估，并提出改进意见。

(1)

(2)

(3)

2. 教师对学生工作情况进行评估，并进行点评。

3. 学生本次任务成绩：________________。

## 任务工单7

| 任务名称 | 汽车空调暖风系统检测 | 学 时 | 4 | 班 级 | |
|---|---|---|---|---|---|
| 学生姓名 | | 学生学号 | | 任务成绩 | |
| 实训设备 | 汽车空调实验台 | 实训场地 | 一体化教室 | 日 期 | |
| 客户任务 | 一辆轿车出现如下故障现象：发动机转速超过3000r/min时出风口暖风变凉，前空调无暖风（见书中对应的任务载体） | | | | |
| 任务目的 | 请制订工作计划，并利用诊断设备确定故障位置，并对故障部件进行检测和更换 | | | | |

**一、资讯**

1. 水暖式暖风装置一般以水冷式发动机冷却系统中的________为热源，将冷却液引入车厢内的热交换器中，使鼓风机送来的车厢内空气（内气式）或外部空气（外气式）与热交换器中的冷却液进行热交换，________将加热后的空气送入车厢内。

2. 水暖式暖风装置通过发动机上的________分流出来的冷却液送入暖风机的加热器芯，放热后的冷却液由管道回到发动机。

3. 综合预热式暖风装置是在通常的发动机冷却液管路上并联一条装有________与水暖式暖风装置的管路，并在预热器入口与发动机之间的管路上装有________，当冷却液温度升到或降到某一值时，预热器会自动中断或重新进行工作。

4. 如果水暖式的水加热器与汽车发动机的冷却液管路相通，则在发动机冷却液温度低于80℃时水加热器工作。当冷却液温度高于80℃时，由于恒温器的控制作用，则会自动切断________的电源，停止供油，而加热器中的水泵继续工作，以保证水加热器零件不因过热而损坏，并继续向车厢内供应暖气。

**二、决策与计划**

请根据故障现象和任务要求，确定所需要的检测仪器、工具，并对小组成员进行合理分工，制订详细的诊断和修复计划。

1. 需要的检测仪器、工具。

2. 小组成员分工。

3. 诊断和修复计划。

**三、实施**（参考本节任务载体）

1. 运行汽车空调，观察空调的状况：________________________________________________________________。

2. 检测。

（1）空调控制风门真空管路检测：________________________________________________

________________________________________________________________

________________________________________________________________

（2）热水阀检测：________________________________________________

________________________________________________________________

________________________________________________________________

（续）

（3）热水箱及管路检测：__________

通过上述检查，得出以下结论：

**四、检查**

故障排除后，进行如下检查：

1. 空调系统定性检查情况：

2. 空调系统定量检查情况：

**五、评估**

1. 请根据自己任务完成的情况，对自己的工作进行自我评估，并提出改进意见。

（1）

（2）

（3）

2. 教师对学生工作情况进行评估，并进行点评。

3. 学生本次任务成绩：__________。

## 任务工单8

| 任务名称 | 鼓风机故障检测 | 学　时 | 4 | 班　级 | |
|---|---|---|---|---|---|
| 学生姓名 | | 学生学号 | | 任务成绩 | |
| 实训设备 | 汽车空调实验台 | 实训场地 | 一体化教室 | 日　期 | |
| 客户任务 | 一辆轿车出现如下故障现象：打开空调鼓风机后有“扑拉、扑拉”的异响，鼓风机的转速越高，异响的频率也随之加快（见书中对应的任务载体） | | | | |
| 任务目的 | 请制订工作计划，并利用诊断设备确定故障位置，并对故障部件进行检测和更换 | | | | |

**一、资讯**

1. 汽车空调制冷系统采用的风机，大部分是靠________带动的气体输送至机械，它对空气进行较小的增压，以便将冷空气送到所需要的车厢内，或将________四周的热空气吹到车外。

2. 风机按其气体________与风机________的相互关系，可分为离心式风机和轴流式风机两种。暖风系统主要使用________风机。

3. 离心式风机的空气流向与风机主轴成________，它的特点是风压高、风量小、噪声也小。

4. 离心式风机主要由________、风机轴（与电动机同轴）、风机叶片、________等组成。

5. 离心式风机叶片有________、前弯片、________等，随叶轮叶片形状不同，所产生的风量和风压也不同。

**二、决策与计划**

请根据故障现象和任务要求，确定所需要的检测仪器、工具，并对小组成员进行合理分工，制订详细的诊断和修复计划。

1. 需要的检测仪器、工具。

2. 小组成员分工。

3. 诊断和修复计划。

**三、实施**（参考本节任务载体）

1. 运行汽车空调，观察空调的状况：________________________________________

________________________________________________________。

2. 检测

（1）鼓风机叶片检查：________________________________________

________________________________________________________

________________________________________________________

（2）空调系统风道检查：________________________________________

________________________________________________________

________________________________________________________

通过上述检查，得出以下结论：

________________________________________________________

________________________________________________________

________________________________________________________

（续）

**四、检查**

故障排除后，进行如下检查：

1. 空调系统定性检查情况：______

2. 空调系统定量检查情况：______

**五、评估**

1. 请根据自己任务完成的情况，对自己的工作进行自我评估，并提出改进意见。

(1)

(2)

(3)

2. 教师对学生工作情况进行评估，并进行点评。

3. 学生本次任务成绩：______。

## 任务工单9

| 任务名称 | 汽车空调电路系统检测 | 学 时 | 4 | 班 级 | |
|---|---|---|---|---|---|
| 学生姓名 | | 学生学号 | | 任务成绩 | |
| 实训设备 | 汽车空调实验台 | 实训场地 | 一体化教室 | 日 期 | |
| 客户任务 | 一辆轿车出现如下故障现象：发动机工作时，打开空调开关，空调压缩机不工作（见书中对应的任务载体） | | | | |
| 任务目的 | 请制订工作计划，并利用诊断设备确定故障位置，并对故障部件进行检测和更换 | | | | |

**一、资讯**

1. 汽车空调系统的基本电路一般包括________电路、________控制电路和电磁离合器控制电路。

2. 汽车空调系统工作过程是：接通空调及鼓风机开关，电流从________流经空调及鼓风机开关后分为两路，一路从上面经________至电磁离合器，使电磁离合器线圈通电，压缩机被发动机带动开始工作，同时与电磁离合器并联的压缩机工作指示灯也通电发亮；另一路从开关通过两个鼓风机________到鼓风电动机，这时鼓风电动机也开始运转。

3. 为了保证空调系统更好地工作，有的汽车空调系统还设置了发动机转速检测继电器，其作用是只有当发动机转速高于________时，才能接通空调电路。

4. 控制风扇转速的方式有两种：利用一个电风扇________的方式调节风扇的转速，或利用两个电风扇以________和________的方式调节风扇的转速。

5. 制冷剂压力传感器向动力控制模块（PCM）输送管路中制冷剂压力的变化信号，动力控制模块根据此信号实现以下控制：当压力高于或低于________时，分离电磁离合器；加强怠速控制，补偿空调的怠速负荷；控制冷却风扇的工作。

**二、决策与计划**

请根据故障现象和任务要求，确定所需要的检测仪器、工具，并对小组成员进行合理分工，制订详细的诊断和修复计划。

1. 需要的检测仪器、工具。

2. 小组成员分工。

3. 诊断和修复计划

**三、实施**（参考本节任务载体）

1. 将汽车空调运行，观察空调的状况：________________________________________________
________________________________________________________________。

2. 检测

（1）空调循环系统中制冷剂量检测________________________________________
________________________________________________________________
________________________________________________________________

（续）

（2）空调系统相关电器元件（低压开关、高压开关、空调控制面板、除霜开关、空调继电器、空调开关及相关的空调控制线路）的工作情况检测______

通过上述检查，得出以下结论：

______

**四、检查**

故障排除后，进行如下检查：

1. 空调系统定性检查情况：______

2. 空调系统定量检查情况：______

**五、评估**

1. 请根据自己任务完成的情况，对自己的工作进行自我评估，并提出改进意见。

（1）

（2）

（3）

2. 教师对学生工作情况进行评估，并进行点评。

3. 学生本次任务成绩：______。

## 任务工单10

| 任务名称 | 空调系统保护电路检测 | 学　　时 | 4 | 班　　级 | |
|---|---|---|---|---|---|
| 学生姓名 | | 学生学号 | | 任务成绩 | |
| 实训设备 | 汽车空调实验台 | 实训场地 | 一体化教室 | 日　　期 | |
| 客户任务 | 一辆轿车出现如下故障现象：启动发动机后，按下空调开关，发动机怠速提升，鼓风机通风，散热器风扇电动机工作，但出风口吹出的是自然风，没有冷气（见书中对应的任务载体） | | | | |
| 任务目的 | 请制订工作计划，并利用诊断设备确定故障位置，并对故障部件进行检测和更换 | | | | |

**一、资讯**

1. ________是用来防止制冷系统在异常的高压下工作的，以保护冷凝器和高压管路不会爆裂，压缩机的排气阀不会折断以及压缩机其他零件和离合器不损坏。

2. 高压开关一般安装在制冷系统________上或________上，高压开关有触点常闭型和触点常开型两种类型。

3. 触点常闭型高压开关其触点串联在压缩机________电路中，压力导入口则直接或通过毛细管连接在高压管路上。

4. 触点常开型高压开关一般用来控制冷凝器冷却风扇的________电路。

5. 低压开关的功能是感测制冷系统________的制冷剂压力是否正常。当压缩机排出的制冷剂压力过低时，低压开关会自动切断________电路，压缩机停止运行，以保护压缩机不会损坏。

6. 低压开关可以在环境温度较低时，自动切断________电路，使压缩机在低温下停止运行，这样可减少动力消耗，达到节能的目的。

7. 有一种低压开关安装在制冷系统的低压端，用来控制蒸发器的________不致过低而结冰，保证制冷系统的工作。

8. 温度控制器又称温度开关，是汽车空调系统中控制温度的一种开关元件，起调节车内温度、防止________因温度过低而结霜的作用。

9. 常用的温度控制器有________式和________式两种。

10. 波纹管式温度控制器主要是利用波纹管的伸长或缩短来接通或断开________，从而切断汽车空调压缩机的动力。

11. 波纹管式温度控制器的感温受压元件主要由________和波纹管构成，其内充填有感温工质，毛细管一端放在蒸发器冷风吹出处，用以感受蒸发器温度。

12. ________切断压缩机离合器的电路，使发动机负荷减轻，让冷却液温度降低，冷凝器温度亦相应降低，从而保护发动机及冷却系统的正常运行。

13. 冷却液过热开关也称冷却液温度开关，其作用是防止在________的情况下使用空调。

14. 环境温度开关，当环境温度高于 ________时，其触点闭合。

15. 发动机怠速控制器有两种类型：一种是自动切断压缩机的________电路，使制冷系统停止工作，减轻发动机负荷，稳定发动机的怠速性能；另一种是当发动机怠速时，发动机能自动加大开度，使发动机在怠速时转速提高，既保证有足够的动力维持制冷系统工作，又保证自身正常运转。

16. 汽车加速时（从低速到高速）或者汽车超车加速，需要尽量大的发动机功率来提供汽车加速所需，此时应切断通向________的电路，停止压缩机运行，汽车加速断开器便能行使该功能。

**二、决策与计划**

请根据故障现象和任务要求，确定所需要的检测仪器、工具，并对小组成员进行合理分工，制订详细的诊断和修复计划。

1. 需要的检测仪器、工具。

（续）

2. 小组成员分工。

3. 诊断和修复计划。

**三、实施**（参考本节任务载体）

1. 运行汽车空调，观察空调的状况：________________________________________________。

2. 检测。

（1）压缩机电磁离合器检测：________________________________________________

（2）高、低压开关检测：________________________________________________

（3）温度控制器工作状态：________________________________________________

（4）其他保护元件检测：________________________________________________

通过上述检查，得出以下结论：________________________________________________

**四、检查**

故障排除后，进行如下检查：

1. 空调系统定性检查情况：________________________________________________

2. 空调系统定量检查情况：________________________________________________

**五、评估**

1. 请根据自己任务完成的情况，对自己的工作进行自我评估，并提出改进意见。

（1）________________________________________________

（2）________________________________________________

（3）________________________________________________

2. 教师对学生工作情况进行评估，并进行点评。

________________________________________________

3. 学生本次任务成绩：________________________________________________。

## 任务工单11

| 任务名称 | 汽车空调典型电路检测 | 学　时 | 4 | 班　级 | |
|---|---|---|---|---|---|
| 学生姓名 | | 学生学号 | | 任务成绩 | |
| 实训设备 | 汽车空调实验台 | 实训场地 | 一体化教室 | 日　期 | |
| 客户任务 | 一辆轿车出现如下故障现象：使用空调时，有时制冷正常，出风口吹冷风；有时无法制冷，出风口出热风。空调失效时，关闭空调开关，过一段时间再接通，空调系统还能恢复正常工作（见书中对应的任务载体） | | | | |
| 任务目的 | 请制订工作计划，并利用诊断设备确定故障位置，并对故障部件进行检测和更换 | | | | |

**一、资讯**

1. 上海桑塔纳轿车空调电路，它由________电路、________控制电路、鼓风机控制电路和________电动机控制电路组成。

2. 夏利轿车空调电路主要由________、点火开关、________、电磁离合器、________、散热器风扇电动机继电器、鼓风机及其开关、压力开关、热敏电阻等组成。

3. 丰田佳美轿车空调系统由________、压缩机电磁离合器控制电路、鼓风机控制电路、________控制电路、________电路等组成。

**二、决策与计划**

请根据故障现象和任务要求，确定所需要的检测仪器、工具，并对小组成员进行合理分工，制订详细的诊断和修复计划。

1. 需要的检测仪器、工具。

2. 小组成员分工。

3. 诊断和修复计划。

**三、实施**（参考本节任务载体）

1. 运行汽车空调，观察空调的状况：________________________________________________。

2. 检测。

（1）读取歧管压力值：

| 发动机转速（r/min） | 高压值/MPa | 低压值/MPa |
|---|---|---|
| 怠速 | | |
| 1500 | | |
| 2000 | | |
| 3000 | | |

（续）

（2）空调系统电路检测：

通过上述检查，得出以下结论：

**四、检查**

故障排除后，进行如下检查：

1. 空调系统定性检查情况：

2. 空调系统定量检查情况：

**五、评估**

1. 请根据自己任务完成的情况，对自己的工作进行自我评估，并提出改进意见。

（1）

（2）

（3）

2. 教师对学生工作情况进行评估，并进行点评。

3. 学生本次任务成绩：____________。

## 任务工单12

| 任务名称 | 手动空调系统检测 | 学　时 | 4 | 班　级 | |
|---|---|---|---|---|---|
| 学生姓名 | | 学生学号 | | 任务成绩 | |
| 实训设备 | 汽车空调实验台 | 实训场地 | 一体化教室 | 日　期 | |
| 客户任务 | 一辆轿车出现如下故障现象：该空调输出的冷气正常。加速时，出风口没有冷气，松开加速踏板空档滑行时，前出风口又有冷气吹出（见书中对应的任务载体） | | | | |
| 任务目的 | 请制订工作计划，并利用诊断设备确定故障位置，并对故障部件进行检测和更换 | | | | |

**一、资讯**

1. 风机是直流电动机，其转速的改变是通过调整串入风机电路的________实现的。风机除在停用状态不工作外，在制冷、取暖及通风状态下均可工作。

2. 手动空调控制板上设有三个控制开关，分别是________开关、空调方式选择开关和________选择开关。

3. 手动空调温度选择开关是控制________的开关，用钢丝和温度门连接。

4. 当手动空调温度选择开关处于左半区时，温度门关死通向加热器的风道，出来的空气是未经加热的空气，称之为________；当开关处于右半区时，温度门打开通向________的风道，送入车内的空气是经过除湿后的暖空气，称之为热风区。

5. 目前，汽车空调系统中常采用的真空驱动器有两种：________式真空驱动器和双膜片式真空驱动器。

6. 汽车空调系统的风门及热水阀一般都是由真空系统通过真空执行元件来进行控制。采用的执行元件有________和________。

7. 真空驱动器的作用是根据真空度的变化进行机械动作，控制________和热水阀。

**二、决策与计划**

请根据故障现象和任务要求，确定所需要的检测仪器、工具，并对小组成员进行合理分工，制订详细的诊断和修复计划。

1. 需要的检测仪器、工具。

2. 小组成员分工。

3. 诊断和修复计划。

**三、实施**（参考本节任务载体）

1. 运行汽车空调，观察空调的状况：________________________________________________
________________________________________________。

2. 检测

（1）发动机怠速，空调系统工作状况：________________________________________________
________________________________________________

（2）发动机高速，空调系统工作状况：________________________________________________
________________________________________________

（3）真空控制机构检查：________________________________________________
________________________________________________
________________________________________________

（续）

通过上述检查，得出以下结论：

______

______

**四、检查**

故障排除后，进行如下检查：

1. 空调系统定性检查情况：______

______

______

2. 空调系统定量检查情况：______

______

______

**五、评估**

1. 请根据自己任务完成的情况，对自己的工作进行自我评估，并提出改进意见。

（1）

______

______

（2）

______

______

（3）

______

______

2. 教师对学生工作情况进行评估，并进行点评。

______

______

______

3. 学生本次任务成绩：______。

## 任务工单13

| 任务名称 | 微机控制空调系统检测 | 学 时 | 4 | 班 级 | |
|---|---|---|---|---|---|
| 学生姓名 | | 学生学号 | | 任务成绩 | |
| 实训设备 | 汽车空调实验台 | 实训场地 | 一体化教室 | 日 期 | |
| 客户任务 | 一辆轿车出现如下故障现象：开启空调制冷系统，开始一切正常，仪表台中央风口吹出冷风。但工作一段时间后，发动机舱内发出一声巨响，随后空调制冷系统失效，仪表台中央风口吹出热风 | | | | |
| 任务目的 | 请制订工作计划，并利用诊断设备确定故障位置，并对故障部件进行检测和更换 | | | | |

**一、资讯**

1. 微机控制的汽车空调系统以微型计算机为控制中心，结合各种传感器对汽车发动机的有关运行参数（如________、________等）、车外的气候条件（如气温、空气湿度、________等）、车内的气候条件（如________、湿度等）、空调的送风模式（如________、送风口的选择等）以及制冷压缩机的开停状况、制冷循环有关部位的温度、制冷剂压力等多种参数进行实时检测，并与操作面板送来的信号（如设定温度信号、送风模式信号等）进行比较，通过运算处理后进行判断，然后输出相应的调节和控制信号，通过相应的执行机构（如电磁真空转换阀和________、________、继电器等），对压缩机的________、送风温度、送风模式、________等做及时的调整和修正，以实现对车内空气环境进行全季节、全方位、多功能的最佳控制和调节。

2. 微机主机单独接收和计算各种传感器输入的信号，并对控制信号的反馈进行迅速的演算、记忆、比较、判断，再发出各种指令，驱动各________工作，调节、控制车内的________和各种空调参数。

3. 空调的传感器主要包括车内温度传感器（装在________）、环境温度传感器（也称车外温度传感器，装在________下、散热器前或发动机舱车内空气进口处）、日照传感器（装在前风窗玻璃下、________上）、冷却液温度传感器（装在暖气芯片水管处）、空气质量传感器、烟雾传感器等。

4. 微机控制的空调系统输入的信号有4类：1）________、大气温度、________三个传感器（热敏电阻）输入的信号；2）驾驶员预定的________信号、选择功能信号；3）由分压器检出温度风门的位置信号，以及________传感器、冷却液温度传感器信息；4）压缩机的工作参数，如________、制冷剂、________、温度等。

**二、决策与计划**

请根据故障现象和任务要求，确定所需要的检测仪器、工具，并对小组成员进行合理分工，制订详细的诊断和修复计划。

1. 需要的检测仪器、工具。

2. 小组成员分工。

3. 诊断和修复计划。

**三、实施**（参考本节任务载体）

1. 运行汽车空调，观察空调的状况：________________________________________________

________________________________________________________________________。

（续）

2. 检测

（1）读取歧管压力值：

| 发动机转速（r/min） | 高压值/MPa | 低压值/MPa |
| --- | --- | --- |
| 怠速 | | |
| 1500 | | |
| 2000 | | |
| 3000 | | |

（2）电磁离合器检测：______

（3）制冷剂量检测：______

（4）电子元件检测：______

通过上述检查，得出以下结论：______

**四、检查**

故障排除后，进行如下检查：

1. 空调系统定性检查情况：______

2. 空调系统定量检查情况：______

**五、评估**

1. 请根据自己任务完成的情况，对自己的工作进行自我评估，并提出改进意见。

（1）______

（2）______

（3）______

2. 教师对学生工作情况进行评估，并进行点评。

______

3. 学生本次任务成绩：______。

## 任务工单14

<table>
<tr><td>任务名称</td><td>汽车空调送风系统检测</td><td>学 时</td><td>4</td><td>班 级</td><td></td></tr>
<tr><td>学生姓名</td><td></td><td>学生学号</td><td></td><td>任务成绩</td><td></td></tr>
<tr><td>实训设备</td><td>汽车空调实验台</td><td>实训场地</td><td>一体化教室</td><td>日 期</td><td></td></tr>
<tr><td>客户任务</td><td colspan="5">一辆轿车出现如下故障现象：空调出风口吹出的风不凉，将温度设定到最低也不起作用（见书中对应的任务载体）</td></tr>
<tr><td>任务目的</td><td colspan="5">请制订工作计划，并利用诊断设备确定故障位置，并对故障部件进行检测和更换</td></tr>
</table>

**一、资讯**

1. 汽车空调配风方式按功能可分为________型、冷暖合一型和________型。

2. 冷暖分开型：制冷和采暖系统各自分开，由两个完全独立的________和暖风机所组成，有各自的送风机。控制系统也是________分开的。

3. 冷暖合一型：在暖风机的基础上增加蒸发器芯和________，但制冷和采暖各自分开，不能同时工作。

4. 全功能型汽车空调集________、除湿、________、通风、净化于一体。既可供冷气，又可供暖气，还可进行________、除尘。

5. 汽车空调配风方式按空气流动路径可分为________、空气混合式、冷风和热气并进式和________方式。

**二、决策与计划**

请根据故障现象和任务要求，确定所需要的检测仪器、工具，并对小组成员进行合理分工，制订详细的诊断和修复计划。

1. 需要的检测仪器、工具。

2. 小组成员分工。

3. 诊断和修复计划。

**三、实施**（参考本节任务载体）

1. 运行汽车空调，观察空调的状况：________________________________________________________________________。

2. 检测

（1）读取歧管压力值：

| 发动机转速（r/min） | 高压值/MPa | 低压值/MPa |
|---|---|---|
| 怠速 | | |
| 1500 | | |
| 2000 | | |
| 3000 | | |

（续）

（2）读取温度值：

| 发动机转速（r/min） | 中央出风口温度/℃ | 高压管路温度/℃ | 低压管路温度/℃ |
|---|---|---|---|
| 怠速 | | | |
| 1500 | | | |
| 2000 | | | |
| 3000 | | | |

（3）故障码检测：________

________

通过上述检查，得出以下结论：

________

________

________

**四、检查**

故障排除后，进行如下检查：

1. 空调系统定性检查情况：________

________

________

2. 空调系统定量检查情况：________

________

________

**五、评估**

1. 请根据自己任务完成的情况，对自己的工作进行自我评估，并提出改进意见。

（1）

________

________

（2）

________

________

（3）

________

________

2. 教师对学生工作情况进行评估，并进行点评。

________

________

________

3. 学生本次任务成绩：________。

## 任务工单15

| 任务名称 | 汽车空调基本检修工具应用 | 学 时 | 2 | 班 级 | |
|---|---|---|---|---|---|
| 学生姓名 | | 学生学号 | | 任务成绩 | |
| 实训设备 | 汽车空调实验台 | 实训场地 | 一体化教室 | 日 期 | |
| 客户任务 | 一辆轿车出现如下故障现象：行驶过程中突然空调停止运行，但有时又恢复正常（见书中对应的任务载体） | | | | |
| 任务目的 | 请制订工作计划，并利用诊断设备确定故障位置，并对故障部件进行检测和更换 | | | | |

**一、资讯**

1. 歧管压力计也称压力表组，它由两个________（低压表和高压表）、两个________（低压手动阀和高压手动阀）、三个软管接头（一个接________工作阀，一个接________工作阀，一个接________________________________）和歧管座组成。

2. 大多数汽车空调制冷系统中都有两个________，分别设置在高压侧和低压侧，某些汽车空调上还装有三个检修阀。常用的检修阀有________（自动阀）和手动阀两种。

3. 电子卤素检漏仪是根据________素原子在一定的电场中极易发生电离而产生电流的原理制成的。

**二、决策与计划**

请根据故障现象和任务要求，确定所需要的检测仪器、工具，并对小组成员进行合理分工，制订详细的诊断和修复计划。

1. 需要的检测仪器、工具。

2. 小组成员分工。

3. 诊断和修复计划。

**三、实施**（参考本节任务载体）

1. 运行汽车空调，观察空调的状况：________________________________________________
________________________________________________________________。

2. 检测

（1）读取歧管压力值：

| 发动机转速（r/min） | 高压值/MPa | 低压值/MPa |
|---|---|---|
| 怠速 | | |
| 1500 | | |
| 2000 | | |
| 3000 | | |

（2）空调系统电路检测：________________________________________________
________________________________________________________________
________________________________________________________________
________________________________________________________________

（续）

通过上述检查，得出以下结论：

______

______

______

**四、检查**

故障排除后，进行如下检查：

1. 空调系统定性检查情况：______

______

______

2. 空调系统定量检查情况：______

______

______

**五、评估**

1. 请根据自己任务完成的情况，对自己的工作进行自我评估，并提出改进意见。

（1）

______

______

（2）

______

______

（3）

______

______

2. 教师对学生工作情况进行评估，并进行点评。

______

______

______

3. 学生本次任务成绩：______。

## 任务工单16

<table>
<tr><td>任务名称</td><td>汽车空调基本检修操作</td><td>学 时</td><td>2~4</td><td>班 级</td><td></td></tr>
<tr><td>学生姓名</td><td></td><td>学生学号</td><td></td><td>任务成绩</td><td></td></tr>
<tr><td>实训设备</td><td>汽车空调实验台</td><td>实训场地</td><td>一体化教室</td><td>日 期</td><td></td></tr>
<tr><td>客户任务</td><td colspan="5">一辆轿车出现如下故障现象：在接通鼓风机开关和空调开关时，发动机的怠速转速提高了，但是空调压缩机不工作</td></tr>
<tr><td>任务目的</td><td colspan="5">请制订工作计划，并利用诊断设备确定故障位置，并对故障部件进行检测和更换</td></tr>
</table>

**一、资讯**

1. 汽车空调制冷系统检修的基本操作一般包括________、制冷系统的检漏；从制冷系统内放出制冷剂、________、加注和补充制冷剂、________等。

2. 制冷剂的充注包括________、检漏作业、从高压侧充注液态制冷剂、从低压侧充注气态制冷剂和________五项基本作业。

3. 汽车空调制冷系统修理之后，由于接触了空气，必须用________抽真空，排除制冷系统内的________和空气，以维护空调制冷系统的正常工作。

4. 空调系统重点检漏的部位主要有：①拆修过的制冷系统部件及各连接部位；②压缩机________、________、检修阀和过热保护器；③________及制冷剂进出连接管口；④制冷系统各管路及连接部位。

5. 从高压侧注入一定量的________制冷剂，不允许打开歧管压力计上的低压手动阀，也________运转压缩机。

6. 系统内制冷剂的排放有两种方法，一是将制冷剂放到________中，但这要污染环境；二是________制冷剂，但要有回收装置。

7. 起动发动机，开启风量开关置于________档，温度调节至________温度档（MAX COOL），按下A/C开关，运转2~3min后，可以对空调系统进行定性检查。

8. 在环境气温为20~35℃条件下，起动发动机，按下A/C开关，风量开关置于________，温度开关置于________位置，打开车门，使发动机在2000r/min左右运转15~20min后，可以对空调系统进行定量检查。

**二、决策与计划**

请根据故障现象和任务要求，确定所需要的检测仪器、工具，并对小组成员进行合理分工，制订详细的诊断和修复计划。

1. 需要的检测仪器、工具。

2. 小组成员分工。

3. 诊断和修复计划。

**三、实施**（参考本节任务载体）

1. 运行汽车空调，观察空调的状况：________________________________________________。

2. 检测

（1）读取歧管压力值：

| 发动机转速（r/min） | 高压值/MPa | 低压值/MPa |
|---|---|---|
| 怠速 | | |
| 1500 | | |
| 2000 | | |
| 3000 | | |

（续）

（2）制冷剂的充注：

（3）补充冷冻机油：

（4）空调系统电路检测：

通过上述检查，得出以下结论：

**四、检查**

故障排除后，进行如下检查：

1. 空调系统定性检查情况：

2. 空调系统定量检查情况：

**五、评估**

1. 请根据自己任务完成的情况，对自己的工作进行自我评估，并提出改进意见。

（1）

（2）

（3）

2. 教师对学生工作情况进行评估，并进行点评。

3. 学生本次任务成绩：＿＿＿＿＿＿＿＿＿＿＿＿＿＿＿＿＿＿＿＿。

# 参考文献


［1］张蕾．汽车空调［M］．北京：机械工业出版社，2007

［2］梁仁建．汽车空调原理与维修［M］．北京：科学出版社，2008

［3］杨占鹏，宋进贵，于京诺，等．汽车空调与气候控制系统［M］．北京：机械工业出版社，2009

［4］张新成，杨月海．汽车空调的故障诊断方法［J］．汽车电器，2004（7）：32-34

［5］王峰．汽车空调系统检查与维修问答（十）［J］．轻型汽车技术，2004（5）：47-48

［6］王立武．诊断汽车空调故障的常用方法［J］．家电维修，2004（4）：24-25

［7］丁垚，张全，刘迎春．丰田佳美轿车自动空调控制系统工作原理［J］．汽车电器，2007（6）：44-52

［8］张金柱．丰田 Pruis 轿车全电动空调系统的结构特点［J］．汽车维修，2006（8）：4-5

［9］刘泽昆．$CO_2$制冷剂汽车空调系统［J］．汽车维修，2004（7）：10

［10］李波，何志雄．汽车变排量空调压缩机工作原理［J］．汽车电器，2007（9）：48-51

［11］邢世凯，李聚霞．汽车空调电控单元的维修［J］．汽车维修，2006（11）：21-22

［12］白云飞．汽车空调系统的拆装与检修［J］．汽车运用，2005（7）：45

［13］武敬峰，杨辉．现代汽车空调技术的发展趋势［J］．汽车工艺与材料，2008（6）：36-38

［14］刘岩，梁荣光，巫江虹．新型汽车空调制冷剂 CMR-02 与 R12、R134a 性能比较研究［J］．环境科学与技术，2007（10）：23-24